“十二五”职业教育国家规划教材
经全国职业教育教材审定委员会审定

大学生职业生涯与就业指导

DAXUESHENG 综合院校高职高专版（第2版）

ZHIYE SHENGYA YU JIU YE ZHI DAO

本册主编　闵茂丽　李小红

副 主 编　张伟群　谈永进　徐　麟　罗邻球

编　　者　（按姓氏笔画顺序排列）

王卫民　刘子真　刘小庆　孙智芹

李小红　肖　洁　闵茂丽　张伟群

陈莹婷　周建辉　罗邻球　徐　麟

谈永进　储昭海　喻　慧

丛书总主编　方　伟　王少浪

职业生涯与发展规划课题研究组 供稿

世界图书出版公司

西安　北京　广州　上海

图书在版编目(CIP)数据

大学生职业生涯与就业指导:综合院校高职高专版/方伟,王少浪主编.—2版.—西安:世界图书出版西安有限公司,2015.1

ISBN 978-7-5100-9284-8

Ⅰ.①大… Ⅱ.①方… ②王… Ⅲ.①大学生-职业选择-高等职业教育-教材 Ⅳ.①G647.38

中国版本图书馆CIP数据核字(2015)第023441号

大学生职业生涯与就业指导:综合院校高职高专版
(第2版)

总 主 编 方 伟 王少浪
本册主编 闵茂丽 李小红
责任编辑 汪信武

出　　版 世界图书出版公司
发　　行 世界图书出版西安有限公司
地　　址 西安市北大街85号
邮　　编 710003
电　　话 029-87285507(教材出版中心)
010-84912676(北京教材发展中心)
029-87234767(总编室)
传　　真 029-87285817
经　　销 全国各地新华书店
印　　刷 北京艾普海德印刷有限公司
开　　本 710×1000 1/16
印　　张 22.75
字　　数 495千字

版　　次 2015年1月第2版
印　　次 2021年7月第5次印刷
I S B N 978-7-5100-9284-8
定　　价 46.00元

☆如有印装错误,请寄回本公司更换☆

前言 PREFACE

近些年来，大学生就业一直困扰着众多的学生、家长和学校，引起教育主管部门、人力资源管理部门的重视，特别是，这一社会现象得到包括习近平总书记、李克强总理在内的中央最高领导人的高度关注。习近平总书记和李克强总理多次到高校座谈、视察人才市场，并多次发表讲话，作出相关指示。国家相关部委近年也集中出台了各种法律法规、采取相关措施缓解大学生就业难的问题。2013 年 5 月，国务院关于高校毕业生就业问题召开常务会议，提出六点意见，多渠道、全方位地为毕业生就业提供支持和帮助。各高校也把大学生就业工作作为“一把手工程”来对待，各地教育主管部门也把大学生就业工作列入高校的专项考核内容之中。

大多数高校都按照教育部的要求把大学生生涯教育和就业指导课程纳入必修课或者选修课的必选课程。有的学校强化了就业指导师资的培训工作。但也有相当一部分学校，尤其是地方院校，生涯教育师资极其缺乏，就业指导模式尚待创新，生涯教育课程质量难以得到保障，以致学生的就业观并没有得到根本的转变，许多学校就业指导中心老师辛辛苦苦联系到的就业岗位并不被学生认可。这一切均说明高校的生涯教育与就业指导教育理念有待转变，教学质量亟待提高。

在现实教学中，我们了解到，在讲“生涯规划”时，老师比较热衷于“自我认知”的讲授，特别喜欢讲性格、兴趣对人的影响。在讲“就业指导”课时，老师比较喜欢讲“求职材料准备”、“求职心理”、“面试技巧”等。从这些教学活动中可以看出老师的薄弱点在于对生涯规划课的认识不够，不知道这门课属于哪一类课？应该让学生通过这门课学到什么？现时的教材也大多千篇一律地大谈生涯规划理论，使不少非专业的生涯教育老师和从事就业指导课的老师不知如何施教。有的学生甚至产生“上生涯规划课是浪费我的生涯”的感叹！鉴于此，我们组织了一大批长期在一线接触学生、专门从事大学生生涯教育与就业指导教育的专家和老师，成立“职业生涯规划与就业指导课题组”，专门从事大中专学生生涯规划与就业指导教学研究，并策划了“职业生涯与就业指导丛书”，期望能为广大的大中专学生提供一本贴近学生实际的生涯规划与就业指导教材。

在本套教材编写过程中，我们特别强调“中国魂”的概念。也就是说，希望按照中国的哲学思想、中国的传统文化、中国人的心理特点、中国当今的政治经济环境和职业要求来编写和讲授生涯规划，真正做到与中国国情相结合，贴近学生实际需求。

如在《生涯规划》编写过程中，融入中华传统文化元素，弥补了按西方心理学模式给中国学生讲授职业规划的不足。在自我认知时，改变了原来只重视通过测评来获得性格、兴趣、能力和价值观相关信息，根据测评结果作出自我认知，并进行职业规划的做法，提出了从生理、心理、社会、家庭、道德和优势六个维度进行自我认知的观点，构成一个“完整我”的认知。其中还特别强调“社会我”和“家庭我”的认知，强化学生的社会意识和家庭责任。鼓励学生在强调自己兴趣、性格的同时，更要考虑国家的需要和家庭的需要。为了帮助大学生做好“职业认知”，我们按专业类别对相关专业与相关行业的关系、行业内的相关职业、职业的相关要求均做了介绍，我们还吸纳部分院校通过学生职业体验增加对职业、岗位了解的做法，鼓励学生利用假期进行职业体验，以完成正确的环境认知，帮助同学们做出适合自己的生涯规划。

根据大学生个人的认知、成长及所处环境处于动态变化的过程中的特点，提出了“必须分阶段进行自我认知和环境认知”的观点。只有做好自我认知和环境认知，才能帮助大学生动态地、适时地进行合理、正确的生涯规划。

我们把《生涯规划》这门课程定义为方法学，就像英语和计算机技术一样，是一门应用性很强的方法学课程，其教学目的就是要让同学们学会使用这种工具来规划自己在校期间以及毕业后的生活和工作，使同学们在入学之初就开始学会管理自我，完成从中学生向大学生的角色转变，了解、接受新的就业观念，并通过在校期间的学习，不断提升自己的就业能力。在《就业指导》的编写过程中，改变了原来一直强调的就业形势严峻的做法，在“形势教育”中，重点强调社会转型给学生带来的就业与创业机会，强调相关行业信息、行业用人标准、重点职业的岗位要求；强调学生对职业道德的了解，提升自己的职业素养；强调学生入职后必须注意的几个原则性转变，帮助学生完成从学生向职业人的角色转换，更好地适应所从事的工作。

每一个成功的人都有明确的人生方向和目标，而每一个阶段都应该对本阶段的“自我”和“环境”有清晰的认知，并在此基础上做好自己的短期和中长期规划，这是生涯规划成功的关键要素。

当然，我们也注意到有人提出了“生涯能规划吗”的论点。对此，我们强调生涯规划的 80/20 法则，提出了生涯规划与创新的关系。这些论点对人们认识和了解生涯规划理论的意义、学好这门课程极有帮助。

大学阶段是人生历程中一个重要的转折点。同学们需要未雨绸缪，提前为自己做好生涯规划，把握自己的命运，创造美好生活，演绎精彩人生。做好生涯规划，必须清晰地认识生涯规划的相关概念，了解职业选择和职业决策的相关理论，认清职业、专业与生涯规划的影响和相互关系，把握影响生涯规划的因素，掌握生涯规划的内容、原则和步骤，为制订科学合理并符合自身特色的生涯规划提供保障，同时也为成功的职业人生打好基础。

同学们，希望你们能够在前行的路上认清方向，认真地走好每一步，在未来的广阔天空中展翅飞翔。

本书编写组

2014 年 2 月

目录 Contents

第一篇 职业生涯规划篇

第二篇 就业指导篇

目录 contents

第三篇 创业指导篇

引言 PREFACE

每年的9月，都有数以百万计的学生从中学跨入大学的校门。这些学生经过12年的寒窗苦读，终于熬成“正果”，来到心仪的大学学习。但每年的7月，也有数以百万计的大学生手捧求职申请，涌入各地的招聘现场。逐年下降的首次就业成功率、零工资就业的做法和“大学毕业就等于失业”的悲观论点困扰着学生、家长、学校、老师、企业、社会和国家。新生同学们可以设想一下，自己3年后大学毕业时，能学到什么真本领，掌握多少知识和技能？你有多大把握，能够仅仅在12上加一个3，就能成功地应对以后的人生？如果说，12年的苦读为的只是今天的上大学，那么，读大学又是为了什么呢？我们来看看大学新生们的感悟：

“入学前，我以为大学是一座神圣的知识殿堂，应该是窗明几净，充满着诗情画意。然而，入学后，我对大学的憧憬几乎完全破灭。与来自不同地方的同学的人际关系让我无所适从，大学里的教学方法让我摸不着头脑，生活条件与想象中的也大不一样。大学新生活不仅没有给我带来满足与快乐，相反，我心里却充满了失落、自卑和压抑，不知怎么办才好。”

“为什么进了大学以后所有的事情和自己想象的都不一样？”

“在离开家庭的情况下，怎样使自己感到安全、有依托，不让自己感到孤单？怎样使自己以最快的速度融入新的环境，全身心地投入到大学生活中去？”

实际上，这些问题在刚入学的大学生中普遍存在着。

小链接

有人对北京高校的数百名大学新生进行了调查，请他们描述了自己入学两个月以来的心情，除了有少数同学用“兴奋”、“新奇”、“愉快”、“快乐”等词汇来描述自己入学后的心情以外，多数同学使用了这样一些字眼和句子：紧张、苦闷、困惑、烦恼、抑郁、郁闷、自卑、无聊、空虚、害怕、冷漠、痛苦、孤独、寂寞、沮丧、迷茫、茫然、无地自容、自我封闭、失去了理想、没有了动力、找不到位置、对自己估计过高了；世界变大了，自己变小了；心情低落不畅快；经济困难，影响学习和生活的自信心；因不会讲普通话而自卑；因不再是老师的宠儿而有失落感……

这是许多大学新生会遇到的问题。为了使自己能够顺利地度过新生期，也为了使自己能充分利用大学的宝贵时光，多学知识、多学本领，为将来的职业发展做好准备，我们首先要学会做好自己的生涯规划，特别是大学期间的生涯规划，掌握在不同阶段进行不同的认知内容和目标规划的方法，引导自己一步一步走向成功。以下几章就是为了解决这些问题和困惑而设计的。

第一章，重点介绍了生涯规划的启蒙知识，包括大学生生涯规划是一门什么样的课程，生涯规划相关名词，大学生生涯规划的特点，等等。我们认为，生涯规划课程是一门方法学课程，就是把目标管理用在人的生涯规划管理中；强调了大学生生涯规划与职业人生涯规划的区别和联系；强调了生涯规划的80/20法则以及与创新的关系；正面回答了“生涯能规划吗”的疑问。

第二章，重点介绍了制订生涯规划的两个前提条件之一——自我认知，在这一章中，我们在传统的心理我认知（性格、兴趣、能力、价值观）的基础上，进一步提出还应从“生理我”、“道德我”、“家庭我”、“社会我”、“优势我”等方面去进行认知，以构成一个“完整我”的概念。为此，在自我认知方面，除了介绍一些公认的测评工具使用之外，我们更强调他人评价、专家评价、自我评价和在实践中检验的认知方法。尤其是，我们提出了在自我认知时，必须经常性地分阶段进行认知，比如我们把大学生自我认知细分为新生期认知、低年级认知和高年级认知三个阶段，新生期认知的重点在对自己目前身份、地位和思维方式的认知，低年级认知则侧重把自己作为一个大学生来认知，高年级认知则必须把自己当成一个未来的职业人来认知，这样就把自我认知过程作为一个动态发展的、连续的过程来对待，使我们在职业生涯发展过程中就可以发现一个真实的自我，便于为准确的职业定位提供依据。

第三章，重点介绍了制订生涯规划的两个前提条件之二——环境认知。我们从家庭环境、校园环境、城市环境、社会环境等方面进行了描述。这一章，特别强调了对相关专业、与专业相对应的未来就业的相关行业、该行业的著名企业和职业、各相关工作岗位的准入资格、招聘要求和职业道德的认知，以便学生在学校期间就能为未来的就业做好充分准备。针对大学生的认知阶段性特点，我们在环境认知方面也相应地进行阶段性认知分析。在新生期，我们强调从校园环境开始认知；低年级阶段，我们则强调了大学生在大学期间主要应该完成的认知内容，即通识能力、行为方式、思维模式及专业知识与技能的认知，专业与未来行业关系的认知；高年级阶段，我们强调了对自己能力（包括知识和技能）的认知，行业、职业、岗位的认知，自己与即将从事的岗位的匹配的认知，为大学生步入社会，很好地适应社会做好准备。

第四章，结合第二章、第三章的阶段性认知结果，分别介绍了大学生生涯规划的内容（学业规划、成长规划、实践规划）、方法（以内容为纲、时间为目或以时间为纲、内容为目）和阶段性（新生期、低年级和高年级）生涯规划。我们用表格法较好地把生涯规划繁杂的理论学说变成通俗易懂、易于操作的生涯规划表，方便老师讲授，也方便大学生学习和运用。

为了便于学习，我们把新生期规划作为短期规划，要求大学生在入学后 1 个月之内完成；低年级规划作为中期规划，即大学生在校前一二年的学业、成长和实践规划；高年级规划为长期规划，即大学生在校期间最后一年及毕业后一两年之内的学业、成长和实践规划。

第五章，介绍了生涯规划实施方案的制订，分成年度、学期、月度、周、日实施计划表，帮助学生执行。另外，设计了生涯规划实施结果评估、反馈、修正表，以帮助大学生完整地完成生涯规划的整个过程。

同学们可以先通过进行新生期生涯规划初步了解生涯规划的方法，然后通过低年级规划和高年级规划，达到很好地规划自我、熟练掌握这门方法学的双重目的。

案 例

今天我来到了北京上学，圆了一个梦，这个梦寄托着老师、父母及乡里乡亲的殷切期望。我很想好好地利用上大学的宝贵机会，多学知识，多学本领，将来好回报社会、回报父母、回报生我养我的故乡。但我应该怎么做呢？我咨询老师，老师向我推荐了这本《大学生职业生涯与发展规划》教材，让我按图索骥，先制订新生期规划，帮我尽快完成中学生向大学生的角色转变，在完成角色转变的同时，掌握这种规划的方法，然后，再进行大学期间的生涯规划；最后在高年级再完成高年级生涯规划。老师说，这样的话，我的大学三年就可以过得很充实，奋斗有目标。我把老师的指导加以整理，绘成以下新生期规划的路线图：

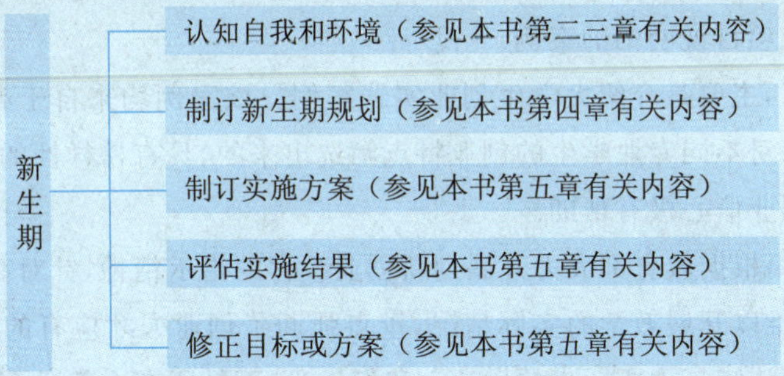

高年级的大学生面临着就业的问题，本书在就业篇通过以下章节的讲述，帮助大学生更好地就业。

第六章，我们在介绍“大学生就业形势”时，没有过分强调就业难，而是更多地强调“十三五”发展时期给大学生带来的各种机遇，包括就业和创业机遇。

第七章，在讲述“求职心理”时，我们只强调了“求职应持有的积极心理”，而省略了负面心理，避免心理暗示效应对学生的影响。

第八章，针对社会诚信缺乏，签约后学生违约较多的情况，我们强调了“诚信就业”的意义，并特意介绍了大学生职业信用档案的价值和意义。把大学生职业信用档案作为我们求职的必备材料之一来对待。

第九章、第十章，在讲述“求职礼仪”时，为了避免大学生将职场礼仪与求职礼仪混同，我们重点介绍了面试礼仪和求职材料递交礼仪。

第十一章，根据媒体披露的“大学生户口空挂”对大学生的影响，针对这一代大学生确实没有意识到户口、档案对自己的重要性这个问题，我们在离校手续的办理过程中，专门强调了户口、档案的迁移，以避免学生今后的麻烦。

第十二章，针对大学生入职后往往很难适应职场环境的问题，我们用两章的篇幅介绍了大学生如何完成角色转变和职场适应。以帮助大学生尽快适应职场生涯。

党的十八届三中全会，号召大学生要踊跃投身到创业大潮中去。教育部袁贵仁部长要求通过几年的努力，大学生创业率应该达到 10%。因此，为了适应新形势的需要，本书又编入了“第三篇　创业指导篇”。

第十三章，重点介绍了大学生创业前的准备，包括认知准备、心理准备、信息准备、知识准备、材料准备、资金准备等。帮助学生端正创业的动机，提升创业的能力，减少创业的风险。

第十四章，重点介绍了创业项目说明书的编写方式。包括项目说明书的内容、框架结构以及项目说明书的案例。

第十五章，主要是介绍大学生创业实践案例。该案例均来自于高校创业的学生本身。是针对不同专业学生的创业特点筛选出来的、具有榜样性的创业案例，对激发学生的创业信心极有帮助。

总之，本篇根据教育部大力开展创新创业教育的指示精神，针对高校对创业课虽有热情，但难以开展教学的实际情况，重点强调了创业人才应有的特质，强调了创业之前自我认知是重要一步的做法。我们认为：不是所有人都适合创业，而对于想创业的人，我们要帮助这些大学生实现创业的理想。

创业最需要的是勇气和胆略，创业者并不需要做太多的准备。创业者不是都需要很多的资金，尤其是大学生创业，要脚踏实地，从小事做起，培养自己选择项目的能力。对创业者而言，时时处处都有机会。

第一篇

职业生涯规划篇

ZHI YE SHENG YA GUI HUA PIAN

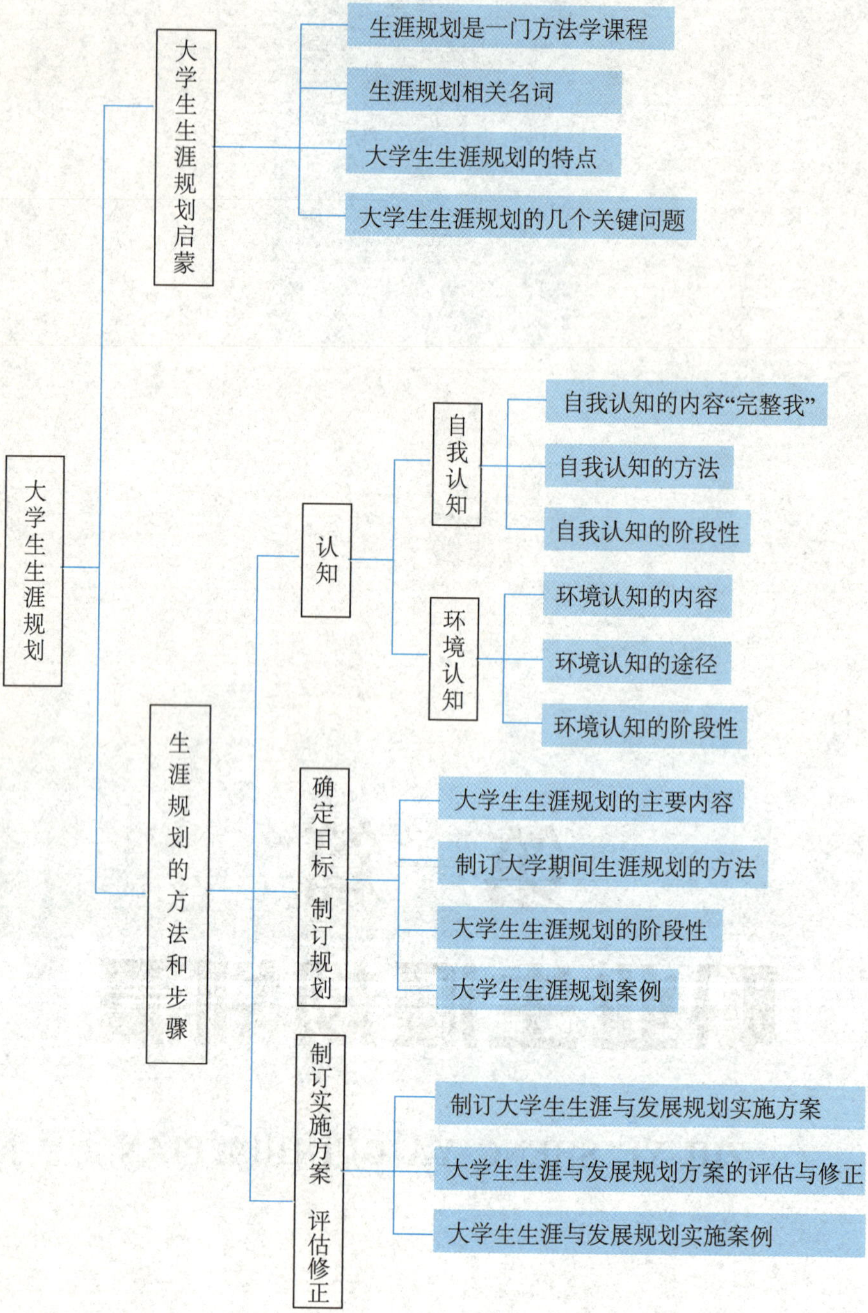
大学生生涯规划
大学生生涯规划启蒙
生涯规划是一门方法学课程
生涯规划相关名词
大学生生涯规划的特点
大学生生涯规划的几个关键问题
生涯规划的方法和步骤
认知
自我认知
自我认知的内容“完整我”
自我认知的方法
自我认知的阶段性
环境认知
环境认知的内容
环境认知的途径
环境认知的阶段性
确定目标 制订规划
大学生生涯规划的主要内容
制订大学期间生涯规划的方法
大学生生涯规划的阶段性
大学生生涯规划案例
制订实施方案 评估修正
制订大学生生涯与发展规划实施方案
大学生生涯与发展规划方案的评估与修正
大学生生涯与发展规划实施案例

第一章
大学生生涯规划启蒙

学习目标

1. 了解生涯规划是一门方法学课程。
2. 熟悉生涯规划相关的名词内涵。
3. 熟悉生涯规划的阶段性特点。
4. 了解大学期间生涯规划的重点和主要内容。
5. 了解大学生生涯规划与职业人职业生涯规划的区别与联系。
6. 了解生涯规划的 80/20 原则，注重规划与创新的关系。
7. 掌握大学生生涯规划，为就业做准备。

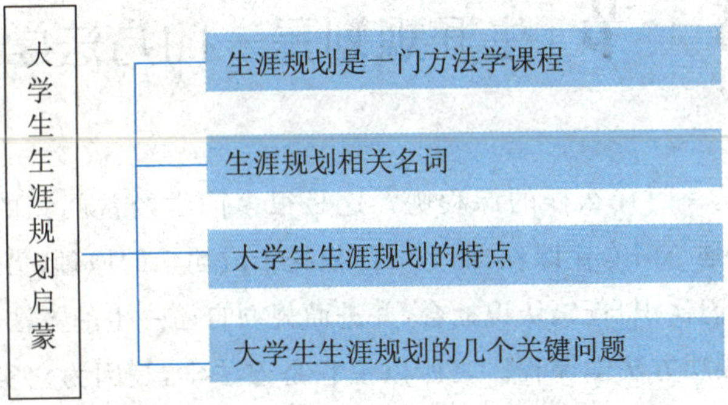

2013 年 9 月末的一条“大学游戏梦破灭，北理工新生电脑被‘收缴’”的新闻引起不少争议。有人认为，电脑是现代人的必需品，上大学怎么能没有电脑？有人说，有的学生过于沉溺于电脑游戏，大一就有被退学的，电脑应该收缴；学校说，这是为了帮助学生们更好地度过新生期。你怎么看这件事呢？

其实，不准学生们带电脑，绝对不是北京理工大学的首创，北京理工大学也绝对不是唯一一所这样做的学校。我们必须面对这样一个现实，即我们的同学们经过十几年的寒窗苦读，好不容易完成了高考。在 6 月份高考过后到 9 月份入学的这段日子里，同学们都无拘无束地自由了。家长不管、老师不管，大多数人都有一种被解放的感觉，而这期间，选择电脑的不在少数，且游戏绝对是首选。不少同学进入大学时，满脑子还是游戏。这种习惯要完全依靠学生自己的自制力去克服是不现实的。从积极心理学角度来看，在人们所处的环境发生如此大变化的时候，外力实施干预是必需的。其目的就是要帮助学生终止这种不良习惯，就是要帮助学生们尽快适应大学这个新的环境。这就是生涯规划要帮助学生解决的问题之一。

同学们一定非常好奇，生涯规划！这是一门什么样的课呢？这门课程真的这么神奇吗？怎么在中学里从来没有听说过呢？大学为什么要开这门课呢？这对我们真的很有帮助吗？我们可以学到什么呢？为什么要学生涯规划呢？应该怎么学呢？下面我们就来回答同学们的提问。

第一节 生涯规划是一门方法学课程

生涯规划是一门什么样的课程呢？这是很多同学经常问到的问题。本书认为，生涯规划不是一门专业课程，而是一门依托于成功学的原理，借助心理学、社会学方法，帮助人们认识自己、认识社会，并进而规划自己一生的方法学课程，也可以说是一门生涯成功方法学课程。之所以说它是方法学，是因为它实质上就是一种目标管理的方法，也可以说是目标管理方法在人生规划中的运用。从广义上说，它属于通识教育范畴。也正因为这门课程属于成功方法学范畴，所以，它的重要性远大于一般的专业课程，可以说这是一门可以影响学生一生的课程。

一、生涯规划是目标管理法在人生生涯管理过程中的应用

目标管理法是企业使用较多的一种以结果为导向的管理学方法。其核心内容

就是告诉人们“干什么事都要有目标”。其步骤一般包括：制订目标、制订实施计划、实施及实施后的信息反馈处理、评价结果及进行奖惩。而生涯规划也同样遵循这一规则，只不过在制订目标之前，强调了自我认知和环境认知这两个前提。

我们进入大学后，就要对自我的现状、大学对“我”的要求及大学这个新的环境有所了解。在此前提下，我们也必须制订出相关的目标和规划，来帮助自己尽快地适应大学生活，避免像少数同学那样，因不适应大学生活，在大一大二挂科或退学而影响自己的一生。

二、生涯规划的五大步骤

生涯规划有如下五大步骤（图 1-1）：

图 1-1　职业生涯规划的五个步骤

1. 目标确定的前提要素——认知决定了生涯规划的动态性、阶段性和连续性

从以上生涯规划的步骤可以看出，目标是根据认知的前提正确制订出来的。当前提处于不停变化之时，目标怎能轻易制订？也就是说，生涯规划是一个动态、连续的过程，在变化如此之快的世界，我们应该学会经常对自我、对我们所处的环境进行认知，然后经常性地对自己的短期目标进行规划和实施，尽量避免制订“具体”而“详细”的长期规划，那是不现实的。

如新生入学后，最应该做的是新生期规划，其目的是帮助自己尽快适应大学；而适应大学生活之后，我们的规划目标就要调整到专业学习的认知和规划上来，通过对即将学习的专业的了解和认知，来确定自己在校期间的学习、成长和实践规划；而进入高年级，则要考虑自己的毕业去向，要对自己重新进行认知，要以选择好的毕业出路为规划目标，做好相应的规划，如升学、就业或创业规划等。这样才有助于我们更好地寻找到自己的职业发展路径。

在既往的生涯学习过程中，也有人一次性做好未来几十年的规划，这种做法我们不敢认同，而且实现的可能极小。因为它不符合动态变化、逐渐探索的原则；也不符合社会现实。建议学生们尽量不要过早地制订太远的规划。

2. 生涯规划的工具属性决定其能够帮助学生解除不同事情的不同困惑

正因为生涯规划具有以上所说的工具属性，所以可以用来帮助同学们解除在大学期间不同时期出现的不同困惑。如缺乏人脉、对行业不了解、在升学和就业中彷徨、在是否选择创业上犹豫、如何面对失恋痛苦等。在熟练使用之后，还可以把它用在今后的生活和工作的方方面面。

第二节 生涯规划相关名词

在学习生涯规划课程之前，我们需要先了解几个必须了解的生涯相关术语。主要是：生涯、目标、职业、职业发展、职业生涯、外职业生涯、内职业生涯、职业锚、规划、生涯规划、职业生涯规划。

一、生涯、目标

（一）生涯

生涯在《现代汉语词典》中解释为，指从事某种活动或职业的生活。美国国家生涯发展协会将生涯定义为：生涯是个人通过从事工作所创造出的一个有目的、延续一定时间的生活模式。由这个定义可以看到：生涯不是个人随意的、短暂的行为，也并不简单地就是一份工作，它是人们规划、思考、权衡而创造出来的具有独特个性的一种生活模式。

（二）目标

目标在《现代汉语词典》中解释为，指想要达到的境地或标准。目标亦指个人、部门或整个组织所期望的成果。由定义可知，所设定的目标须有现实的“标准”作为参照，来衡量在实际执行过程中目标达成的程度。通常，目标都具有精确性、现实性、可实现性、可测量性、知名性和被理解性的特点。

没有目标就永远不能实现目标。就个人的事业发展而言，美国学者戴维·坎贝尔指出:“目标之所以有用,仅仅是因为他能帮助我们从现在走向未来。”一个人职业上的成败,很大程度上取决于是否确立了适当的职业生涯目标。

二、产业、行业、职业、职业发展

(一)产业

产业指包含工业在内的所有行业,它是由多个相对独立、业务性质完全一致的行业组成的集合体。我国的三次产业包括:

第一产业指农业(包括种植业、林业、牧业和渔业)。

第二产业指工业(包括采掘业,制造业,电力、煤气、水的生产和供应业)和建筑业。

第三产业是指除第一、二产业以外的其他行业。

(二)行业

行业是指从事国民经济中相同性质的生产或其他经济社会的经营单位或者个体的组织结构体系,一般是指按生产同类产品或具有相同工艺过程或提供同类劳动服务划分的经济活动类别,如饮食行业、服装行业、机械行业等。它是按照一定的分类标准来划分的。

我国国民经济行业门类包含:农、林、牧、渔业;采矿业;制造业;电力、燃气及水的生产和供应业;建筑业;交通运输、仓储和邮政业;信息传输、计算机服务和软件业;批发和零售业;住宿和餐饮业;金融业;房地产业;租赁和商务服务业;科学研究、技术服务和地质勘查业;水利、环境和公共设施管理业;居民服务和其他服务业;教育;卫生、社会保障和社会福利业;文化、体育和娱乐业;公共管理与社会组织;国际组织。

大学生就业单位一览表

<table>
<tr><td>行政机关</td><td colspan="2"></td></tr>
<tr><td rowspan="4">事业单位</td><td colspan="2">全额拨款事业单位</td></tr>
<tr><td colspan="2">参公事业单位</td></tr>
<tr><td colspan="2">财政补贴事业单位</td></tr>
<tr><td colspan="2">自收自支的事业单位</td></tr>
<tr><td rowspan="5">企业</td><td rowspan="2">国有企业(含央企)</td><td>中央企业</td></tr>
<tr><td>地方企业</td></tr>
<tr><td colspan="2">民营企业</td></tr>
<tr><td colspan="2">外资企业</td></tr>
<tr><td colspan="2">合资企业</td></tr>
</table>

(三)职业

《现代汉语词典》中对“职业”的描述为,个人在社会中所从事的作为主要生活来源的工作。比较专业的定义为:职业是指人们在社会生活中所从事的以获得物质报酬作为自己主要生活来源,并能满足自己精神需求的、在社会分工中具有专门技能的工作,是对特征相同或相似的一类工作的统称。

职业不同于工作,它更多的是指一种事业。因此,职业问题不是简单的工作问题,就职业一词的本意而论,它至少包括以下四个方面的涵义:

第一,与人类的需求和职业结构相关,强调社会分工。

第二,与职业的内在属性相关,强调利用专门的知识和技能。

第三,与社会伦理相关,强调创造物质财富和精神财富,获得合理报酬。

第四,与个人生活相关,强调物质生活来源,并设计满足精神生活。

(四)职业发展

职业发展是指在自己选定的领域里,在自己能力所及的范围内,逐步成长并取得最好的成绩。

三、职业生涯

职业生涯是指个体从正式进入职场直到退出职场这段时间内的与工作有关的经历、态度、需求、行为等过程,是一个人的职业经历。

一个人一生中连续从事的职业,它不仅包括过去、现在和未来那些可以实际观察到的职业发展过程,而且还包括个人对职业生涯发展的见解和期望。

职业生涯是人一生中最重要的历程,是追求自我实现的重要人生阶段,对人生价值起着决定性作用。同时,职业生涯又是一个动态的过程,一个人一生在职业岗位上所度过的、与工作活动相关的连续经历,并不包含在职业上成功与失败或进步快与慢的含义。不论职位高低,不论成功与否,每个工作着的人都有自己的职业生涯。一个人的职业生涯是一个漫长的过程。他可能遵循传统,一生只从事一种职业,持续而稳定地在此职业岗位上晋升、增值;也可能由于个人兴趣、能力、价值观以及工作环境的变化而经历不同的岗位、职业甚至行业。

四、内职业生涯

内职业生涯是指从事一项职业时所需具备的知识、观念、心理素质、经验、能力、身体健康、内心感受等因素的组合及其变化过程。

内职业生涯各项因素的取得，可以通过别人的帮助而实现，但主要的还是靠自己努力追求而得以实现。内职业生涯的各构成因素内容一旦取得，别人便不能收回或剥夺。内职业生涯是真正的人力资本所在。所以，大学生在入学之后要努力提升自己的内职业生涯能力，提高内职业生涯而取得的工作成绩，会转化为外职业生涯。

内职业生涯因素匮乏的人总是担心自己找不到好工作，找到工作后担心下岗名单中会有自己的名字，担心自己的企业被别人吞并，担心自己不能晋升，担心未来没有保证，担心自己不能胜任。而内职业生涯丰富的人会抓住每一次发展的机会，甚至能主动地为自己、为别人创造发展机会。

五、外职业生涯

外职业生涯是指从事职业时的工作单位、工作地点、工作内容、工作职务与职称、工作环境和工资待遇等因素的组合及其变化过程。

外职业生涯的构成因素通常是由别人认可和给予的，也容易被别人否认和收回。外职业生涯因素可能往往与自己的付出不符，尤其是在职业生涯初期。有的人一生疲于追求外职业生涯的成功，但内心极为痛苦，因为他们往往不了解，外职业生涯发展是以内职业生涯发展为前提条件的。

六、规划、生涯规划、职业生涯规划

（一）规划

规划在《现代汉语词典》中解释为，指比较全面的长远的发展计划，也可以认为是对将要做的工作所做的总体计划。

（二）生涯规划

根据以上“生涯”、“规划”的定义，我们可以这样来定义“生涯规划”，即生涯规划是对个人所从事的学习、工作、娱乐等生活模式进行的长远规划。它涵盖了职业生涯规划，也涵盖了学生时期的规划及退休后的规划。大学生生涯规划指大学期间的规划及毕业后一两年之内的职业生涯规划。

（三）职业生涯规划

职业生涯规划又叫职业生涯设计，是指个人与组织相结合，在对一个人职业生涯的主客观条件进行测定、分析、总结的基础上，对自己的兴趣、爱好、能力、特点进行综合分析与权衡，结合时代特点，根据自己的职业倾向，确定其最佳的职业奋斗目标,并为实现这一目标做出行之有效的行动计划。职业生涯规划包括个人对自己进行的个体职业生涯规划,也包括组织对员工进行的职业规划管理体系。职业生涯设计的目的绝不仅是帮助个人按照自己的资历条件找到一份合适的工作,达到与实现个人目标,更重要的是帮助个人真正了解自己,为自己定下事业大计,筹划未来,拟定一生的发展方向,根据主客观条件设计出合理且可行的职业生涯发展方向。职业生涯规划一般包含这几个方面的内容:基本资料、规划目标、可行性分析、综合分析、成功标准、主要差距、职业发展年度规划(方案)。

七、职业锚

“锚”是船停泊时所用的器具。职业锚实际上就是人们选择和发展自己的职业时所围绕的中心。

要想对职业锚提前进行预测是很困难的,这是因为一个人的职业锚是在不断发生着变化的,它实际上是一个不断探索过程所产生的动态结果。

有些人也许一直都不知道自己的职业锚是什么,直到他们不得不做出某种重大选择的时候,一个人过去的所有工作经历、兴趣、资质、性向等等才会集合成一个富有意义的模式(或职业锚),这个模式(或职业锚)会告诉此人,对他个人来说,到底什么东西是最重要的。

施恩根据自己多年的研究,提出了五种职业锚,随后在 1992 年又将其拓展为八种职业锚。根据不同的职业锚对职业具有不同的选择,即形成职业生涯的八种方向(表 1-1)。

表 1-1 职业生涯的八种方向

职业锚类型	价值观
技术或职能型职业锚	这类人强调实际技术或某项职能业务工作,热爱自己的专业技术或职能工作,注重个人专业技能发展,往往不愿意选择那些带有一般管理性质的职业。一般多从事工程技术、营销、财务分析、系统分析、企业计划等工作
管理能力型职业锚	这类人愿意担负管理责任,且责任越大越好。这些人具备三种能力:一是分析能力,在信息不充分或情况不确定时,判断、分析、解决问题的能力;二是人际能力,影响、监督、领导、应对与控制各级人员的能力;三是情绪控制力,有能力在面对危急事件时,不沮丧、不气馁,并且有能力承担重大的责任,而不被其压垮

续表

职业锚类型	价 值 观
创造型职业锚	这类人要求有自主权、管理能力,能施展自己的才华。需要建立完全属于自己的东西,或是以自己名字命名的产品或工艺,或是自己的公司
自主/独立型职业锚	这类人特点是最大限度地摆脱组织约束,追求能施展个人职业能力的工作环境
安全/稳定型职业锚	职业稳定和安全是这一类职业锚雇员的追求、驱动力和价值观
服务型职业锚	服务型职业锚的人追求的核心价值是:追寻帮助他人的机会,改善人们的安全,通过新的产品解决问题
挑战型职业锚	这种类型的人会选择新奇、变化和困难程度高的工作或职业,他们以战胜各种不可能的事情作为其终极目标。他们喜欢战胜强硬的对手,解决看上去无法解决的问题,克服无法克服的困难障碍等
生活型职业锚	这种类型的人希望将工作和生活整合为一个整体,喜欢允许他们平衡并结合个人、家庭和职业的需要的工作环境。因此,他们需要一个能够提供足够的弹性让他们实现这一目标的职业环境,甚至不惜牺牲职业的一些方面

第三节 大学生生涯规划的特点

职业生涯规划是一个连续不断地过程。人的一生不是一成不变的,人在不断成长,环境在不断改变,而自我认知和职业认知的变化,导致每个人的职业生涯都会呈现出阶段性变化的特点。值得注意的是,大学生生涯规划具有显著的阶段性特点。从细节来看,新生期(大一入学的第一个月)、低年级学生(大一和大二)和高年级(大三)学生的生涯特点就不一样,体现在生理状况、心理水平、知识技能、成熟度、职业能力、综合素质等方面也会有较大的不同。

一、大学期间生涯规划的重点和主要内容

大学生从本质上说就是学生,他们的主要任务就是学习。这是大学生区别于

职业人的最大的不同。所以，大学生生涯规划的重点就是学习；同时，我国的大学生们，年龄一般在18～24岁，处于世界观和生活习惯的形成期；他们一般从中学直接进入大学，缺乏对社会的了解和接触；大学毕业后，大多数学生都需要步入社会，参加工作。

鉴于此，大学生生涯规划的主要内容应该与职场人的职业生涯规划既有所不同，又有所联系。所以大学生生涯规划至少应该包括两个阶段，即大学期间生涯规划和大学毕业后职业生涯（毕业后两年内）规划两部分，加上新生期的特殊情况，我们建议把大学生生涯规划分为新生期规划、低年级规划和高年级规划三个阶段。而低年级生涯规划是我们学习的重点，其主要内容就是学业规划、成长规划和实践规划。

二、大学生生涯规划与职业人职业生涯规划的区别与联系

大学生生涯规划与职业人职业生涯规划的区别是基于双方的社会角色不同、责任不同、所承担的义务不同所产生的（表1-2）。

表1-2　学生角色与职业人角色的区别

	学生角色	职业人角色
社会责任不同	学好科学文化知识，掌握为人民服务的本领，使自己德、智、体全面发展。大学生是以学习、探索为主要任务。整个角色过程是一个受教育、储备知识、锻炼能力的过程	以特定的身份去履行自己的职责，依靠自己的本领或技能去为社会和他人服务，完成某项工作，通过对工作对象的履行情况来体现的。作为职业人必须适应社会，服从领导和管理，适应上级的管理风格，在工作中犯了错误，必须承担成本和风险的责任，并承担相应的社会责任
社会规范不同	主要反映在国家制订的《大学生行为准则》和各学校制订的《大学生手册》之中，告诉学生怎样做人、如何发展等。因为学生是受教育者，在违反角色规范时，主要还是以教育帮助为主	对职业角色的规范因职业的不同而不同，但肯定是更严格，违背了就要承担一定的责任，甚至法律责任

续表

	学生角色	职业人角色
社会权利不同	接受外界的给予，即接受和输入，主要是要求理解，其角色的权利主要是依法接受教育，并取得经济生活的保证或资助	依法行使职权，开展工作，运用自己的知识和能力，向外界提供自己的劳动，即运用和输出，要求结合实际创造性地发挥水平，并在履行义务的同时取得报酬
面对的环境不同	寝室—教室—图书馆—食堂四点一线的简单而安静的生活方式，单纯而简单的校园文化氛围。学习时间可弹性安排，少许逃课没人管你，有较长的节假休息日；教学大纲提供清晰的学习目标，学术上多鼓励师生讨论甚至争论；布置作业或工作规定时间完成	面临的社会环境是快速的生活节奏、紧张的工作和加班。在单位里，规定上下班时间，不能迟到早退，经常加班加点，节假日很少，工作任务急又重；老板通常对讨论不感兴趣，多数老板比较独断；待职工不一定很公平；一切以经济利益为导向；要完成上司或老板交给一件件的具体的工作任务等

(一)大学生生涯规划与职场人职业生涯规划的区别

如上所述，大学生的生涯规划应该以学业规划、成长规划和实践规划为主；而职场人的职业生涯规划则必须以工作规划为主。

(二)大学生生涯规划与职场人职业生涯规划的联系

尽管大学生生涯规划与职场人职业生涯规划存在着不同，但大学生学习的目的就是提升自己的职业能力，就是为就业做准备的，不少学生大学毕业后就业走向社会、参加工作。大学生在校期间的生涯实际上就是就业准备阶段，是为自己能够更好地适应社会筹备知识、提升能力的阶段。所以大学生职业生涯规划与职场人职业生涯规划既有区别，又有联系。我们主张，大学生在入学之初做好在校期间的生涯规划，好好利用大学期间几年宝贵的时光，为未来的职业发展奠定基础；毕业前夕则要做好自己的职业规划，为迈入职场做好充分准备。有人提出，大学生的生涯规划只能叫做职业准备规划而不能叫做职业生涯规划。本书同意这种观点，并把大学生的职业生涯与发展规划称为大学生生涯规划。

(三)大学生生涯规划应该为就业做准备

大学期间的生涯规划要重视学习、成长、实践规划。实际上，学习规划首先要求学生学好自己的专业，其次要求学生要学好职业技能，最后还要掌握学习方法、科研方法、为人处世方法等。而成长规划也是帮助学生养成良好的习惯，包括思维习惯、理财习惯、时间管理习惯、建立人脉习惯、交友习惯，特别是形成世界观等；实践规划中重视的是参加社团、社会活动、见习和实习等，主要目的是帮助学生了解社会，并通过这些社会活动了解本专业在社会中的地位和作用，巩固学生的专业观，帮助学生树立正确的就业观，找准自己的职业定位，顺利就业。

学生在毕业前夕要参照生涯规划的方法重新认知自我、重新认知环境，特别是职业环境（包括对国家相关政策，欲就业的行业的背景、发展趋势及企业进行了解），然后做出职业决策，并根据自己确定的目标制订规划和行动方案，按照行动方案实施，在实施过程中及时总结、反馈行动结果，再根据行动结果修订目标和行动方案。

有了系统完整的规划并加以实施，大学生们则可以转变就业观念、按照社会需求学好自己的专业、提升自己的就业能力，这样也可以为就业做好充分的准备。

（四）大学生活与职业生涯发展的关系

大学生涯是整个人生的重要阶段，是职业发展的准备期。在大学选择某一专业进行学习，是为今后做职业准备，因而大学生涯可称为职业准备阶段，是职业准备期。这是个人职业生涯的起步阶段，是决定能否赢在起点的重要阶段。

三、高职高专学生生涯规划的特点

（一）高职高专教育的特点

高职高专教育是按照职业分类，根据一定职业岗位实际要求，培养生产、建设、管理与社会服务第一线需要的实用型（技术应用型和职业型）人才的一种新型高等教育。这种教育更强调对职业的针对性和职业技能的能力培训，是以社会人才市场需求为导向的就业教育。

（二）高职高专学生的特点

国家教育部高教【2002】2号文件指出：高职高专教育的“目标”是培养拥护党的基本路线，适应生产、建设、管理、服务第一线需要的德、智、体、美等方面全面发展的高等技术应用型专门人才；学生应在具备必备的基础理论和专门知识的基础上，重点掌握从事本专业领域实际工作的基本能力和基本技能，具有良好的职业道德和敬业精神。因此，对高职高专同学来说，诚实、可靠、能吃苦；有教养、懂礼貌；能动手、会做事；有爱好、有特长；专业基本功扎实；拥有多种技能等级证书是我们应该努力达到的规划目标。可用以下人才公式归纳：

高素质、高技能的专门人才＝品格＋知识＋技能＋才艺

案例

富士康事件带给高职教育的沉思和选择

大家都知道,2010年年初,深圳发生了震惊世界的富士康事件。7月26日,中国职业技术教育学会副会长俞仲文在有关会议上针对富士康事件发表了一篇演讲,题目是"富士康事件带给高职教育的沉思和选择"。这篇文章对我国当前高职高专人才培养目标分析阐述的更深刻、全面、清晰。他在演讲中说:"富士康公司青年职工连续自杀事件的影响,已远远超出了富士康公司本身,它不仅给政府、企业和国人以极大震撼,也折射出我国作为世界工厂、准确地说是作为世界代工厂的悲哀和无奈。"这一事件充分反映了我国当前工业化的程度和在世界经济一体化中的地位。

为什么这样说呢?为了安抚员工的情绪,富士康公司做出了给员工加薪66%的决定。于是一股加薪潮从珠三角地区开始悄然而起。其结果是:不加薪将有更多的"民工荒"出现,使众多的代工企业难以为继;加薪则有更多的代工企业因为不堪重负而破产,或者迫使它们再转移到劳动力成本更加低廉的地方(包括到东南亚各国)去另谋发展,其中包括我们河南郑州等地。

这种两难选择就充分说明了这样一种现状,即:改革开放以来,尽管我国的工业化有了很大的进展,但基本上还处在世界产业链的低端。这种利用我国的廉价劳动力来生产世界品牌、进而营销全世界,而我们只赚取一点代工费的生产方式,直至今天还比比皆是。

这一事件让我们深思:如何才能打破我国处在国际分工产业链中最低端的这一格局?高职院校尤其是国家示范高职对此应当承担何种责任?

(三)高职高专学生的杰出代表

当前,我国现代化建设进入"十三五"发展规划的重要时期,转变经济增长方式、调整产业结构、区域发展结构、强化中国创造是我国实现现代化与和平崛起的重要举措。因此,国家要求职业院校要通过本身的技术研发、技术革新多培养出像"袁隆平"、"李登海"这样的人才,为中国甚至全球做出贡献。

世界杂交水稻之父袁隆平不是出在科学研究院系统,也不是出在普通本科大学,他是在湖南怀化职业技术学院这块土壤上连续奋斗了37年后才成长起来的。

李登海,山东莱州人。初中毕业后回到农村,后来就读山东莱阳农校。1970年开始从事农业科研至今,研究玉米育种近37年,1989年创造了1096.29公斤/亩的世界夏玉米高产纪录,2005年再次将世界夏玉米高产纪录提高到1402.86公斤/亩，是全国当年玉米平均产量（352.49 公斤/亩）的 4 倍。获得 7 项发明专利和 38 项植物新品种权。被称为“中国紧凑型杂交玉米之父”。与“杂交水稻之父”袁隆平齐名，被种业界誉为“南袁北李”。

（四）高职高专院校学生就业前途光明

国家建设急需大量高职高专人才。据麦可思最新发布的《2013 就业蓝皮书》显示，2012 年全国高职毕业生在毕业半年后的就业率和月薪增长上高于本科毕业生，示范高职院校毕业生就业率甚至强于一般本科院校。高职专业实用性较强，较能适合社会发展岗位对专业高技能人才的需求，因此社会需求量较大。相比较本科生，高职高专毕业生就业率较高的原因有：

一是高职人才培养目标面向生产一线，容易踏上市场需求的节拍。即专业设置直接面向市场，目标注重岗位需求，人才培养目标和企业用人需求高度吻合。

二是高职院校更注重实习实训，设备齐全、投入多。在培养目标方面重实践、强技能，讲实用，培养出的学生动手能力强，到企业的工作岗位上，能很快上手，企业对新员工培训投入少。

三是高职学生求职心态好，愿意从一线干起，“天之骄子”的架子比本科生少许多，较受企业欢迎。

案例

一个“蓝领新贵”和一个白领同窗的偶遇

山东有两个青年，一个叫郭垒，一个叫李瑛，两人是初中同学，2011 年五一长假偶然邂逅，然后就叙述各自分别后的经历。

郭垒：2000 年初中毕业后上技校（磨具钳工专业），2002 年技校毕业后到私营企业工作，每天工作 10 个小时，工资 200 元；坚持下来，干得好，转正后月薪 1000 元。经常加班，工作很累，但努力学技术、考职称，2008 年取得高级工职称，被浙江一家乡镇企业高薪聘走，如今月薪 6000～7000 元。现在郭垒是厂里的技术指导，已经开始带徒弟，工作期间没有放松学习，已拿到本科文凭。

李瑛：2000 年初中毕业上高中，2004 年参加高考，考取北京一所高校的中文系，2008 年大学毕业。由于赶上大学扩招，就业形势不容乐观。第一年就换了两次工作，考公务员又没考上，直到找到中关村附近一家高新技术企业，担任经理助理才算稳定下来。工作也很辛苦，开始时工作每月不到 3000 元，干了两年后，觉得一天到晚忙忙碌碌也学不到技术，就又跳槽到现在的公司，担任高级公关经理，月薪 6000 元。

将两人初中毕业后11年间(2000—2011)各自所走过的路进行对比后:李瑛认为,虽然他现在月薪和郭垒不相上下,但以北京和地方的物价差异来衡量,郭垒的待遇还是比他要好一些,何况郭垒已有高级技术职称,也已取得成人本科文凭,郭垒的发展势头还会比他好。

案例

技术无封顶,职教有出路——全国劳模,番禺职业技术学院毕业生黄德智事迹

黄德智,1979年出生,2001年从广东番禺职业技术学院毕业后就进了广州机床厂当了一名普通的操作工。由于爱岗敬业,刻苦钻研技术,成绩突出,他已经由中级工破格晋升为厂里有史以来最年轻的高级技师,分厂技术主管,先后获得全国、广东省、广州市"知识型职工先进个人","全国机械工业劳动模范",全国"五一劳动奖章","全国劳动模范"等光荣称号。当面对来自母校的祝贺时,他动情地说:"过去有人会戴着有色眼镜看职业院校的学生,但我想说的是,在职业院校掌握一技之长,同样能成才,同样能为国家、为社会作贡献。"

专家分析

通过这些案例,你会发现原来这些高级技工的工资并不低,有时候会超过教授、经理。你将进一步发现原来中国的高级技术人才如此奇缺,以至高薪也难以罗致,有些企业为了揽才,为蓝领也会开出天价。这说明,国家对高级技术人才需求量非常大,高级技术人才不仅能在岗位工作中获得较高的薪酬,在未来的职业发展上也有广阔的前景。

(五)高职高专学生生涯规划的特点

1.在学业规划方面

高职高专学生在掌握基本理论知识的基础上,还要努力学习各种技能,提高自己的动手能力和创新能力;可以在实践中根据需求做出是否升本的规划。

2.在成长规划方面

要提升自己的职业核心能力,重点培养发散思维能力、创新能力、解决问题能力、团队协作能力和自我管理能力。努力提升自己的综合素质。在思想上,要充分认识到读高职也会有光明的前途。

3. 在实践规划上

要更注重知识和技能的社会实践。注重在校期间的职业体验，把自己塑造成为能够满足社会需求的新一代技术革新能手。

实践证明，人生并非只有一种可能，如果能以更加开放和务实的眼光去正确看待这些可能，也许你将因此成就自己的一生！

第四节 大学生生涯规划的几个关键问题

一、大学生生涯规划要特别注意阶段性特点

根据人的认知水平随着时间、环境的改变而不断改变的现实情况，以及以上我们提出的职业生涯规划是一门方法学课程的观点，大学生不仅要按新生期、低年级、高年级分阶段进行认知和规划，而且在重复以上认知和规划的过程中，更可以熟悉和掌握这种成功方法的运用，使自己真正受益终身。

新生期、低年级和高年级大学生的自我认知是有较大差别的；而在不同的时代、不同的地点、不同的岗位、不同的城市、不同的发展策略和政策背景下，人们的环境认知也不尽相同。正因为制订生涯规划的这两个前提条件都在不断发生变化，所以人们的生涯目标也应随之发生改变。比如，各地限购车、限购房政策的出台，就会导致那些原打算炒房投机的人们必须改变他们的计划，这就是环境改变导致的规划改变。所以，分阶段反复进行自我认知和环境认知再做出职业生涯规划的过程是必要的。

总之，新生期大学生的认知和规划以适应大学的学习和生活为重点，低年级大学生的认知和规划以学业、成长和实践为重点；高年级大学生则应在经过专业学习、社会实践，对专业、职业有了初步认识，并掌握了一定的专业技能的基础上，重点对未来的行业及职业做出初步选择和规划。

二、大学生要尽早了解并确定自己的毕业去向

入学之初就必须了解毕业后的几种去向，并根据毕业后的基本出路做好自己在校期间的职业生涯规划（表 1-3）。

表 1-3 大学毕业后的几种基本去向

就业	自主就业	考公务员
		事业单位就业
		国有企业就业
		外资企业就业
		民营企业就业
	政策性就业	到西部、基层工作
		三支一扶
		大学生“村官”
		参军
		带薪见习
深造	专升本	自学考试、成人教育、全日制教育
		网络教育
	留学	欧美
		日韩
		澳洲
		其他
创业	个人创业	创办研发型企业
		创办服务型企业
		创办生产型企业
		创办商业性企业
	合作创业	创办研发型企业
		创办服务型企业
		创办生产型企业
		创办商业性企业

三、制订生涯规划时要遵循 80/20 法则

80/20 法则，又称为帕累托法则、帕累托定律、最省力法则或不平衡原则、犹太法则。此法则是由意大利经济学家帕累托提出的。

80/20 的法则认为：原因和结果、投入和产出、努力和报酬之间本来就存在着无法解释的不平衡，80％的产出源自 20％的投入；80％的结论源自 20％的起因；80％的收获源自 20％的努力。也就是说：80％的多数，只能造成 20％的少许的影响；20％的少数，造成主要的、重大的 80％多数的影响。

80/20 的法则其实是很多事物间普遍存在的一种规律。例如，世界上大约 80％的资源是由世界上 15％的人口所耗尽的；世界财富的 80％为 25％的人所拥有；在一个国家的医疗体系中，20％的人口与 20％的疾病，会消耗 80％的医疗资源。

在我们做自己的职业生涯规划时，也应该尽量遵守这个法则。我们应该学会关注偶发事件，学会高效管理。

我们通常需要关注 80％的事件，这些事件是常规的，基本可预测的；而在特殊情况下，我们应该特别关注那些未被规划的、意料之外的 20％事件（有人称其为偶发事件），并且随时对值得关注的、未曾预料的事件及时做出规划的调整。这些偶发的、20％的事件极有可能影响你的一生。我们在做职业生涯规划时也要以自己的个人特点、所处环境背景、兴趣和专业为依据，发挥自身的优势，用 20％的时间达成 80％的目标；同时，对某些重要的 20％的关键性事件，要投入我们 80％的时间和精力。

我们知道，无数伟大的科学发现都是在偶然之中得到的。放射性物质的发现和青霉素的发现都是科学家对意外事件关注的结果。所以，我们要针对突然出现的、未被规划的事件做出及时的反应，并适时地调整自己的规划，而不能拘泥于规划而不知调整。

归纳起来，80/20 法则在生涯规划中的作用体现在以下三方面：

（1）在制订生涯规划时，只能规划 80％的时间，而 20％的时间不能规划。

（2）在规划内容时，只能对平时经常出现的 80％事件（工作或学习、生活等）规划，剩余 20％的事件无法规划。

（3）一旦出现未被规划的事件（有人称为偶发事件），必要时要投入 80％的时间或精力去对待，它有可能影响你的一生。

案例

喷气发动机是1939年试制成功的。当时工程师们为了增加发动机的推力，就在喷气发动机的后面加了一个后燃烧室。但高空风速很高，后燃烧室内火焰不稳定，极易熄灭。1942年德国人与苏联人发明了一种V形火焰稳定器。尽管它对火焰有一定的稳定作用，但却存在阻力大、稳定性差，有时还容易产生发动机旋涡脱落等问题。此后的研究都仅仅只是着眼于V形槽的开口角度、开口的多少、前后位置等的改进上，在其他方面都没有决定性的突破。

20世纪80年代初，北京航空航天大学博士研究生、年仅33岁的高歌，在他的导师宁教授的指导帮助下，发明了沙丘驻涡火焰稳定器，解决了喷气发动机问世40多年来燃烧火焰不稳定这个技术关键问题。从理论和实践上填补了国际航空界长期未能解决的空白。在国际上居领先地位。这一发明被评价为“是一个很大的技术突破，是一个很有价值的、重大的发明”，因此获得了1984年“国家发明一等奖”。

而沙丘驻涡火焰稳定器的发明，却得益于高歌在青海的经历。高歌在青海工作期间，看到形形色色的沙丘，其中月牙形的沙丘不论风怎么吹，都不变形、不移动，稳定性特别强。受到月牙形沙丘旋涡规律的启发，高歌在北京航空航天大学当研究生之后，便致力于从事沙丘驻涡火焰稳定器的研究。

研究工作并不轻松，研究期间，他白天黑夜都在思考如何解决问题。在利用椭圆形偏微积分方程时，高歌简直着了魔，有次晚上刷牙，脑子里莫名地蹦出一个概念，高歌赶快跑进屋记下来，这样经过两个多月，终于解决了计算黏流的问题。自己的推测过了计算一关，但当时的研究现状不容乐观，很多人都不愿意做。高歌反复验证数据，希望给自己的研究求得理论上的支持。思考了好长时间，后来有一天晚上，睡着了，他做梦，梦见有人对他说，“你推的这个稳定性界限虽然比别人的复杂，但也只有一个界限，实际上什么事情都有两个极端，就好像你吃多了要撑死，吃少了要饿死，你怎么能只有一个稳定准则呢?”他一下子就惊醒了，赶忙在墙上用手抠了两条道，那意思就说应该有两个准则。经过“计算—实验”几次反复过程后，进行火焰实验，发现这种火焰稳定器非常稳定，比过去的V形槽稳定器扩大稳定性6～8倍。过去搞了几十年，能扩大10%、20%的稳定性就不错了，但新的稳定器一开始做实验得到的稳定曲线比V形槽的扩多6倍多。这样，经过从1981年开始做实验，1982年做高空模拟实验，1982～1983年初做发动机的整机实验，1984年进行高空试飞最后定型开始实际应用，经过四年多时间，终于完成了这项钱学森同志称之为“一项长中国人志气的重要发明”。

四、要正确认识规划与创新的关系，摆正规划与创新的位置

教育部近年来特别强调创新创业教育，实际上也就是要我们学习求异性、创新性的思维。常态的事件是可以规划的，而非常态的事件是无法规划的。人的一生就处于常规变化和非常规变化的环境之中，对常规的事物可以进行规划，对非常规的事物则必须有所创新。创新性思维要求大家有一种批判性的眼光，要敢于对经典的、传统的观点提出质疑。在生涯规划过程中，不仅要在做规划时注意有所创新，而且要对规划的内容及时进行合理的调整。

【拓展练习】

1. 你希望学习了职业生涯规划之后，在哪方面可以帮助和提升自我？

2. 你为什么上大学？你希望在大学里实现哪些目标？现在就畅想一下，将你对大学的期望写出来吧。

序号	目　的	实施时间	与目的差距	实施计划
1				
2				
3				
4				
5				
6				

第二章
生涯规划的前提条件之一
——自我认知

学习目标

1. 了解自我认知的内容，树立“完整我”的概念。从“生理我”、“心理我”、“道德我”、“社会我”、“家庭我”、“优势我”之中发现自己的价值、优势和不足。
2. 熟悉自我认知的方法，正确看待测评结果。
3. 掌握分阶段进行自我认知的内容和方法，以便于更好地规划自己。

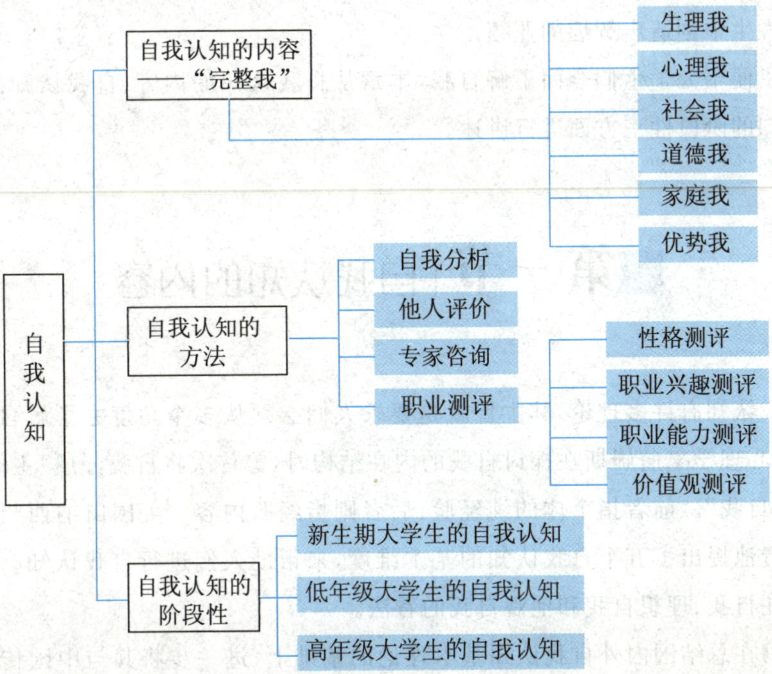

案　例

最近1个月来，小李很烦闷，原因是他不知道怎么过大学生活了。他是一个普通高校大二社会学专业的学生，经历了1年的大学生活之后，他不知道自己下一步要前往何方了？虽说大一这年没少放松自己，认识了不少人，游玩了不少地方，但现在却感觉到一切都是机械地重复，上课、吃饭、玩、看书，成了他每天生活中不变的四部曲了。看到其他同学各有所忙，可自己就是不知道要做什么，一切似乎很熟悉，但一切又让他感到很陌生。

专家分析

小李的烦恼也是很多大学生的烦恼：无意识地安排大学生活，无目的地追求美好生活，是很多大学生的状态。不知道自己要做什么，也不知道自己不要做什么；不知道自己喜欢什么，也不知道自己不喜欢什么；不知道自己想要什么，也不知道自己不想要什么；这看似矛盾的生活却实实在在地发生在大学生身上。

著名成功学大师拿破仑·希尔说："一切的成就，一切的财富，都是始于自我认知。"所以，自我认知是做好生涯规划的两个重要前提之一。一个人只有真正了解了自我，了解了自己的家庭责任和社会责任、自己的兴趣、自己的能力、自己的优势和不足、自己的潜力所在，才能够做到扬长避短，最大限度地发挥出自己的优势，在自己的人生中创造出辉煌的业绩。

为了便于大学生们全面了解自我，本章从自我认知的内容、自我认知的方法、自我认知的阶段性三方面进行讲述。

第一节　自我认知的内容

自我认知有许多理论，其主旨就是要求人们必须从多个角度去了解自己。比如，美国心理学家詹姆斯在探讨自我的内在结构时，曾首次将自我分成"主体自我"和"客体自我"。前者指个体的纯经验，后者则指经验内容。美国田纳西州心理治疗专家费池提出了五个自我认知的基本维度，来帮助人们进行自我认知。还有人提出现在自我、理想自我和他观自我的看法。

本书在总结国内外自我认知基本理论的基础上，进一步将其与中国传统哲学思想、传统文化相结合，提出“完整我”的概念，“完整我”包含了“生理我”、“心理我”、“社会我”、“道德我”、“家庭我”、“优势我”等多方面自我认知的内容，以便能更好地帮助同学们认识自己（图 2-1）。

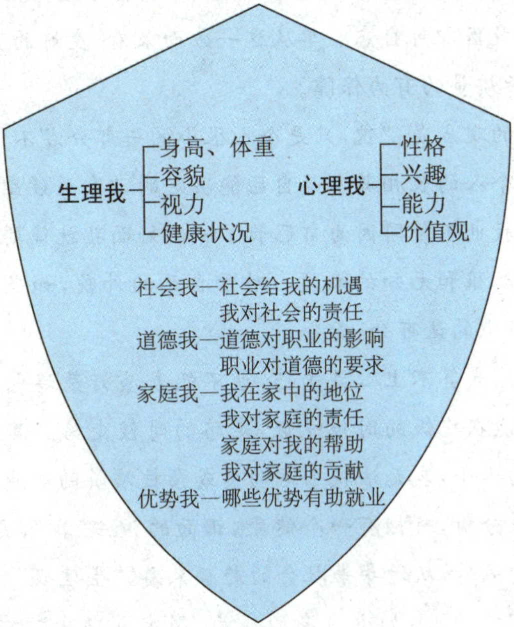

图 2-1 “完整我”盾牌图

一、“生理我”——了解我的身体状况

“生理我”又称“生理自我”，是一个人对自己的身体、健康状况、外貌、动作技能等方面的感受，包括身高、体重、视力、体力、相貌等可以量化或直观得到的指标。通俗一点说，就是个人对自身生理情况的认知程度。

“生理我”是非常基本的一种自我概念，它对个人的适应能力与未来发展都有重要的影响。正确认知“生理我”，理性面对自己的生理特点，根据“生理我”来选择自己能够适应的工作是很重要的。比如，身高可能成为某个行业入门的门槛，色盲或色弱不能从事许多岗位，身体有传染病的人不能从事医疗、饮食、食品生产行业等，身体差的人不能胜任强体力劳动的工作岗位等，长相可能成为某些职业（如空姐、护士）的任职条件等。一个人如果在生理上达不到任职条件而他非要去这些岗位，那不是给自己出难题？所以应该根据“生理我”来选择职业。

案 例

我的身体、健康状况相比同年龄阶段的人来说应该是有优势的。同时,又因为自己是一个篮球爱好者,时常与同学打打球,一般是几年都不生一次病,偶尔伤风感冒,也无需就医即可自愈。单从这一方面来看,良好的身体状态是提高我的学习成绩和生活质量的有力保障。

对于外貌,我的观点是:“貌,只是个人很小的一部分。”不以貌取人是我的原则。客观来说,一个人的长相并不是自己能决定的,“东施效颦”只是一种极度自卑的表现。当然,我也不赞同因为自己长了一副好面孔就像骄傲的孔雀一样,不知如何走路,那是幼稚和无知的表现。对于自己的外貌,如果满分是十分的话,我给自己打一个折中的认可分:五分。

动作技能方面,我算不上心灵手巧,也不能表演好莱坞电影里的惊险特技,但还算四肢灵便,能在吃饭的时候吃饭,走路的时候走路。其实,我的身体素质只是一个平常人的水平,我无法找个运动员或杂技演员的职业。

从这一维度来分析,我拥有一个健康、正面的“生理我”,具备成功人士必备的基本身体条件。另外,从近年来社会的趋势来看,“生理我”的影响力相对在减少。每个人只要有能力,再加上自身的努力,很容易跳出“生理我”(如美貌、健全、残障)的局限圈,取得属于自己的成功。

这是一位同学的“生理我”分析。现在我们每一位新生同学也可以按照表 2-1 进行“生理我”的认知。大学生处于身体成长发育期,大一的“我”和大三即将毕业的“我”在身体上会有很大的改变,这些改变有时会影响一个人的择业,如进校时的小个子在毕业时突然变成一个大汉了,这使原本身高不符合招聘标准的“我”在生理上有了应聘的基本条件。因此,有必要进行阶段性的“生理我”认知。“生理我”一般应该认知以下内容:

生理我的认知是客观的,简便的,也是十分必要的。对某些行业来说,生理设限已经成为基本的应聘标准之一。而如果你想创业,良好的健康状况更是必备的条件之一。所以,身体羸弱的同学在入学后要加强体育锻炼,把身体养得棒棒的;那些盲目减肥的同学,也不要过于追求“苗条美”,影响自己的健康则得不偿失。

正确认识自己的生理条件,身体不便的学生,要正视自己的不足,找出自身的优势和长处,发挥自己的优势。这样,取长补短,同样能在社会中贡献自己的价值,赢得自身发展,取得社会的尊重。当前,政府和社会力量非常关注弱势大学生就业创业情况，并联合企业、单位共同努力为残疾大学生提供公平合适的工作环境。我们大学生只有正确地认识自己，才能在面对可能的机遇时不会错过，实现精彩人生。

表 2-1 “生理我”的自我分析

内容	结果
性别	
年龄	
身高	
体重	
视力	
健康状况	
体力	
有无传染病	
容貌	
有无特长（如耐力好、善短跑等）	

这里要特别提醒大学生们，我们要愉悦地接纳自我，正确地认识自我，不管长相是美是丑，都要接受这个事实。我们不能靠长相吃饭时，就要靠自己的努力，所以应该感谢父母给了我们努力的机会；长相俊俏的同学，也应牢记不能靠天生丽质而放弃努力，否则会耽误自己的前程。如果在这一方面处理不好，则“生理我”可在一定程度上影响到“心理我”的发展，进而影响一个人的职业生涯。

案例

“无肢勇士”

尼克·胡哲生于澳大利亚，天生没有四肢，这种罕见的现象医学上取名“海豹肢症”，但更不可思议的是：骑马、打鼓、游泳、足球，尼克样样皆能，在他看来是没有难成的事。他拥有两个大学学位，是企业总监，更于2005年获得“杰出澳洲青年奖”。为人乐观幽默、坚毅不屈，热爱鼓励身边的人，年仅32岁他已踏遍世界各地，接触逾百万人，激励和启发他们的人生。

在这期间双亲一直鼓励他学会战胜困难，他也逐渐交到了朋友。直到13岁那年，武伊契奇看到一篇刊登在报纸上的文章，介绍一名残疾人自强不息，给自己设定一系列伟大目标并完成的故事。他受到启发，决定把帮助他人作为人生目标。

经过长期训练，残缺的左“脚”成了武伊契奇的好帮手，它不仅帮助他保持身体平衡，还可以帮助他踢球、打字。他要写字或取物时，也是用两个脚趾头夹着笔或其他物体。“我管它叫‘小鸡腿’，”武伊契奇开玩笑地说，“我呆在水里时可以漂起来，因为我身体的80%是肺，‘小鸡腿’则像是推进器。”

游泳并不是武伊契奇唯一的体育运动，他对滑板、足球也很在行，他还能打高尔夫球。他先看射击的方向然后在击球时，他用下巴和左肩夹紧特制球杆，然后击打，并击打成功。武伊契奇在美国夏威夷学会了冲浪。他甚至掌握了在冲浪板上360度旋转这样的超高难度动作。由于这个动作属首创，他完成旋转的照片还刊登在了《冲浪》杂志封面。“我的重心非常低，所以可以很好地掌握平衡，”他平静地说。

专家分析

美和丑是相对的，长相是无法选择的。一个人生存的根本还在于他的内在本质，青春和美丽都是暂时的，而内心的美才是永恒的。

小知识贴士

乙肝指标在入学、就业方面的政策调整

乙肝五项一贯以来都是小孩入托、入学、就业必须检测的指标。2010年2月10日，人力资源与社会保障部、教育部、卫生部联合发布《关于进一步规范入学和就业体检项目维护乙肝表面抗原携带者入学和就业权利的通知》，规定从学生入托到企业招聘，乙肝检测已经不能作为主要检测指标了。这维护了众多的乙肝表面抗原携带者的权益。

但是，就某些行业或者职业而言，对乙肝表面抗原携带者还是有不予录用的规定。卫生部2011年2月17日发布了“已核准的乙肝表面抗原携带者不得从事的职业的说明”，其中称，根据人力资源与社会保障部发布的《公务员体检特殊标准（试行）》：“乙肝病原携带者，特警职位，不合格。”此外，民航招收飞行学生体检可以保留体检鉴定乙肝项目检测。血站从事采血、血液成分制备、供血等业务工作的员工也不得招收乙肝病原携带者。

二、“心理我”——探究我的内心世界

“心理我”又称“心理自我”，是一个人对个人价值与能力的评价。站在职业生涯规划的角度来说，拥有一个良好的“心理我”是相当重要的，许多心理学实验都显示：个人对自我能力的评估会影响到他所设定的目标的水准，进而使人产生截然不同的结果。

“心理我”可以通过各种测评工具来检测。“心理我”的内容包括兴趣、性格、能力、价值观等，这些与一个人的职业发展有密切的联系。

例如，小李写作能力很强，但数学能力却平平；小王在唱歌方面有特长，但抽象推理能力较差。如果他们能够很清楚的认识自己的能力，那么在职业规划方面，小李可能就会信心饱满地成为一名优秀记者或者作家，而小王则成为一名歌唱家。

因此，我们应当充分了解自己的兴趣、性格、价值观及各种能力的优劣。

（一）兴趣

兴趣是人们力求认识和掌握某种事物，并经常参与该活动的心理倾向。兴趣是最好的老师，可以充分调动人的潜能，提高工作效率，发挥自己的才干；兴趣是保证职业稳定性和工作满意度的重要因素；兴趣是职业选择的一个最重要的依据。

1. 兴趣与职业生涯规划的关系

从心理学角度来说，在职业选择时，首先需要了解自己的兴趣。比如，有的人喜欢操作，靠他灵巧的双手，在技能操作领域得心应手，如果你硬要把他的兴趣转移到书本的理论上来，他就会感到无用武之地。有的人动手能力差，但是喜欢钻研理论知识。这种兴趣上的差异就构成了职业选择的重要依据。

（1）兴趣可使人的智力潜能得到充分发挥。当一个人对某种事物发生兴趣时，就能调动起整个人的积极性，积极探索，增强克服困难的意志，反之，“牛不喝水强按头”是不会取得好效果的。

例如：爱迪生，在学校里被人骂为“傻瓜”、“低能儿”而被勒令退学，但在发明的王国里却显示了超人的才华；达尔文，在课堂上“智力平平”，而在大自然的怀抱里却显得异常聪明、敏锐，成为进化论的创始人、伟大的生物学家。

(2)兴趣可以提高人的工作效率。一个人对某项工作感兴趣时，枯燥的工作也变得丰富多彩，趣味无穷。兴趣使工作不再是一种负担，而是一种享受。兴趣可以调动你的全部精力，高度集中，从而提高效率。据研究，如果一个人对某项工作有兴趣，则能发挥他全部才能的80％～90％，并且长时间保持高效率工作而不感疲倦；而对工作没有兴趣的人，只能发挥其全部才能的20％～30％，也容易筋疲力尽。

(3)兴趣是事业成功的重要因素。许多成功人士都有着惊人的相似之处，就是对自己感兴趣的事非常执着，一旦认定，什么都不能改变，全身心投入，一味追求，这是成功的有力保证。一个人如果选择了自己不感兴趣的职业，不仅压抑才能，还会很痛苦。所以，你选择职业不要仅看工资多少，城市怎么样，最主要的还要看你是否有兴趣。

2. 职业兴趣

职业兴趣反映了职业(工作活动)特点和个体特点之间的匹配关系，是人们职业规划的重要依据和指南。职业兴趣测验正是用于了解这两方面特点之间的匹配关系，从而为实现“恰当的人从事恰当的工作”提供可靠的科学依据。常用的职业兴趣测试工具是霍兰德职业兴趣测评系统。

兴趣是可以培养的。兴趣也是可以随着对该事物的认知的增加而发生改变的。所以，对一门新的学科或者专业，首先应该是去了解它，尽量找出与你的兴趣相关的、吸引你眼球的地方，然后培养对它的兴趣。许多同学入学后对自己的专业不喜欢，没有兴趣。实际上是对专业不了解。鉴于中国高校专业选择的特点，我们应该尽量地去了解自己的专业，找到值得它热爱的地方，培养自己的兴趣，这样才能在专业学习上获得动力、取得成功。

案　例

有位学新闻学的大专生，毕业后专升本读的管理学，取得学士学位，后来因为工作的需要，从事了就业指导工作，并且一干就是十余年。在这一行里，他找到并培养了自我的兴趣，成为这一行里的佼佼者。

专家分析

案例中，这位新闻学、管理学专业的毕业生，在读书阶段从来没有对职业生涯就业指导发生过兴趣，但在工作中，通过对这项工作了解和认识，逐渐对其产生了兴趣，成为了行业的顶尖人物。

(二)性格

性格是人对现实的态度和行为方式中比较稳定的心理特征的总和。职业性格是一个人对职业的稳定态度和在职业活动中习惯化了的行为方式所表现出来的个性心理特征，对个人的职业生涯规划有重要意义。

我们每个人都有自己的独特的个性。每个人的心理特征不同，看问题、处理事情的风格、方式也不同。有的人热情爽朗；有的人沉稳持重；有的人风风火火；有的人谨慎多疑……但“金无足赤，人无完人”，一个人在某方面有所不足，其他方面必有过人之处，说不定就是他制胜的法宝。

1. 性格与职业息息相关

性格使一个人更加偏爱某一种而非另一种环境，由于性格的不同，每个人在对不同环境的认知过程中，也表现出不同的个性化风格。从事与自己的性格不匹配的工作，个人的才能就会受到阻碍，会让你觉得整个工作状态都很不佳。使一个人在某种职业中获得成功的性格，可能会让其在另一职业中大受挫折。因此在职业选择中，我们应尽可能充分考虑自己的个性特征与职业要求是否相适应，这样在工作中就能够满足你的独特欲望，能够发挥你特有的能力，还能利用你的个人资本，体验到更多的快乐和愉悦。

【拓展练习】

你在一张纸上或是书页边上，签上自己的姓名。然后换一只手再签一次。

分析：如果你感到别扭，那就对了，因为大多数人在第一次签名后会说“很自然”、“简单”、“很快”、“毫不费劲”。然而当你换用另一只手时又如何呢？一些经典的回答有“很慢”、“别扭”、“困难”、“发酸”、“很累”、“要花很长时间”、“花费更多精力和心思”。

手的习惯可以很好地说明，找到与性格匹配的职业的重要性。使用你惯用的那只手时，你会感到舒适和自信；若强迫你使用另一只手，这当然可以拓展你的能力——但却绝不会像先前那样灵活自如，收到的效果当然也就不那么令人满意了。

2. 在职业发展上性格的重要性

有专业人士认为，在职业发展上，性格比能力重要。某些用人单位在选择人才时也越来越看重一个人的性格。如果一个人能力不足，可通过培训提高，一年不行，两年；两年不行，三年，总可以开发出来。但一个人的性格与职业或岗位不吻合，要改变起来，可就困难了。所以，公司在招聘新人时，将性格的测验放在首位，当性格与职业或岗位吻合了，才对其能力进行测验考察。如果性格与职业或岗位不吻合，则可能影响他的职业发展，企业就会考虑是否录用。所以，性格在相关的职业发展上起着至关重要的作用。

3. 性格无所谓好坏

职业心理学的研究表明，不同的职业需要具有不同性格的从业者，某一类职业工作能够体现出某一类共同的职业性格。性格常用的测试工具有：MBTI 测评、北森朗图测评、PDP、16PF 等。

要提醒大家注意的是：“江山易改，本性难移。”这句话虽然形容的是性格的稳定性，但不少事实证明，一个人的性格也处于动态变化之中。一个所谓内向的人，在他面对熟悉的环境或者话题之时，可以口若悬河、滔滔不绝；一个外向的人，则很可能在陌生的环境特别是陌生的话题时表现的相对无语。在一个人一生中，性格也会在特定的环境下发生改变。大家应该灵活地看待性格，不要机械、刻板地看待它。

小链接

气质

一般来说，根据感受性、耐受性、反应的敏锐性、可塑性、情绪的兴奋性和指向性的不同组合，可以把气质分为四种类型（表2-2）：胆汁质、多血质、黏液质和抑郁质，气质使人在心理活动和行为方式上具有独特的色彩，并且会影响人们的心理和行为的特点、方式和效率，所以每种气质类型都具有较为适应的职业范围：

表 2-2　四种气质类型

气质类型	类型特征	可能适应的职业
多血质	思维灵活、反应迅速，好交际、敏感，但易变、浮躁、不稳重	比较适合做社交性、文艺性、多样化、要求反应敏捷且均衡的工作，而不太适合做需要细心钻研的工作。他们可以从事的职业范围很广，如外交人员、管理人员、驾驶员、医生、律师、运动员、新闻记者、冒险家、服务员、侦察员、警察、演员等
胆汁质	直率热情、精力旺盛，但失之鲁莽、易于冲动，准确性差	较适合做反应迅速、动作有力、应急性强、危险性较大、难度较高而费力的工作。他们可以成为出色的导游员、勘探工作者、推销员、节目主持人、演讲者、外事接待人员等，但不适宜从事稳重、细致的工作
黏液质	安静沉稳、自制忍耐，但反应迟缓、朝气不足	较适合做有条不紊、刻板平静、耐受性较高的工作，而不太适宜从事激烈多变的工作。可以从事的职业有外科医生、法官、管理人员、出纳员、会计、调解员等
抑郁质	细腻深刻、踏实细致，但多愁善感、孤僻迟缓	抑郁质的人能够兢兢业业地工作，适合从事持久细致的工作，如技术员、打字员、排版工、检查员、化验员、刺绣雕刻工、机要秘书、保管员等，而不适合做要求反应灵敏、处理果断的工作

由上表可知，大学生在进行职业生涯规划的时候，必须了解气质对心理和行为的影响，并认识自己的气质类型，努力做到气质与职业的相互匹配。

需要特别提醒的是人的气质类型与高级神经活动过程有关，是由先天的遗传因素所决定的。因此一个人的气质是不能改变的，个人在进行职业生涯规划和职业生涯发展的时候，气质与职业的匹配就只能让职业适应气质了。

(三)能力

能力，就是指顺利完成某一活动所必需的主观条件。能力是直接影响活动效率，并使活动顺利完成的个性心理特征。能力总是和人完成一定的活动相联系在一起的。离开了具体活动既不能表现人的能力，也不能发展人的能力。

1. 能力类型

能力包含以下几种类型：

(1)一般能力和特殊能力。一般能力是指观察、记忆、思维、想象等能力，通常也叫智力。它是人们完成任何活动所不可缺少的，是能力中最主要又最一般的部分。特殊能力是指人们从事特殊职业或专业需要的能力。例如学音乐所需要的听觉表象能力。人们从事任何一项专业性活动既需要一般能力，也需要特殊能力。二者的发展也是相互促进的。

(2)流体能力和晶体能力。流体能力是以学得的经验为基础的认知能力，如人类学会的技能、语言文字能力、判断力、联想力等，是基本心理过程的能力，它随年龄的衰老而减退。与流体能力相对应，晶体能力受后天的经验影响较大，主要表现为运用已有知识和技能去吸收新知识和解决新问题的能力。晶体能力在人的一生中一直在发展，它与教育、文化有关，并不因年龄增长而降低，只是某些技能在新的社会条件下变得无用了，它在 25 岁以后，发展的速度渐趋平缓。

(3)模仿能力和创造能力。模仿能力指通过观察别人的行为、活动来学习各种知识，然后以相同的方式做出反应的能力。而创造力则是指产生新思想和新产品的能力。

(4)认知能力、操作能力和社交能力。能力还可以按照它的功能划分为认知能力、操作能力和社交能力。

认知能力：指接收、加工、储存和应用信息的能力。它是人们成功地完成活动所需要的最重要的心理条件。知觉、记忆、注意、思维和想象的能力都被认为是认知能力。美国心理学家加涅提出三种认知能力：即言语信息(回答世界是什么的问题的能力)、智慧技能(回答为什么和怎么办的问题的能力)和认知策略(有意识地调节与监控自己的认知加工过程的能力)。

操作能力：指操纵、制作和运动的能力。劳动能力、艺术表现能力、体育运动能力、实验操作能力都被认为是操作能力。操作能力是在操作技能的基础上发展起来，又成为顺利地掌握操作技能的重要条件。

认知能力和操作能力紧密地联系着。认知能力中必然有操作能力，操作能力中也一定有认知能力。

社交能力：指人们在社会交往活动中所表现出来的能力。组织管理能力、言语感染能力等都被认为是社交能力。在社交能力中包含有认知能力和操作能力。

2.潜能

潜能，顾名思义，就是一个人的潜在的能力和能量。在现有教育阶段，学校考察学生的主要是两个方面的能力：逻辑思维能力和语言能力。而事实上人的潜能是多方面的，如人际沟通能力、领导管理能力、艺术创造能力、形态知觉能力等，这些在考试中很难体现出来，而这些能力又往往对于一个人的成功非常重要。

对于每个人来说，能力发展是不均衡的，潜能也不均衡。每个人各有其特点。发挥自己的前提是认识自己，智慧人生。这里我们给出潜能发展方向对比表，来帮助同学发现自己有哪方面的潜能（表2-3）。

表2-3 潜能发展方向对比

潜能种类	相关解释	相关经历	你具备吗
创造潜能	指人们应用新颖的方式解决问题，并能产生新的、有价值的事物的潜能	创造性不只是可以画一幅画或者会使用一种工具。做一顿晚餐是创造，侍弄花园也是创造，考虑如何让足球队战胜对手也是创造	
社会潜能	社会潜能可以理解为组织能力，也可以理解为调动别人的积极性的能力	聚会时喜欢带头组织；喜欢观察别人的特点；判断事物比较准确；有较强的记忆力；不怕工作重担，勇于承担责任；有较强的交际及沟通技巧；有广泛的兴趣爱好，等等	
精神潜能	精神智慧的人，不会只看到利益的东西。这种人不仅仅是聪明，而是明智	个人的价值观是你的行动动力；会对自然产生灵感；会享受到阳光的照射和鸟儿的歌唱；会发现儿童天真的本质并感受到什么是健康，等等	

续表

潜能种类	相关解释	相关经历	你具备吗
身体潜能	这是一个人成功最基本的潜能，拥有健康的身体才能拥有健康的心理，身体是革命的本钱	身体可以抵御一般的传染病；感觉很敏锐；精力很充沛；身体和大脑都很放松；比较有耐力；行为姿势比较优雅，等等	
感觉潜能	感觉的心理学定义：是刺激作用于感觉器官，经过神经系统的信息加工所产生的对该刺激物个别属性的反映。其潜能可理解为相关感觉的潜在能力	有较强的视力；有较强的听力；有灵敏的嗅觉；有灵敏的味觉等等。感觉潜能往往不是同时被挖掘，而是此消彼长，例如盲人的听力就会异常灵敏，这一点在认识感觉潜能中需要注意	
计算潜能	许多人认为，计算能力是一种天生的能力，这种看法是错误的。其实每个人都具备计算能力并且这种能力需要被激发	对数字很敏感；口算能力很强；数学抽象划归能力很强，等等	
空间潜能	空间潜能就是看地图、组合各种形式以及使自己的身体正确通过空间的潜在能力	有较强的方向感；骑自行车很容易穿行于狭窄拥挤的通道；身体灵活；看图能力较强，等等	
文字表达潜能	是运用语言文字阐明自己的观点、意见或抒发思想、感情的潜在能力，是将自己的实践经验和决策思想，运用文字表达方式，使其系统化、科学化、条理化的一种潜在能力	爱看书；爱记单词；有做读书笔记的习惯；有记日记的习惯，等等	

我们应当树立这样的信念：人人都有巨大的潜能，人人都能成功。现阶段，我们的任务就是认知自己，发现自己的能力并找到自己可以挖掘的潜能在哪里，并坚定不移地去挖掘它。

有这样两个故事，彰显了潜能巨大的力量。

案例故事1

漂亮的证明

困扰数学界20多年的国际数学难题"西塔潘猜想",这是由英国数理逻辑学家西塔潘于上个世纪90年代提出的一个猜想,20多年来许多研究者一直努力都没有解决。

有一天,刘路突然想到利用之前用到的一个方法稍作修改便可以证明这一结论,连夜将这一证明写出来,投给了数理逻辑国际权威杂志《符号逻辑杂志》,署名刘嘉忆。

稿件投出后,《符号逻辑杂志》的主编,也是国际逻辑学知名专家、芝加哥大学数学系教授邓尼斯·汉斯杰弗德写信给予高度称赞,"我是过去众多研究该问题而无果者之一,你给出的如此漂亮的证明,请接受我对你令人赞叹的惊奇的成果的祝贺!"

论文审稿人、芝加哥大学博士达米尔·扎法洛夫也认为,这是一个重要的结果,过去20多年许多著名科研者都在进行努力。该问题的研究促进了反推数学和计算性理论方面的研究。

美国芝加哥大学数理逻辑学术会议上,22岁的刘路受到邀请,作为亚洲高校唯一一位代表在会上作了40分钟报告。

校长黄伯云了解此事后,亲自批示刘路硕博连读。与此同时,为让刘路能够提早读研,中南大学邀请了中国科学院三位院士,向教育部写信推荐请予破格录取,建议采取特殊措施,加强对刘路学术方面培养。在得知中国大学生刘路受到国际数学界的高度认可后,三位中国科学院院士、著名数学家李邦河、丁夏畦、林群毫不犹豫地接受了中南大学的请求,向教育部写了"破格录取"推荐信。

案例故事2

著名的戏剧表演家小白玉霜,初出茅庐时只是个不起眼的小角色。一次她的师父意外不能到场演出,紧急时刻只好临时让她顶替。令人惊讶的是,她一鸣惊人,充分展示了戏剧的魅力,唱腔和身段都令人叹服。此后五光十色的戏台有了她的一席之地。一次偶然让她发现了自己非凡的造诣。危急时刻,人不会受到外界太多的牵制,也比平常少了许多犹豫和顾虑,因此不会断送了机遇。而勇敢地去把握,往往就发现了自己的潜质,从而改变了命运。

由此可见，正确认识潜能的重要性，并初探自己潜能的发展方向，对于一个人的成功起着至关重要的作用。

一个人的技能、专业是浮在水面的部分，人所共见；至于隐藏在水下的部分，则是无法用数据具体表明的，例如高度的自信、坚定的意志、强烈的愿望，这是一个人挖掘自身潜能的三个要素。就好像是冰山一样，露出水面的只是它的八分之一，水下那不易察觉的部分却足以把“铁达尼”这种小不点撞沉无数次。

3.能力与职业生涯规划的关系

能力是个人职业选择和职业成功的基础。在职业生涯中，职业的成功不仅与人的个性特点、知识技能、工作态度、物质条件、健康状况、人际关系等因素有关，而且与一个人的职业能力密切相关。在其他条件相同的情况下，职业能力强的人比职业能力弱的人更能使工作顺利进行，更容易获得成功。

不同职业对人的能力有不同的要求，不同的人其能力也不相同。如有人长于言语交谈，有人长于实际操作，有人长于理论分析，有人长于事务性工作。每个人都有自己独特的能力范围。社会上不同的职业对从业者的能力有不同的要求，如有的需要言语能力，有的需要计算能力，有的需要动手能力，而大多数职业则都需要几种能力的综合。

一般地讲，排字工人、服务员、领航员、侦察员、公安干警、驾驶员、交通警察、飞行员、机械操作工、教师等，需要较强的注意力和观察力。管理工作者、外交人员、解说员、报务员、售货员、教师等，要有较强的记忆力。文学创作者、工程设计人员、建筑师、机械师、服装设计师等，需要较强的想象力。科学技术工作者需要一定的数学能力等。

人的能力差别是客观存在的，这种差别制约着人们活动的领域与职业选择的范围。一个人如果不能很好地评价自己的能力，错误地选择职业，将无法发挥出自己的潜力，也将一事无成。

(四)价值观

人们所处的自然环境和社会环境，包括人的社会地位和物质生活条件，决定着人们的价值观念。每一社会都有一些共同认可的普遍的价值标准，从而发现普遍一致的或大部分一致的行为定势，这称为普适价值观或曰社会行为模式。有的人的行为更趋向于利，有的人更趋向于名，有的人则趋向于事，这反映出人的价值观会有不同。不同价值观的人有不同的思维方式，行为模式或者说出发点不一样。所以我们在制订生涯规划时要根据自己的价值观来判断，别人的意见或建议都只能作参考。

1.价值观与职业生涯规划

价值观是人们希望获得哪些结果的一种抽象说法。它揭示了人们看待工作、职业回报、薪酬或其他问题的不同态度。

各种职业都有各自的特性。不同的人对职业的特性可能有不同的评价和取向，这就是所谓的职业价值观，也称择业观。价值观对人的一生有着重要的影响。作为人们对待职业的一种信念和态度，职业价值观往往决定了人们的职业期望，影响着人们对职业方向和职业目标的选择。

职业生涯规划中，我们常常需要做出这些选择：是要工作舒适轻松，还是要高标准的工资待遇；要成就一番事业，还是要安稳太平。当两者有矛盾或冲突时，最终影响我们决策的是存在于内心的职业价值观。可见价值观对职业生涯的影响是高层的、深远的。

职业价值观通常都是与某种职业紧密相连的，并且职业价值观也可以作为在你和工作之间进行匹配的基础。假如创造性对你来说是一项重要的工作价值，那么，建筑师、设计师、广告创意人员、工程师和表演艺术家们的工作就是以创造性为显著特征的，而独立、变化、旅行、被认可和有影响力则被认为是记者这一职业的工作价值。如果你认为帮助他人有意义，你应该经营服务取向的生意；如果你生性喜欢冒险，可以选择充满刺激的行业；如果安全在你心目中是第一位的，则应尽量避免那些风险大的职业。当你认为某项很重要的价值在一项职业里缺失的时候，就会出现职业错位的现象。

2.价值观的特点

(1)价值观是因人而异的。由于每个人的先天和后天环境不同，人生经历也不尽相同，每个人的价值观的形成会受到不同的影响，因此，每个人都有自己的价值观和价值观体系。在同样的客观条件下，具有不同价值观和价值观体系的人，其动机模式不同，产生的行为也不同。

(2)价值观是相对稳定的。价值观是人们思想认识的深层基础，它形成了人们的世界观和人生观。它是随着人们认知能力的发展，在环境、教育的影响下，逐步培养而成的。人们的价值观一旦形成，便是相对稳定的，具有持久性。

(3)价值观在特定的环境下又是可以改变的。由于环境的改变、经验的积累、知识的增长，人们的价值观有可能发生变化。

3.价值观类型

(1)价值观六大类型：有一种理论将个人的价值观分为六大类型，理论价值观、经济价值观、审美价值观、宗教价值观、社会价值观和政治价值观。尽管有些人把获得权力（属于政治价值观）或帮助他人（属于社会价值观）放在首要位置，但也有人更关注为世界创造美（属于审美价值观）或做学问（理论价值观）。可能每个人都有几种自己认为重要的价值观，并形成独特的组合。比如，一个非常务实且有极强政治欲望的人，不可能对一个低工资且无法发挥自己领导才能的工作感兴趣。又如，人人平等的价值理念，鼓舞"圣雄"甘地带领印度人民走向独立；怀大爱心、做小事情的信念，使诺贝尔和平奖获得者德兰修女，创办了上个世纪世界上最大的慈善机构，帮助了无数的人。

（2）职业锚理论：职业锚是人们选择和发展职业时所围绕的中心，当一个人不得不做出职业选择的时候，无论如何都不会放弃的那种职业中至关重要的东西。

职业生涯规划领域"教父"级人物、美国麻省理工大学的 E. H. 施恩教授，于 20 世纪 20 到 60 年代，在职业价值观理论和实例跟踪研究的基础上，结合对团体和一些机构的调查，提出职业锚理论，并研究出测试问卷。后经近 30 年的发展，职业锚成为了许多个人职业生涯规划的必选工具和公司人力资源管理的重要工具。

在进行职业规划方向定位中，职业锚测试可以帮助你确定自己的发展方向，审视自己的价值观是否与当前的工作相匹配。只有你的职业定位和要从事的职业相匹配，才能在工作中，获得源源不绝的巨大动力，实现自己的价值。

（3）社会主义核心价值观：社会主义核心价值体系主要由坚持马克思主义指导思想，坚持中国特色社会主义共同理想，坚持以爱国主义为核心的民族精神和以改革创新为核心的时代精神及坚持社会主义荣辱观组成。核心价值观是一个国家和民族价值体系中最本质、最具决定作用的部分，它支撑和影响着所有价值判断，是对整个人类发展历史和未来走向的总概括。

大学生的个人价值观要与社会主义核心价值观相融合，个人价值观要随着时代、社会环境的变化而变化，不能一成不变。

通过以上的学习，你不妨试着对自己做个"心理我"的分析（表 2-4）。

表 2-4 "心理我"的自我分析

内容	结果
兴趣	
性格	
能力（潜能）	
职业价值观	

三、"社会我"——明确我对社会的责任以及社会发展给我提供的机遇

"社会我"又称"社会自我",是指一个人在与他人交往中感知到的他人对自己的一种看法以及自己的社会责任感。"社会我"会影响一个人的人际关系以及在社会中的角色定位,进而影响到一个人的职业生涯规划。

在大学三年的学习生活中,我们要实现从校园到社会的过度,也就是说,既要把个人的个性充分发挥,也要注意把个性塑造得极为接近社会个性,使自己的欲望符合自己所扮演的社会角色的需要。这种社会角色不仅要有现代人才的品质,还要有强烈的社会责任感。在国家建设大潮中,我们如何按照国家的发展战略来选择自己的职业和去向就可以完全反映自我的社会责任,也是实现"完整我"所必需的。

比如,国家为了建设社会主义新农村,提出了大学生"村官"的发展策略;为了充实基层管理人员的力量,号召大学生们去基层服务;国家提出的建设中西部策略,鼓励大家踊跃报名;国家为了加强国防建设,鼓励大学生参军等举措,无一不体现社会对我们的期待和要求,因此,我们也要把自己打造成社会主义事业的建设者,为国家建设添砖加瓦。这就是"社会我"的体现。

实际上,"社会我"的认知提醒大学生既要有社会责任意识,而且在关注社会的同时,也可以发现更多的发展机会。因此,一定要把自己放在社会这个大背景下来考虑自己的职业发展,才能更好地实现自己的职业目标。

四、"道德我"——基本道德和职业道德

所谓的"德"就是指道德。要成为一个高尚的人,除了必须遵纪守法之外,还要在各方面符合做人的基本道德和职业道德的要求。

(一)公民的基本道德

"忠、孝、礼、义、信、仁、耻"是中华民族传统美德的核心价值理念和基本要求,影响整个社会道德体系的发展和社会道德水平的提升;"温良恭俭让"则是古代知识分子待人接物的准则。在现代社会里,这些美德又赋予了新的含义。比如,诚心、爱心、恒心、平常心、敬业、自强、自尊等。我们强调"做事先做人",我们认为"诚信是做人的根本","爱心是战胜苦难的利器",恒心体现一个人的毅力和专注度,平常心则可以反映一个人在荣辱面前的喜与悲,敬业是一个人成功的前提条件;而高度自制是成功的基本要素,自信带来事业的飞扬,一个人只有自强才能带来自尊,只有自尊才能赢得他人的尊敬。

做事先做人：是为人处世和工作生活中的一条金科玉律。我们要取得成功，首先要修炼内功，提高自己的品德修为，人做好了，事才有可能做好。只把眼睛盯在事上，无视或轻视做人，最终是不能把事做好的。

2014年6月，关乎数百万考生的命运的“高考”在全国各地拉开帷幕。令人无法相信的是，在这场可谓公平的考试中，居然出现了大规模替考行为，而且主导者是主监考教师。组织替考者称，他们花钱买通了监考各环节，打点一个考场起步价7万元。进入考场的指纹验证过程中，监考老师发现破绽竟也没有阻拦。此事件被报道后，一片哗然。河南省查实违规违纪考生165人，其中替考127人。身为人师，这些监考老师却在学子最关键的考试中弄虚作假，彻底败坏了教师职业道德。我们回首往事，眼前有坚守岗位数十年的乡村老师，有索道医生邓前堆，有任长霞式的公安局长，还有孔繁森式的好干部；但也有在汶川地震中只顾自己逃命、置学生不顾的老师“范跑跑”，有赚取病人昧心钱的黑心医生，有与贩毒集团勾结的公安局长曲月福、张保华，还有胡长清之类的贪官等。这些都与一个人的社会道德有关。

案例

2013年，吴斌驾驶杭州长运集团大型客车在从江苏无锡返回浙江杭州的高速公路上，被一块突如其来的铁块击中，导致肝脏破裂及肋骨多处骨折，肺、肠挫伤。在危急关头，吴斌想到的是乘客的安全，他强忍剧痛，完成了一系列安全停车操作，使24名乘客毫发无伤。现场画面震撼人心，吴斌的敬业和责任心受到网民及舆论的高度赞扬。

(二)公民的职业道德

职业道德是一般社会道德的特殊形式，是社会道德的主体部分。所谓职业道德，就是同人们的职业活动紧密联系的符合职业特点所要求的道德准则、道德情操与道德品质的总和。

职业道德是所有从业人员在职业活动中应该遵循的行为准则，涵盖了从业人员与服务对象、职业与职工、职业与职业之间的关系。

职业道德的主要内容是，从道义上规定人们以什么样的思想、感情、态度、作风和行为对待本职工作，以及待人、接物、处事所应履行的职责。

每个从业人员，不论是从事哪种职业，在职业活动中都要遵守道德。如教师要遵守教书育人、为人师表的职业道德。医生要遵守救死扶伤的职业道德，等等。职业道德不仅是从业人员在职业活动中的行为标准和要求，而且是本行业对社会承担的道德责任和义务。职业道德是社会道德在职业生活中的具体化。

在内容方面，职业道德总是要鲜明地表达职业义务、职业责任以及职业行为上的道德准则。如人们常说，某人有“军人作风”、“工人性格”、“农民意识”、“干部派头”、“学生味”、“学究气”、“商人习气”等。

在形式方面：职业道德往往比较具体、灵活、多样。它总是从本职业的交流活动的实际出发，采用制度、守则、公约、承诺、誓言、条例、行规，以至标语口号之类的形式。

小链接

职业道德对职业发展的价值

职业道德规范	职业道德对职业发展的价值
敬业	1.敬业使人产生强烈的责任心和使命感
	2.敬业使人感受到工作的快乐和心理满足，这种体验是金钱、地位、权势等所不能替代的
诚信	1.诚信能使从业者尽快进入职业环境，获得良好的职业开端
	2.诚信能使企业充满责任感，履行承诺，从而得到市场的认可
公正	1.办事公道是个人在工作中所需的基本素质
	2.办事公道是企业生存和发展的保障
	3.办事公道是维护社会公平正义的保障
遵纪守法	1.遵纪守法是个人行事做人的行为尺度和保障
	2.遵纪守法是企业生存发展的行为尺度和保障
	3.遵纪守法是约束自己和保护自己的工具
节约	1.节约是一种对工作负责的行为，是负责任、成熟理智的标志
	2.节约是一个公司稳定、长久、持续发展的秘诀
	3.节约也是一种科学的生活方式
合作	1.合作是个人能力充分发挥、提高个人素质的基础
	2.合作是企业集中最大优势，发展创新的基础
	3.合作是企业扬长避短，发挥优势的途径
奉献	1.奉献是个人价值实现的途径，是个人事业成功的保障
	2.奉献是敬业精神的来源和精神支柱
	3.奉献是一个社会健康发展的保障

从产生的效果来看，职业道德用来调节从业人员与其他服务对象之间的关系，用来塑造本职业从业人员的形象，并与各种职业要求和职业生活结合，形成比较稳定的职业心理和职业习惯。

《中共中央关于加强社会主义精神文明若干问题的决议》规定了我们今天各行各业都应共同遵守的职业道德的五项基本规范，即“爱岗敬业、诚实守信、办事公道、服务群众、奉献社会”。而为人民服务就是社会主义职业道德的核心规范，它是贯穿于全社会共同的职业规范之中的基本精神。

为人民服务是最高层次的职业道德的核心规范，是从业人员在进行具体职业活动中遵守的最根本的准则，是进行职业活动的根本指导思想。它既是每一职业活动的出发点，也是每一职业活动的落脚点。

目前，有相关机构正在建立职业信用评估体系，此体系能协助学校建立大学生的职业信用档案，它将记载学生的所有品行和作为；也为大学生记录你的实习、见习经历的信用，为品行良好的大学生顺利就业提供很好的帮助。

五、“家庭我”——强化我的家庭责任

“家庭我”又称“家庭自我”，是指一个人对于自己的成长感受与作为家庭一员的价值观与责任感。

一个人首先要努力以感恩的心去热爱家庭，热爱家里的每一个成员，还要了解家庭及家人对自己的期望及自己在家庭中承担的责任，因为我们的职业生涯，不可能完全脱离家庭及家人的需求。

在许多情况下发现，一个具有良好“家庭我”的人，其安全感、自信心及自我强度都比较高，而且对他人、对环境更倾向于采取一种积极的态度，这有助于在职业生涯过程中成功地应对诸多挑战和压力事件。

大学生作为家庭的一员，还处于消费阶层，经济上无法独立，要依赖父母的资助才能完成学业。那我们应该如何去承担家庭的责任呢？首先，我们要珍惜来之不易的学习机会，好好学习；其次，我们要善于理财，勤俭节约，用好每一分钱；再次，我们要善于利用各种实践的机会，或者说发挥自己的专业优势，努力地勤工俭学，以减轻家庭的负担。我们要提升自己的各种能力尤其是就业或创业能力，为将来更好地工作、赚取更多的收入来报答自己的家人。

家庭条件的好坏在一定条件下会直接影响同学们毕业目标的选择。比如，家庭经济情况较好的同学，多考虑深造，尤其是把出国深造作为自己大学毕业的主要选择；家庭经济条件不是太好的同学则多把毕业后立即就业或者创业作为自己的

主要选择，而且这些同学进入大学后，非常珍惜各种勤工俭学的机会，努力创收以减轻家庭的负担。说明他们有强烈的家庭责任感。这些人是容易成长并取得成功的。当然也有极少数的学生，会嫌弃自己贫寒、身份低微的父母，当父母跋山涉水来到他面前的时候，他不仅没有丝毫的快乐，而且还很可能对别人称这是家乡来人而不愿承认是自己的父母。这种学生日后是肯定没有好出息的。

“家庭我”不佳的人常会因不喜欢自己的家庭及家人，而采取一种疏离、回避的态度，这对于形成良好的“社会我”和“心理我”都很不利，因此将大大影响一个人的职业生涯发展。

“家庭我”的认知，可以强化学生的家庭责任意识，让学生在求职择业时，多考虑求职、创业对家庭的意义，是否有利于家庭的和谐，有利于回报父母，也可以帮助学生逐渐摆脱“自我为中心”的思维模式，把自己的所作所为产生的结果与家庭联系在一起，增大对家庭的责任感。

请给父母、高中班主任各写一封感恩信。并计算一下你从小到大的花费成本，预测一下大学几年的成本（表 2-5）。

表 2-5 某大学学生个人教育成本统计分析表

系别：　　　　　　　　班级：

<table>
<tr><td rowspan="2">个人信息</td><td>姓名</td><td colspan="2"></td><td>性别</td><td></td><td>出生年月</td><td></td></tr>
<tr><td>家庭地址</td><td colspan="3"></td><td colspan="2">联系电话</td><td></td></tr>
<tr><td rowspan="2">项目</td><td colspan="2">个人月均
支出</td><td colspan="2">个人全年
支出</td><td>家庭全年
总收入</td><td colspan="2">个人教育成本占家庭年总
收入百分比(%)</td></tr>
<tr><td colspan="2"></td><td colspan="2"></td><td></td><td colspan="2"></td></tr>
<tr><td rowspan="2">基本费用
（一次性缴纳）</td><td colspan="4">学费(年)</td><td colspan="3">书杂费及住宿费(年)</td></tr>
<tr><td colspan="4"></td><td colspan="3"></td></tr>
<tr><td rowspan="7">每月费用</td><td colspan="2">伙食费(月)</td><td colspan="5"></td></tr>
<tr><td colspan="2">生活必需品费用</td><td colspan="5"></td></tr>
<tr><td colspan="2">通信费</td><td colspan="5"></td></tr>
<tr><td colspan="2">交友应酬费</td><td colspan="5"></td></tr>
<tr><td colspan="2">上网费用</td><td colspan="5"></td></tr>
<tr><td colspan="2">考证费用</td><td colspan="5"></td></tr>
<tr><td colspan="2">其他费用</td><td colspan="5"></td></tr>
</table>

大学生年理论学时	8 小时/天 * 22 天/月 * 10 个月/年＝1760 小时
个人大学培养成本（元/小时）	小时培养成本＝(大学生个人家庭全年培养成本＋国家对投资个人分摊)/全年理论学习时数

六、“优势我”——发现、发掘我的所长

尺有所短，寸有所长。每个人都有自己的优势和不足。我们在努力改善自己不足的同时，许多时候更要注意发挥自己所长。不少同学，在入学后积极参加学生会的活动，在学生会中，充分展现了自己能歌善舞、善于沟通、优于演讲等特长，这些特长在许多方面可以帮助自己赢得老师或同学的爱戴或赞赏，也有助于自己身心的快速成长。所以，同学们要善于发现自己的优势，找到”优势我”。以便在职业生涯规划中突出自己所长。

如刘翔的优势就是弹跳和短跑，如果非要他跑马拉松，无论他怎么努力也不会夺冠。宋祖英天生歌喉，如果非让她学举重，那她一定不会取得今天这种过人的成绩。所以，每个人应该尽可能地去发现自己的优势并善用自己的优势。

我们在充分认识自己，了解了“生理我”、“心理我”、“社会我”、“家庭我”、“优势我”之后，我们还要做一个很重要的工作，那就是要将这些分散的认知归纳整理成一个“完整我”的概念，以便对自己有一个全面的认识。

现在，请大家给自己做个评价，来展示一个真实的自我(表 2-6)。

表 2-6　完整我

	优　势	劣　势
“生理我”小结		
“心理我”小结		
“社会我”小结		
“家庭我”小结		
“道德我”小结		
“优势我”小结		
“完整我”总结		

第二节 自我认知的方法

上一节介绍了自我认知的六个方面。本节主要介绍如何系统地进行自我认知的方法。特别强调除采用测评工具测试“心理我”之外，更要注重通过社会实践认知自我。

值得注意的是，大学生的可塑性很强，应当注意使用正确的自我认知方法。既要重视躬行自省，又要广泛听取他人意见；既要重视测评的重要参考作用，但又不应对其产生绝对迷信；尤其是，大学生更应该通过社会实践去认知自我，这种在实践中检验自我、了解自我、认识自我的方法是极其重要的。当然，不论采用何种方法，都要注意相互之间的联系与综合，这样才有利于对自我做出准确全面的评价。

一、自我分析

自我分析是最易行也最方便重复利用的一种自我认知方法。但是，如何将自我分析做到位，摆脱“当局者迷旁观者清”的困扰，还需要我们注意以下几个问题。

(一)认清“我是谁”、“我想要什么”、“我能做什么”

要正确地认知自我，有效地把握自我，就必须对自己的人生态度、兴趣和成功的理想有充分的认识，应对诸如：“我的身体条件允许我做什么？社会需要我做什么？我的家人需要我做什么？”等问题进行深入思考。

(二)认清自己的兴趣爱好

要正确地对自己的兴趣爱好和性格特质做一个自我分析，在这个过程当中，还要结合自己的知识、能力和特长。知识决定层次，能力影响职业素质，特长决定你是否可能被取代，而兴趣爱好和性格特质则在很大程度上影响了一个人的幸福指数。如果一个人的兴趣和性格很适合从事某种行业，但是他没有这方面的知识储备，在短时间内是不能胜任的，或者说一个人有某方面的知识储备甚至是相应的能力，但是性格不合适，却执意地坚持这项职业，很难会有大的发展。

最后，也是最重要的，要时时刻刻地审视自己是不是有一个良好的“社会我”。因为，对于大学生，没有一家企业愿意聘用没有品德的员工；对于创业者，没有一个人愿意和没有品德的人合作。而且“小富靠勤俭，大富靠德才。”所以，拥有良好的品德，对于自己的人生规划有着至关重要的作用。所以，我们应当时时对照中华传统美德的细化内涵来寻找不足，提升自己。

(三)自我分析的方法——橱窗分析法

目的：全方位分析、评价自我。

说明：我们把橱窗放在直角坐标中加以分析。坐标的横轴正向表示别人知道，坐标横轴负向表示别人不知道；纵轴正向表示自己知道，负向表示自己不知道。坐标橱窗如图 2-2 所示。

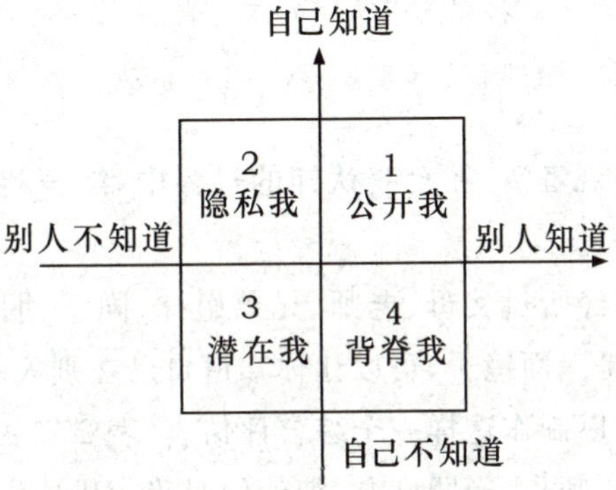

图 2-2 橱窗分析法

橱窗 1：为自己知道，别人知道的部分，称为“公开我”，属于个人展现在外，无所隐藏的部分。

橱窗 2：为自己知道，别人不知道的部分，称为“隐私我”，属于个人内在的私有秘密部分。

橱窗 3：为自己不知道，别人也不知道的部分，称为“潜在我”，是有待开发的部分。

橱窗 4：为自己不知道，别人知道的部分，称为“背脊我”，犹如一个人的背部，自己看不到，别人却看得很清楚。

通过四个橱窗可知，需加强了解的是橱窗 3 和橱窗 4。

橱窗 3 是“潜在我”。据科学家研究发现，每个人都有巨大的潜能，人类平常只发挥了极小部分的大脑功能。如果一个人能发挥一半的大脑功能，将轻易地学会 40 种语言，背整套百科全书，拿 12 个博士学位。著名心理学家奥托指出，一个人一生所发挥出来的能力，只占他全部能力的 4%，也就是说一个人 96%的能力还未开发。赫赫有名的控制论奠基人维纳说：“可以完全有把握地说，每个人即使他是做出了辉煌成就的人，在他的一生中利用他自己的大脑潜能还不到百亿分之一。”由此可见，认识、了解“潜在我”，是自我认知的重点之一，把个人潜能开发出来，也是职场新人的头等大事。

橱窗4是“背脊我”。如果自己诚恳地真心实意地征询他人的意见和看法，就不难了解“背脊我”。我们可以采取同自己的家人、朋友、同事等交流的方式，可以借助录音、录像设备，尽量开诚布公。要做到这一点，需要开阔的胸怀，确实能够正确对待，有则改之，无则加勉，否则，别人是不会说实话的。

对于橱窗2，我们可以采取撰写自传或24小时日记的方式来了解自我。撰写自传，可以了解我们自身成长的大致经历和自我计划情况等，而24小时日记对我们一个工作日和一个非工作日经历的对比，也可以了解一些侧面的信息。

二、他人评价

所谓当局者迷，旁观者清，在自我认知的过程中，综合利用他人评价是不可或缺的一个环节。

在成长过程中，曾经听过父母、老师、兄弟姐妹、同学、朋友对你的一些描述或评语。这些话语就像是一面镜子，可以让你知道自己在别人眼中是一个怎样的人！结合自我分析，我们可以制作这样一个综合评估表(表2-7)：

(1)访问我的父母、师长、亲朋好友，把他们对我的描述记录下来。

(2)搜寻记忆中，周围的人曾经对我的一些描述。

(3)找出以前的老师评语或所收到的卡片，将别人所说的话记录在表2-7中。

表2-7　他人眼中的我

	同学朋友眼中的我		老师眼中的我		家长亲戚眼中的我	
	优点	不足	优点	不足	优点	不足
兴趣方面						
性格方面						
学习方面						
品德方面						
生活方面						
能力方面						
其他方面						

当然，在这个过程中，我们必须学会选择，听取他人评价，最忌讳的是缺乏自己的主见。马云谈他当年的创业生涯，他在犹豫是否要“创办”的时候，咨询了24个人，其中有23个都持否定意见，只有一个人表示支持，但是他还是选择了创业，并且获得了巨大的成功。有的时候“真理掌握在少数人手里”。这符合成功学的概

念，因为成功的人毕竟是少数，他们之所以能成功，有一个很重要的原因就是因为他们的思维与大多数的人不一样，别人的意见只能代表他们自己的观点，而不代表一定正确，所以，我们在进行自我认知时也要充分认识这一点。

三、专家咨询

有很多同学，在进行自我分析、听取他人的评价，甚至做过测评之后，还是非常迷茫，这个时候，我们就有必要找专家进行有针对性的咨询。并且这也属于一种有效的、快捷的方式。相关专家一般都拥有丰富的知识和人生阅历，并且掌握大量相关案例和咨询技巧。他们会和你探讨自己的人生经历、家庭背景、专业、学历、兴趣爱好、人生期望和个人能力等内容，然后借助专家的力量来清晰地认识自我，准确地定位，找到适合自己的职业发展方向。

值得注意的是，专家咨询有时候是需要反复多次的。而且，不要期望专家可以给你指明一个具体的道路，他可以给你指点迷津，但是最终把握人生航向的还是你自己本人。

四、职业测评

（一）职业测评的含义

职业测评是心理测验的一个分支，在学术上被广泛认可的心理测验的定义是“行为样组的客观的标准的测量”。如果你真的想借助职业测评达到了解自我的目的，应该选择科学的职业测评。科学的职业测评以特定的理论为基础，经过设计问卷、抽样、统计分析、建立常模等程序编制，必须符合以下三个条件。

效度：测验结果的准确性。

信度：测验结果的稳定性。

常模：每一位被试的心理测验都有一个原始分数，通常情况下这个分数没有实际意义，除非这个分数能与别人比较，与此相关的标准便是常模。常模是指有代表性的样本在测验上的分数分布情形。

科学的职业测评是客观化、标准化的问卷，它的科学性、客观性、可比较的功能是其他自我了解的方法不具备的。

（二）测评在职业规划中的应用

1.性格——你待人处世、处理事情的方式与风格是什么

性格是在现实中一个人稳定的态度和习惯化的行为方式所表现出的个性心理特征，它是最能体现个体差异的一个特质。性格测验有助于了解自己的行为方式，

为职业决策和行动提供可靠依据。

2.职业兴趣——你喜欢什么工作

兴趣是力求认识、掌握某种事物,并经常参与该种活动的心理倾向。在职业上,每个人也都会有自己的偏好。职业兴趣对人的行为有强大的驱动作用,因此要了解自己的职业兴趣,并尽可能从事有趣的职业。

职业兴趣测验对于明确职业兴趣、协助职业选择、拓展职业范围都具有重要作用。

3.能力倾向——你擅长什么工作

能力是人们成功地完成某种活动所必需的个性心理特征。职业规划中,能力是知己最重要的方面,它是事业成功的必要条件,即"有之不必然,无之必不然。"如果我们能够及时准确地了解自己的优势能力,并在制订职业目标时予以充分地考虑,会极大地提高达成职业目标的概率。

能力倾向测验不仅可以预测成功,而且在预测失败方面会有更大的效果,即它可以有效地预测要避免从事的职业。

4.价值观——你喜欢什么样的工作与生活方式

价值观测验会有助于职业决策和提高工作满意度。

每个人工作都是为了满足一定的需要,但很难找到一份完全满足自己需要的工作。在如何取舍方面价值观起着重要作用。价值观是人对客观事物的需求表现出来的评价,包括从人生的基本价值取向到个人对具体活动或事物的有用性、重要性、价值的判断。

(三)进行职业测评的注意事项

测验在职业规划中具有重要的作用,但是只有合理地应用才能达到期望的效果,以下是做职业测评的注意事项:

(1)选择具有良好的效度、信度和合适的常模的心理测验。如果测验本身不具有良好的效度、信度,或者选择的常模不正确,测验的实施与解释都是浪费时间。如果没有办法判断效度、信度和常模,就选用在世界或国内知名的心理测验。

(2)测试的实施与解释应寻求专业咨询人员及心理学工作者的协助,尽量避免人为的误差。

(3)测验以个人测验为佳,这样才能针对个人需要。

(4)测验需要在安静的环境中凭第一印象完成。

(5)测验结果只是一个参考,测验结果与自己的特质有明显不同时,有必要持怀疑态度。

(6)如果是通过专业咨询机构进行测试,测试结果是要保密的,任何人无权散布你的隐私。

(四)正确看待测评结果

这些测评工具都是力求客观的测量手段,它们的特点是能够在较短的时间内测出一个人的某方面的特点,并且这些特点都是在与群体的比较中得出的。通过测量,个人能够在短期内获得对自己较为客观的描述和评价。但是,这些测评结果也有着一些不可避免的局限性。因此必须科学地看待这些测评结果。

第一,这些测评工具大多引自国外,其理论模型是依据西方的哲学思想、西方的文化以及西方人的心理特点以及职业要求,本土化特点不明显。所以,对测评结果我们只能从中提炼信息,有条件地选用,而不可在职业决策时过度依赖这些测评结果。

第二,测评工具本身也有其局限性。准确地说,测评结果只是给我们提供了一个了解自己的依据,它能够引导你去思考一些问题,探求自我内心的深处,为自己未来的规划提供根据。测评可以发现你的特点、优势和不足、潜能、职业发展倾向等,但测评结果本身并不是个人工作能力的充分证明,我们不能把它当做未来职业发展的框架和规定,更不能全部根据测评来找工作,这样非但没有起到其应有的引导性作用,反而容易被其束缚。同时,每一次测评结果都只是一个静止的参照,而人是复杂的、变化的,要用发展的眼光考虑自己的职业生涯。

(五)测评工具介绍

常用的测评工具有:职业性格测评(MBTI 测评、PDP 性格测试)、职业兴趣测评(霍兰德职业兴趣测评)、职业能力测评(中国职业定位系统测评和 KENEXA 职业能力测评、360 度测评)、价值观测评(价值观倾向测评和职业锚)等。下面分别予以介绍。

1. 性格测评工具

这里主要介绍 MBTI 测评。

MBTI 测评是凯瑟琳·布利格斯与伊莎贝尔·布利格斯·迈尔斯依据瑞士著名心理学家卡尔·荣格的心理类型理论,加以演化,最后形成的四个维度、八个偏好、十六种人格类型的人格类型量表,简称 MBTI(Myers-Briggs Type Indicator)。

目前,MBTI 已经发展成应用心理学领域知名的专业鉴别工具,被广泛地应用于职业发展、职业咨询、团队建议、婚姻教育等方面,是目前国际上应用最广泛的职业规划和个性测评理论。在被广泛使用之前,MBTI 经过了 50 多年的研发和检验的历史。到现在,它已经历了数十年的应用实证。它能深入地解释为什么不同的人对不同的事物感兴趣、擅长不同的工作以及人们有时不能互相理解。

MBTI分析人类个性时，运用四个关键点，称为四个维度；在某关键点上，每个人都会表现出不同的天生和习惯的行为倾向，称为某维度上的偏好。八种个性偏好类型被编成四组，每组都是由两极组成的一个区间。再把（从每个区间的人里）选出的、与你个性最为相似的四种偏好组成所谓一类。

(E)外向—内向(I)：如何释放自己的能量。

(S)感觉—直觉(N)：本能地注意和记住哪一类信息。

(T)思维—情感(F)：怎样做出决定。

(J)判断—知觉(P)：喜欢以何种方式来构建生活。

衡量这四项个性的尺度是：人是怎样获得才能的；人是怎样领悟信息的；人是怎样做决定的，又是怎样选择个人偏好的生活方式的。"获得才能"型的人有外部转化和内部转化两种。外部转化是从他人、从外部世界的活动或事情中汲取才能，内部转化是从个人自身的思想、感情或感觉世界中汲取才能。这两种感知作用分别属于人的感觉和直觉的范畴。依靠感觉的人借助自己的五官来收集信息，以判断什么是真实的。依靠直觉的人则是通过"第六感"来获取信息，用以估计什么事情会发生。

(1)能量倾向(表2-8)

表2-8 MBTI测评能量倾向对照表

外倾 extroversion(E)	内倾 introversion(I)
注意力和能量主要指向外部世界的人和事，而从与人交往和行动中得到活力	注意力和能量集中于自己的内心世界，从对思想、回忆和情感的反思中得到活力
◆ 关注外部环境	◆ 关注自己的内心世界
◆ 喜欢用谈话的方式进行沟通	◆ 更愿意用书面方式沟通
◆ 通过谈话形成自己的意见	◆ 通过思考形成自己的意见
◆ 用实际操作或讨论的方式能学得更好	◆ 用思考、用头脑中"练习"的方式学得最好
◆ 兴趣广泛	◆ 兴趣专注
◆ 好与人交往、善于表达	◆ 安静而显得内向
◆ 先行动，后思考	◆ 先思考，后行动
◆ 在工作和人际关系中都积极主动	◆ 当情境或事件对他们具有重要意义时才会采取主动

(2)接受信息(表 2-9):

表 2-9 MBTI 测评接受信息对照表

接受信息:你如何获取信息? S—N 维度	
感觉 sensing(S)	直觉 intuition(N)
用自己的五官来获取信息。喜欢收集实实在在的、确实已出现的信息。对于周围所发生的事件观察入微,特别关注现实	通过想象、无意识等超越感觉的方式来获取信息。喜欢看整个时间的全貌,关注事实之间的关联。想要抓住事件的模式,特别善于看到新的可能性
◆ 着眼于当前的实际情况	◆ 着眼于未来的可能
◆ 现实、具体	◆ 富于想象力和创造性
◆ 关注真实的、实际存在的事物	◆ 关注数据所代表的模式和意义
◆ 观察敏锐,并能记住细节	◆ 当细节与某一模式相关时才能记得
◆ 经过仔细周详的推理一步步得出结论	◆ 靠直觉很快得出结论
◆ 通过实际运用来理解抽象的思维和理论	◆ 希望在应用理论之前能对之进行澄清
◆ 相信自己的经验	◆ 相信自己的灵感

(3)处理信息(表 2-10):

表 2-10 MBTI 测评处理信息对照表

处理信息:你是如何做决定的? T—F 维度	
思考 thinking(T)	情感 feeling(F)
通过分析某一行为或选择的逻辑后果来做出决定。会将自己从情境中分离出来,对事件的正反两方面进行客观地分析。从分析和确认事件中的错误并解决问题中获得活力。目标是要找到一个能应用于所有相似情境的标准或原则	喜欢考虑对自己和他人来说什么是重要的。会在头脑中将自己放在情境中所牵涉的所有人的位置上试图理解别人的感受,然后在此基础上根据自己的价值判断做出决定。从对他人表示赞赏和支持中获得活力。目标是创造和谐的氛围,把每个人都当做一个独特的个体来对待
◆好分析的	◆ 善于体贴他人、感同身受
◆运用因果推理	◆ 受个人价值观的引导
◆以逻辑的方式解决问题	◆ 衡量决定对他人产生的后果和影响
◆寻求一个合乎真理的客观标准	◆ 寻求和谐的气氛和积极的人际交往
◆爱讲理的	◆ 富于同情心的
◆可能显得不近人情	◆ 可能会显得心慈手软
◆公平意味着每个人都能得到平等的待遇	◆ 公平意味着每个人都被作为独特的个体来对待

(4)行动方式(表 2-11):

表 2-11　MBTI 测评行动方式对照表

行动方式:你如何与外部世界打交道?J—P 维度	
判断 judging(J)	知觉 perceiving(P)
喜欢将事情管理得井井有条,过一种有计划的、井然有序的生活。喜欢做出决定,完成后继续下面的工作。生活通常会比较有规划、有秩序,喜欢把事情敲定下来。照计划和日程安排办事对他们来说很重要。从完成任务中获得能量	喜欢以一种灵活、自发的方式生活,更愿意去体验和理解生活而不是去控制它。详细的计划或最后决定会使他们感到被束缚。愿意对新的信息和选择保持开放直到最后 1 分钟。足智多谋,善于调节自己适应当前场合的需要,并从中获得能量
◆ 有计划的	◆ 自发的
◆ 喜欢组织管理自己的生活	◆ 灵活
◆ 有系统有计划	◆ 随意
◆ 按部就班	◆ 开放
◆ 爱制订短期和长期的计划	◆ 适应,改变方向
◆ 喜欢把事情敲定落实	◆ 不喜欢把事情确定下来,以留有改变的可能性
◆ 力图避免最后 1 分钟才做决定或完成任务的压力	◆ 最后 1 分钟的压力会使他们感到活力充沛

2. 职业兴趣测评

这里主要介绍霍兰德职业兴趣测评法。

霍兰德的职业兴趣理论的核心假设是人可以根据职业兴趣分为六大类,即现实型、研究型、社会型、传统型、企业型、艺术型,职业环境也可相应地分成同样名称的六大类,人格与职业环境的匹配是形成职业满意度、成就感的基础。各个兴趣类型的特点及较为适宜的职业环境对应如下:

(1)现实型(R)。愿意使用工具从事操作性工作;动手能力强,做事手脚灵活,动作协调;不善言辞,不善交际。主要是指各类工程技术工作、农业工作。通常需要一定体力,需要运用工具或操作机器。主要职业有:工程师、技术员;机械操作、维修、安装工人,矿工、木工、电工、鞋匠等;司机,测绘员、描图员;农民、牧民、渔民等。

(2)研究型(I)。抽象思维能力强,求知欲强,肯动脑,善思考,不愿动手;喜欢独立的和富有创造性的工作；知识渊博，有学识才能，不善于领导他人。主要是指科学研究和科学实验工作。主要职业：自然科学和社会科学方面的研究人员、专家；化学、冶金、电子、无线电、电视、飞机等方面的工程师、技术人员；飞机驾驶员、计算机操作员等。

(3)艺术型(A)。喜欢以各种艺术形式的创作来表现自己的才能，实现自身的价值；具有特殊艺术才能和个性；乐于创造新颖的、与众不同的艺术成果，渴望表现自己的个性。主要是指各类艺术创作工作。主要职业：音乐、舞蹈、戏剧等方面的演员、艺术家编导、教师；文学、艺术方面的评论员；广播节目的主持人、编辑、作者；绘画、书法、摄影家；艺术、家具、珠宝、房屋装饰等行业的设计师等。

(4)社会型(S)。喜欢从事为他人服务和教育他人的工作；喜欢参与解决人们共同关心的社会问题，渴望发挥自己的社会作用；比较看重社会义务和社会道德。主要是指各种直接为他人服务的工作，如医疗服务、教育服务、生活服务等。主要职业：教师、保育员、行政人员；医护人员；衣食住行服务行业的经理、管理人员和服务人员；福利人员等。

(5)企业型(E)。精力充沛、自信、善交际，具有领导才能；喜欢竞争，敢冒风险；喜爱权力、地位和物质财富。主要是指那些组织与影响他人共同完成组织目标的工作。主要职业：经理企业家、政府官员、商人、行业部门和单位的领导者、管理者等。

(6)常规型(C)。喜欢按计划办事，习惯接受他人指挥和领导，自己不谋求领导职务；不喜欢冒险和竞争；工作踏实，忠诚可靠，遵守纪律。主要是指各类与文件档案、图书资料、统计报表之类相关的各类科室工作。主要职业：会计、出纳、统计人员；打字员；办公室人员；秘书和文书；图书管理员；旅游、外贸职员、保管员、邮递员、审计人员、人事职员等。

3.职业能力测评

这里简单介绍360度测评和大学生综合职业素养测评。

(1)360度反馈评估技术(360 degree feedback)又称多源反馈技术。它是由与被评估人有密切工作关系的人(包括被评估人的上级、同级、下级、自己)对被评估人进行匿名评估的综合评估系统，从而全面、客观地搜集被评估人工作表现的信息，了解被评估人的优势和不足，并可以通过多次评估结果的连续跟踪和记录，帮助被评估人进行科学的自我评价，促进被评估人不断成长(图2-3)。

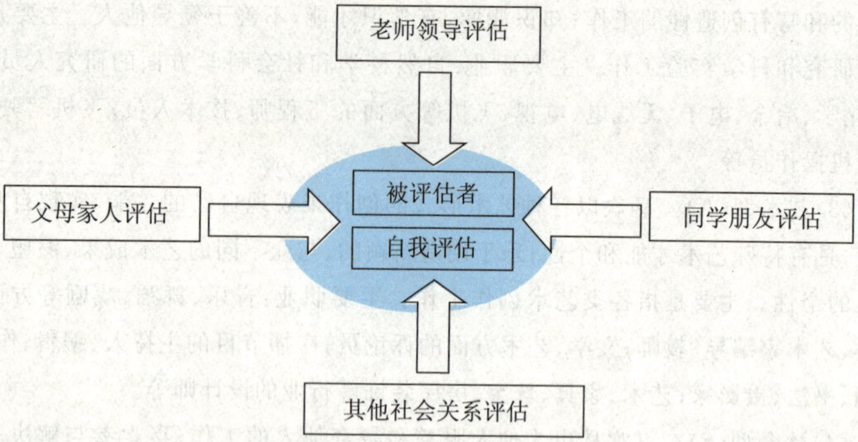

图 2-3　360 度评估

(2)《大学生综合职业素养测评系统(GOPA)》是根据心理学界公认的、成熟的理论,按照用人单位的职业素质要求和岗位要求,从六个方面、25 个维度对大学生个体的综合职业素养进行深度评估,有利于大学生在进行职业生涯规划和就业时得到更准确的定位;该测评系统还具有统计、查询功能,一方面可以检测学生与打算求职的岗位的匹配度,另一方面也有利于企业根据匹配度的高低选拔应聘面试者,这是世界五百强企业在招聘面试时广泛使用的一套系统。

4. 价值观测评

这里介绍价值观倾向测评和职业锚:

(1)十三种价值观倾向测评。主要是测评利他主义、美感、智力刺激、成就感、独立性、社会地位、管理、经济报酬、社会交际、安全感、舒适、人际关系、变异性或追求新意十三种倾向。这十三种价值观倾向各自表示的意义如表 2-12 所述:

表 2-12　十三种价值观倾向测评及其意义

价值观倾向	工作的目的和价值
利他主义	在于直接为大众的幸福和利益尽一份力
美感	在于能不断地追求美的东西,得到美感的享受
智力刺激	在于不断进行智力操作,动脑思考,学习以及探索新事物,解决新问题
成就感	在于不断创新,不断取得成就,不断得到领导与同事的赞扬,或不断实现自己想要做的事
独立性	在于能充分发挥自己的独立性和主动性,按自己的方式.步调或想法去做,不受他人的干扰

续表

价值观倾向	工作的目的和价值
社会地位	在于所从事的工作在人们的心目中有较高的社会地位，从而使自己得到了人的重视与尊敬
管理	在于获得对他人或某事物的管理支配权，能指挥和调遣一定范围内的人或事物
经济报酬	在于获得优厚的报酬，使自己有足够的财力去获得自己想要的东西，使生活过得较为富足
社会交际	在于能和各种人交往，建立比较广泛的社会联系和关系，甚至能和知名人物结识
安全感	不管自己能力怎样，希望在工作中有一个安稳局面，不会因为奖金、涨工资、调动工作或领导训斥等经常提心吊胆、心烦意乱
舒适	希望能将工作作为一种消遣、休息或享受的形式，追求比较舒适、轻松、自由、优越的工作条件和环境
人际关系	希望一起工作的大多数同事和领导人品较好，相处在一起感到愉快. 自然，认为这就是很有价值的事，是一种极大的满足
变异性或追求新意	希望工作的内容应该经常变换，使工作和生活显得丰富多彩，不单调枯燥

(2)职业锚测评。职业锚测评是国外职业测评运用最广泛、最有效的工具之一。职业锚问卷是一种职业生涯规划咨询、自我了解的工具，能够协助组织或个人进行更理想的职业生涯发展规划。

职业锚，是个人稳定的职业贡献区和成长区。但是，这并不是意味着个人将停止变化和发展。员工以职业锚为其稳定源，可以获得该职业工作的进一步发展，以及个人生物社会生命周期和家庭生命周期的成长、变化。此外，职业锚本身也可能变化，员工在职业生涯的中、后期可能会根据变化了的情况，重新选定自己的职业锚。

第三节 自我认知的阶段性

自我认知的过程中，应以发展变化的眼光看待自己。世间万物都不可能是静止不变的，包括自我评价者自己。今日的自我，已不同于昨日的自我；明日的自我，显然也不会依然故我。所以自我认知有其阶段性特征，这也体现出重复进行自我认知的必要性。而且自我认知不但应当对自己的现实素质做出适当、全面、客观地认知，而且应当着眼于未来的发展变化，预见性地估价自己将来的发展潜力和前景。

一、新生期大学生的自我认知——强调对独立生活能力、大学生活方式和思维方式的认知

同学们进入大学后，有一件非常重要的事情，是如何尽快地认知自我。来自不同城市或地区、不同家庭的新生同学，在衣着、长相等方面会有明显的不同，在大学这个新环境中，我们应该学会接纳自我，适应大学生活。新生期自我认知的主要内容是“我的基本情况，包括我的生理、心理、特长，我的能力（包括生活能力、为人处世的能力、学习能力、社交能力）”等。认知的目的是找出自己与大学生活要求的差距，并加以调整。请参照表 2-13 作个自我分析。

表 2-13 新生期大学生自我认知表

自我认知的项目	大学生应具备的能力	认知结果	差距
生活自立能力	自己管理生活		
学习方式	自主学习能力		
自律能力	要求高度自律		
思维模式	成人思维—考虑全面		

二、低年级大学生的自我认知——强调对“心理我”的深度挖掘

处于大一、大二年级的学生，是最具备可塑性的人群，所以必须在了解和接纳“生理我”的基础上，展开“心理我”的探索，深度挖掘“心理我”，发现自己的兴趣，知晓自己的性格，清楚自己的能力，明确自己的价值观，见表 2-14。

表 2-14　低年级大学生自我认知表

自我认知项目		优势	劣势	需要完善或拓展的方面
心理我	我的性格			
	我的兴趣			
	我的能力			
	我的价值观			
	心理我小结			

三、高年级大学生的自我认知——强调“完整我”的认知

这一阶段的自我认知任务是在接纳“生理我”和了解“心理我”的基础上，对“道德我”、“家庭我”、“社会我”认知，发现“优势我”，最终形成“完整我”的认知。请参照表 2-15。

表 2-15 高年级大学生自我认知表

自我认知的项目		结果
生理我	性别	
	年龄	
	身高	
	体重	
	视力	
	健康状况	
	体力	
	特长	
	生理我小结	
心理我	我的性格	
	我的兴趣	
	我的能力	
	我的价值观	
	心理我小结	
家庭我	原生家庭对我的影响	
	我的家庭责任	
	我的家庭期望	
	我的家庭资源	
	家庭我小结	
道德我	我的爱心	
	我的孝心	
	我的诚心	
	我的公德心	
	道德我小结	
优势我	我的特长和天赋	
	我的知识及专业技能	
	我的实习和实践经历	
完整我小结		

自我认知是制订生涯规划的重要前提条件之一。通过大学期间分阶段的自我认知，可以帮助大家反复地了解自我，不仅为自己做出相关规划和决策提供条件，而且也让我们学会了自我认知的方法及内容，这有益于我们的一生。

【拓展练习】

1. 请你结合本章内容，来回答以下问题：

我是谁？

我想干什么？

我能干什么？

2. 毕业时的我

毕业时的你将是怎样呢？现在就展望一下吧！

选项	可能结果	我现在要做什么
毕业时我会走哪条路？		
毕业时我具有的知识、证书有哪些？		
毕业时我参加过的实践、实习有哪些？具有哪些经验？		
毕业时我具备哪些技能与能力？		
如果就业，我理想中的工作是怎样的？		

第三章 生涯规划的前提条件之二——环境认知

学习目标

1. 明确环境认知的内容。
2. 掌握认知环境的方法和途径。
3. 能够结合自身情况展开相应阶段的环境探索。

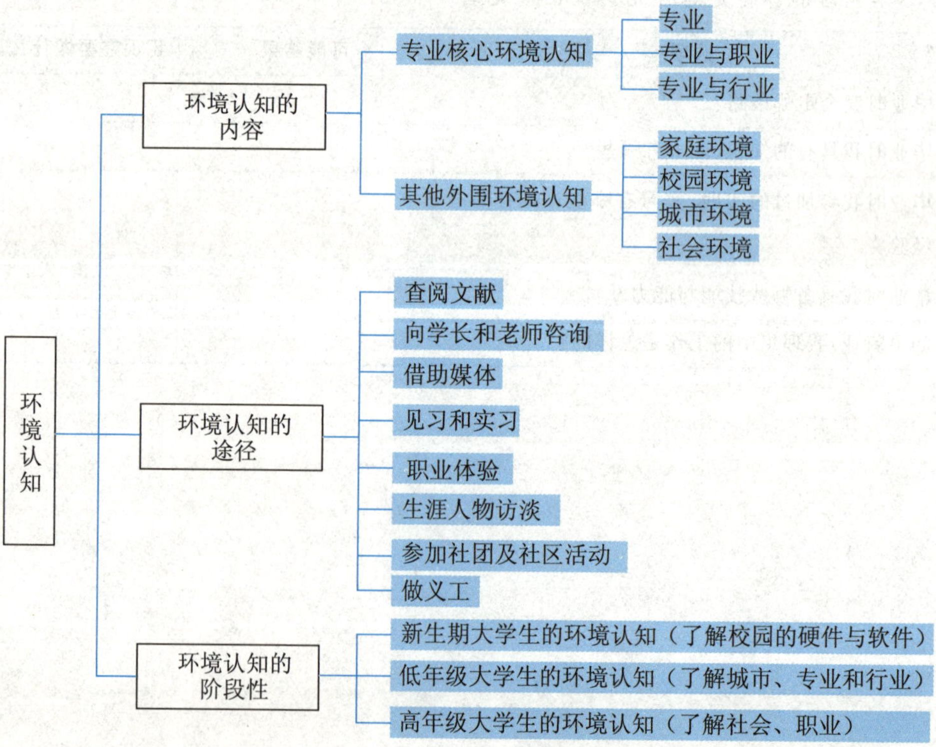

案例

小凤是刚参加工作的新人，现在从事一般临床护理工作，当初选择专业的时候，是父亲帮她做主的，并且告诉她，读这个专业可以出国做护士，如果不喜欢的话还可以在学校里转专业。她大一可以转专业的时候，因为听老师说他们这一行出来找工作比较方便，并且自己也没有特别喜欢的专业，因此她就继续读了下来。在大三找工作的时候由于担心自己找不到工作，所以并没有对所选医院考察清楚就贸然选择了一个大家都认为不错的医院。工作了几个月以后，她发觉自己非常不适合做这一行，所以想转行。

小凤做过个人职业测评，显示是艺术社会型。她是一个很不喜欢被束缚的人，现在从事的临床护理工作非常死板、教条。因此她迫不及待地想要摆脱这个工作，可是却没有合适的方向。

专家分析

寻找适合自己的职业方向不是一蹴而就的事。小凤遇到的职业发展问题说明她对工作世界的了解不够，对职业认知不多。职业认知是指个人对职业世界的认识与了解。在校大学生在就业前一定要先了解职业与职位，只有提前熟悉了职业世界，才有可能寻找到适合自己的企业和职业。

环境认知是生涯规划中认知环节的两个重要前提之一。这是一个外部条件，但这个外部条件又是能够在很大程度上影响人们一生幸福感的重要条件。它既包括外部生存的城市、工作单位等硬性条件，也包括生存的时代、制度、政策、人脉圈等软性条件。比如说，我们每个大学生所处的家庭环境不同；不同的大学其校园环境也不同；我们生活的不同城市也有不同的城市文化、传统和政治经济环境；我们所处的时代也有明显的时代特征；我们所处时代中的行业、企业和职业也在不断地发生变化等。这些都是在我们进行自我规划之前，必须了解的。

第一节 | 环境认知的内容

专业知识的学习是大学与中学最明显的区别，对于大多数的大学生而言，专业知识的学习与今后的职业发展有密切关系。鉴于专业学习的重要性我们将环境认知分为两大类介绍：一类是专业核心环境认知；另一类是其他外围环境认知。专业核心环境包括专业以及与专业相关的职业、行业的环境。其他外围环境包括家庭环境、校园环境、所在城市环境、社会环境。当然，这里不可能做很全面、系统的描述，只能抛砖引玉，给出框架，同学们可以根据不同阶段的认知需求，补充各自所需的环境认知内容。

一、专业核心环境

(一)专业背景

专业背景是学生应该重点认知的内容之一。由于我国中小学应试教育模式的影响，我们的同学缺乏职业认知。高考后，不少同学填报志愿时，对所选专业认知不足；有的同学甚至把这一事关自己未来职业选择的重大决策权——专业选择，交给家长或其他人代劳；有的是由于成绩不够而调剂来学这个专业。以至于入学后，对自己的专业毫无了解，也不去了解，从而影响自己的专业学习及未来的职业发展。

案例1

小赵，高考时，由父母做主，考入某211电子工程学院通信工程专业。在这个令人羡慕的学校，对于专业学习，他却找不到一点感觉。但他想学的是金融，现在的工程技术不是他的所爱。结果，他整天沉溺于游戏之中，大一、大二累计六门功课挂科。在他毕业申请出国留学时，由于GPA成绩过低，遇见一道道门槛，使他后悔莫及。

案例2

某生涯规划专家有一次在某校拜访院长时，碰巧有一位新生同学来找院长换专业。院长因为工作忙，请他在一旁等等。就在他等的几分钟里，生涯规划专家问他为什么要换专业，这位同学回答说："不知道！"生涯规划专家又问了他学什么专业、想换什么专业，然后帮他分析现在所学专业的优势和就业去向，就这短短的几分钟、几句话，就让他改变了来院长办公室的初衷，后来，这位同学不但在所学专业中找到了自己的兴趣，还成为本专业的拔尖学生。

案例3

胡某，当别人拿到大学录取通知书时，都会十分高兴。但他自拿到通知书的那一天起，心情就十分郁闷，开心不起来。因为他被生命科学系录取。入校后，他根据自己喜欢从事与人打交道的特点，定位于毕业后从事人力资源的工作，所以，他积极参加学生会，从学校开始就锻炼和培养自己的管理能力。在校期间，他在保证专业学习不拖后腿的同时，参与组织了“2014全国十佳大学生年度人物评选”，并为该校荣获优秀组织奖，是参加学校之中唯一一所非重点院校获奖代表队，为学校赢得了荣誉。毕业实习时，他也选择了一家从事大学生生涯教育的公司实习，展示了他在这方面的志向和能力。

专家分析

案例1　通信工程专业在大家的眼中是一个非常好的专业。但是，小赵因为这个专业不是自己所选，也不是自己所喜欢的，就自甘沉迷，造成多门挂科，影响自己未来的升学等发展。这种做法很大程度上源于小赵没有摆正自己的态度，没有积极地认知自己将要学的专业，因此，造成专业学习成绩不佳，进而影响自己的职业发展。

案例2　该生对自己所学专业不了解，而在“无知”的情况下，盲目要求转到别人建议的另一个“无知”的专业去学习，这是非常可笑的。而现实中确实有很多这样的学生。好在他遇见一位良师，为他分析了两个专业各自的优缺点，向他描绘了两个不同专业未来的就业方向，促使他放弃了改变专业的做法。

案例3　胡某遇到的问题是很多同学都会遇到的问题，专业不是自己所爱，调换专业又无门。好在胡某能够快速调整自己，充分利用自己的情趣并发挥自己的优势，在大学生涯中始终有一个明确的方向，最终取得自己期望的结果。

以上三个案例在当前大学生专业选择中具有典型性。同样对所学专业不了解，有些同学能够在认真学习中加深对专业的了解并喜爱上所学专业；有些同学争取所选专业不挂科，进行第二专业的学习来发展自己；还有部分同学不能很好地调整自己，而陷入纠结，自暴自弃。这种种现象说明，当下大学生，无论是名牌大学生还是普通大学生，普遍对专业了解甚少，并因此影响了对未来的规划选择。因此，入学后尽快进行专业认知是非常重要的。

专业背景要了解的内容主要包括以下几方面：

1.课程设置

本专业有哪些主干课程？这些课程分别在什么时候开设？哪些是基础课程？哪些是专业基础课程？哪些是核心专业课程？哪些需要进一步深化拓展？哪些学科与本学科关联？等等。

2. 专业老师及学术带头人

本校本专业的优秀老师和学术带头人有哪些？本专业相关领域的学科带头人有哪些？有哪些课题是哪一级的课题？国内本专业领先的学校是哪些？国家级学术带头人有哪些？

3. 专业发展现状及前景

本专业相关学术水平的现状和发展趋势，难点和重点，对国民经济的影响和在社会经济中的地位等。如与节能减排相关的钢铁与光伏专业，就属于产业结构调整的不同方向。

4. 专业相关杂志和网站

专业相关杂志和网站是大学生们了解本专业最好的参考工具之一。它可以弥补课堂教学的不足，也可以带来许多可与老师交流的话题，更可以了解自己所学的知识与社会需求之间的差距，所以同学们应该尽早关注。

5. 专业相关的考证和大赛

很多专业都有自己专业的考证，大学生尤其要了解本专业含金量高的考证，尽可能获取相关证书，这将为你未来求职就业加分。如经济学、财务管理、会计等专业的注册会计师考证；法律专业的司法考证；建筑学专业的建筑师考证等等。专业相关的大赛为大学生们专业学习提供了很好的平台，同学们通过参加大赛可以激发学习本专业的热情，增加专业实践经验，更重要的便于同学们建立自己的专业人脉圈。

（二）专业与职业

1. 专业与职业的关系

不同的职业需要不同的知识、技能及德、体条件；不同的专业会学习不同的知识和技能。此外，学以致用是最符合经济效益的个人发展原则，因此专业与职业的对应性是我们大学生在规划职业时要考虑的。大学的学习和生活是为将来就业做准备，我们提倡同学们发现“优势我”，了解自己的优势，其中也包含了解自己的专业优势，所以我们鼓励大家尽量在自己的专业范围内寻找就业方向。

2. 职业准入标准

任何职业都有准入标准。所以按照职业准入标准去做准备，是我们求职应聘最需要做的事情，也是我们大学生做职业生涯规划应该规划进去的。现阶段我们的高等教育中存在一些脱离社会需求的办学的情况，这给学生就业也带来一定的困难。但作为学生本身，应该尽可能地了解未来打算从事职业的准入标准并积极做好准备，正所谓“机遇垂青于有准备的头脑”。

(三)专业与行业

案 例

笔者有一次去学校讲座,在讲课之前,遇见一名大四生物系的学生。他问我:"老师,我是一名生物系的学生,但我不喜欢生物专业,我喜欢证券。你怎么能帮助我让证券公司录用我?"我了解到他除了已经考取一个证券从业证书之外,没有经过任何的证券从业训练和实习,这对行业准入门槛较高的证券行业来说,确实有一定的难度。因此我建议他充分发挥自己的专业优势,找到自己的专业与打算从事的行业的关联点。

你们能想到生物与证券的关联点吗?

行业是社会分工的产物。每一个专业都有对应的行业可以作为职业发展的选择。古话说"三十六行,行行出状元"。行业无贵贱之分,但有些专业会受行业领域的限制。比如土木工程专业更多的是对应房地产行业、建筑业。地质勘查专业更多的是对应能源、矿产行业。当然大部门专业是不受行业领域限制,如人力资源、会计、行政管理等等专业。大学生在认知自己的专业核心环境的时候也应当考虑与本专业相关的行业有哪些,这些行业的发展趋势、就业形势如何等。

【拓展练习】

用一段话重点描述所学的专业的基本情况(重点总结下本专业的专业优势):

______

______

______

______

与本专业相关的职业:

______

______

______

选择一个与你专业相关的职业,并描述其职业准入标准:

______

______

______

与本专业相关的行业：

二、其他外围环境

(一)家庭环境

我们都说"父母是孩子的第一任老师"，这句话不仅仅是指父母对孩子进行的学前启蒙教育，还包括父母的言行、品德对孩子的影响。家庭环境的和睦与否对孩子的成长至关重要。大学生亦是为人子女，行为品德等深受父母的影响。父母从事的职业，可能影响我们对于未来职业选择。父母从事教育工作，可能更多地向孩子灌输将来从事教育行业的想法。父母一方或者双方从事机关行政工作，可能更加倾向让孩子选择相似职业。父母的个性与生活方式也会影响到我们性格的形式与生活方式的养成。而父母对孩子的未来期待，可以说对我们的影响最大。父母希望孩子参军，身为子女，可能会通过父母的分析倾向于投身军旅；父母希望孩子将来出国留学，那孩子接触更多的可能是国外的信息，更好地学习外语；父母希望孩子考上大学、研究生，将来从事研究工作，孩子可能更多地会选择加倍学习，考入更好地学校，取得更好地成绩。

家庭对大学生进行职业规划来说同样重要。古德在《家庭》中提到，"家庭是一项社会发明，其任务是将生物人转化为社会人。"家庭的内部关系对我们很重要，家庭外部社交关系，即我们通常意义说的家庭背景，包括父母亲的职业、家庭经济情况和亲友圈。家庭环境会对我们做生涯规划产生一定的影响。如某大学生的父母亲有权有势、经济实力雄厚，那么他的人生道路可能在更大程度上依赖父母的安排，在求职、深造等方面就便利一些，他的奋斗历程也可能因此轻松一些。普通家庭的大学生，尤其是农村来的孩子，其父母亲可能没有什么可以利用的资源，但作为人子又有赡养父母的义务，所以在毕业的出路方面可能要考虑得更现实一些。比如有不少同学放弃升学的道路，不得不选择早日参加工作，以解脱家庭负担甚至回报社会。某公司有位大学毕业生，其家庭经济情况比较差，该学生每月一千五百元的工资收入，每月给父母三五百元，自己存五百元，每月省吃俭用就花几百元钱。而对于有些人，这样的收入连养活自己都不够，工作了还找家里要钱。这就是差别。

父母不可以选择，但未来的路是可以选择的。富家子弟、官二代有他们的路可以走；来自穷人家及普通人家的大学生的未来的路未必会比他们差。现实中的案例有很多很多。只要大家努力，一定会前途光明的。

【思考题】

家庭的影响

最能描述“我的家庭”的三个形容词：

____

父亲对我的影响：

父亲的工作影响我

____

父亲和亲友的相处影响我

____

父亲的生活方式影响我

____

父亲的个性和专长影响我

____

父亲对我的管教方式影响我

____

母亲对我的影响：

母亲的工作影响我

____

母亲和亲友的相处影响我

____

母亲的个性和专长影响我

____

母亲对我的管教方式影响我

____

我兄弟姐妹中，影响我最深的是

人：________________

原因：________________

整个家族中，影响我最深的是

人：________________

原因：________________

父亲对我人生发展的期望是

____

母亲对我人生发展的期望是

____

家族其他亲人对我人生发展的期望是

____

（二）校园环境

对于大学生来说，利用好校园资源很关键。因为你要在这个校园度过四年的大学生活，所以越早熟悉越好。大一学生可以和寝室或同班同学拿上学校地图，花一周时间把学校转个遍，先从了解学校历史开始，再按照学校的区域布局把教学楼、食堂、图书馆、家属区、“吃喝玩乐”的地方都了解一下，尤其是大家私底下吹捧的地方都要了解清楚，比如“伤心亭”、“公主楼”等。只有了解了校园的历史与设施才能更好地融入校园文化，同时也为自己下一步的校园生活带来便利。

1.校园硬件

校园硬件包括图书馆、教室、实验室、机房、食堂、超市、银行、邮局、运动场、报告厅等。校园硬件环境是学生入校后要尽快熟悉的环境，大学的教室不同于中学，有的时候是按课程安排教室，不像中学时按班级安排教室，不是老师找教室，而是学生找教室，往往有些学生因找不到教室而迟到或缺课，这种情况要尽量避免发生。另外，图书馆是大学生大学期间最常去的地方，在这里受益最多，是大家最应该熟悉的地方。

2.校园文化和学校历史

校园文化包括校训、校歌、校风等。如华东交通大学理工学院校训是“自强厚德，求实创新”，清华大学的校训是“自强不息、厚德载物”。这些反映了学校的创办宗旨和方向，是校园人受教育的内容之一。从校史可以看出学校创办过程中所走过的路，让大学生们更懂得作为学校的一员应该为学校的建设和发展做出什么样的贡献，怎样成为一名能够写入学校发展史的校友。

3.室友、班友、校友、老乡

新生入学，最希望能找到自己熟悉的人，这些人中首先就包括接送自己入学的高年级同学，当然，自己寝室的室友、班级的同学，尤其是与自己同来的中学同学以及自己家乡或者中学的高年级同学。这些人可能给自己的大学生活提供较多的帮助。

4. 老师

老师主要包括辅导员、班主任老师和专业老师。老师对学生的影响是至关重要的。所以,学生要尽可能地主动与老师接触,了解学校的要求和专业要求,积极协助老师开展工作。

5. 社团

选择一两个社团参加其活动是很重要的事情。所以在选择之前要认真研究。

6. 学校就业指导中心

这里之所以把学校就业指导中心单独列出来,是因为大多数学校就业指导中心都承担着生涯教育课程的职能。作为专职为学生生涯和就业服务的机构,同学们应该知道它的位置。

(三)所在城市环境

1. 城市环境、人文环境

城市环境是指城市的建设、城市的区域、城市在全国、本省、本市的地位,有什么旅游景区、有什么工业园区、商业区以及这个城市的市容、市貌、市花、历史和文化环境等。

2. 经济发展水平

经济发展水平与该城市对人才的需求相关,因此也与大学生的就业密切相关。这是大学生们应该重点了解的内容之一。

3. 产业结构及重点相关企业

城市的产业结构是影响不同专业学生就业的重要因素之一,所以对相关专业院校的学生来说,产业结构及重点相关企业是同学们在校期间应该了解的信息,而且尽可能地到相关企业去实习和见习。

4. 城市资源的利用

一个城市会有什么资源呢?在回答这个问题前,需要你对所在的城市进行调研,表 3-1 是进行城市调研时需考虑的具体问题。

表 3-1　城市调研项目清单

项　　目	调研结果
这个城市是	
这个城市的地理位置是	
这个城市有多少人口	
这个城市有多大面积	
这个城市地形地貌怎样	
这个城市的交通情况如何	
这个城市都有什么民族	
这个城市有哪些活动或民俗特色	
这个城市的生活质量如何	
这个城市的消费环境如何	
这个城市的休闲氛围怎样	
这个城市的居民素质怎样	
这个城市怎样看待外来人口	
这个城市主要经济结构是	
这个城市有哪些王牌行业和企业	
这个城市的房价怎样	
这个城市都出了哪些名人	
这个城市有哪些风景名胜	
这个城市有哪些文化古迹	
这个城市有哪些标志性的建筑	
这个城市有哪些著名的小吃	
这个城市人均收入怎样	
国家、省市对这个城市有什么政策和支持	
这个城市现在的领导人是谁	
这个城市的城市定位和特色是什么	
这个城市最近几年的发展战略是什么	

通过以上问题的回答，我相信你会更加了解所在的城市，那么如何利用这个城市的资源呢？我们可以在“衣食住行、生老病死、安居乐业”十二个方面展开对一个城市的利用。

小链接

国家产业转移策略与大经济圈发展战略

目前国家实行的产业转移策略以及几个大经济圈的发展战略，对相关地区的人才需求造成重大影响。比如，产业转移政策带来中西部投资热潮的兴起，不少产业调整带来企业的搬迁。如深圳富士康公司北移至郑州，给郑州提供了数十万的就业岗位，在一定程度上缓解了河南省大学生的就业压力。环渤海经济圈、海南国际旅游局、广西东盟经济圈、传统的长三角、珠三角等，构成一个个城市发展的特点，这些特点影响着学生的就业和发展。

(四)社会环境

1. 国家对高职高专人才的培养目标

我国的高职高专教育是国民教育体系中高等教育的一种类型和层次，是和高等本科教育不同类型、不同层次的高等教育。和本科教育强调学科性不同，高职高专教育是按照职业分类，根据一定职业岗位实际业务活动范围的要求，培养生产、建设、管理与社会服务第一线需要的实用型(技术应用型和职业型)人才。这种教育更强调对职业的针对性和职业技能能力培训，是以社会人才市场需求为导向的就业教育。

高职高专教育是我国高等教育的重要组成部分，培养拥护党的基本路线，适应生产、建设、管理、服务第一线需要的德、智、体、美等方面全面发展的高等技术应用型专门人才；学生应在具备必备的基础理论和专门知识的基础上，重点掌握从事本专业领域实际工作的基本能力和基本技能，具有良好的职业道德和敬业精神。

世界上不少发达国家的成功实践已经证明，一个国家的发展需要不同类型的人才，经济发展决不能缺少能工巧匠。中国是制造大国，需要大量熟练技工、技师和工程师等具有各方面特殊技能的人才，他们是促进科研成果转化的中坚力量。我国大力发展高职高专教育，不是单为了减轻就业压力，更是国家经济发展的需要，是提升我国技术人员素质和提高制造业水平的关键举措。

2. 国家政治经济环境

国家的宏观政治经济环境对大学生就业的影响也是至关重要的。比如，国家2010—2020人才发展规划纲要对人才的需求做了整体规划，其中就涉及各个行业、各个地域的人才发展要求。国家的经济发展速度也预示着社会对人才的需求总量。

3. 国家产业政策

国家的产业政策调整也将直接影响大学生的就业与职业生涯规划。比如，国务院印发《中国制造2025》提出了我国制造强国建设三个十年的“三步走”战略。“中国制造2025”是应对新一轮科技革命和产业变革的第一个十年的行动纲领，它立足我国转变经济发展方式实际需要，围绕创新驱动、智能转型、强化基础、绿色发展、人才为本等关键环节，以及先进制造、高端装备等重点领域，提出了加快制造业转型升级、提升增效的重大战略任务和重大政策举措。这将会影响相关专业如工业设计、信息工程等专业学生的就业。

第二节　环境认知的途径

一、查阅文献

将个人希望了解的职业方向（或职业群），通过网络、书籍、期刊及有关声像资料，进行初步查阅；选定各种典型职业，进一步对其入门所需的基本条件如学历、资格证书、身体条件等进行查阅；通过查阅使自己对做好职业工作所需要的知识、技能、生理条件及个性特征有一个初步的认识，对该职业的生存环境及发展前途以及个人循此发展可能取得的职业成就等形成初步印象。

二、向学长和老师咨询

学长和老师是我们认知环境的重要途径。因为，不论是校园环境，还是城市环境；不论是专业背景还是职业要求，学长和老师都可以为我们提供更加详细准确的信息。这有助于我们认知环境。

三、借助媒体

现代社会，媒体无所不能，信息非常丰富。从媒体上，我们可以了解国际国内政治经济形势，了解某一领域或区域的经济发展状况和政策，了解各行各业的发展动态，了解某个企业甚至产品的市场情况，所以充分利用媒体去初步了解相关信息是十分重要的。

四、见习和实习

当代大学生缺乏社会实践，对社会的认识不多，所以必须鼓励大学生尽量多地参加社会实践活动，尤其是与专业或就业有关的见习或实习。在见习或实习中，大学生们不仅可以了解社会，更可以检验自己所有专业知识与现实工作的吻合度，可以发现自己所学知识与现实工作之间的差距。在实习或见习过程中，我们还可以巩固我们所学的知识，并且可以提升大学生们的职业技能。在见习和实习中，我们可以增加自己对环境的认知程度。因此，见习和实习使我们认知自我和认知环境的重要途径。

五、职业体验

大学生职业体验是通过短期实习、参观和见习活动来认知环境的有效方式。通过职业体验能使大学生对企业的运行模式和企业文化有更多直观的认识，同时对企业对人才成长素质的要求有更深的感受。

(一)职业体验的意义

(1)通过对职业的亲自体验，让学生了解目标行业的发展现状和前景，明确自己的发展目标，为自己的人生规划提供科学依据。

(2)职业体验，帮助学生更好地将理论与实践相结合，强化专业知识学习，提高专业素养。

(3)为学生创造提前与用人单位接触的机会，有利于用人单位和学生的相互熟悉，加深了解，增强学生就业能力。

(二)大学生职业体验活动的流程

(1)确认准备体验的工作岗位。

(2)查找体验单位信息。

(3)联系体验单位。

(4)确定体验时间。

(5)体验过程(记住要拍工作照)。

(6)撰写体验报告。

(三)职业体验报告内容

(1)体验单位的名称及详细的体验时间、地点,体验目的。

(2)具体体验过程及描述。

(3)专题报告结论、建议、心得体会,或是你在此次实践中感到不足的部分。

(4)体验活动的相关证明材料。

(四)职业体验报告范例

我是一名编辑出版学专业的大学生,今年寒假,我在某出版社进行了为期一周的编辑岗位职业体验活动。

本次职业体验的目的为:了解出版社的工作环境和工作流程,了解编辑岗位所需的专业知识和职业素养。

出版社是一个比较安静的、充满文化气息的地方,每一位编辑的工作都是紧张而有秩序的。我在一位老师的推荐下,来到了“经管事业部”,在沈编辑的热心帮助下,体验了两天的编辑工作,第一天,刚好有一份新稿件交到沈编辑手中,我就试着边学边做,干起了编辑加工的工作,沈编辑特别挑选了比较容易的部分让我看,我努力用规范的编辑符号去修改稿子,同时还要睁大眼睛,用心去发现稿件中存在的问题,每当我发现一个小语法错误或者是错、漏字的时候,都会心理窃喜一下,我一直很认真地看着,不知不觉就过了半天的时间,发现自己才只看了几页稿子,但是沈编辑还是鼓励我说很不错,且帮我指出了一些专业知识方面的问题。下午的工作效率有所提高,但还是没有太大的进步。第二天,我深刻总结了前一天的经验,编辑书稿的速度有了明显提高,但是总有新的问题不断出现,让我深感要学的东西实在太多了,这时候,沈编辑已经开始针对书稿中的问题和作者交流意见了,这让我感受到编辑工作既要有文字功夫,还要有良好的沟通合作能力。

第三天,我又来到了校对部,因为有了编辑工作的体验经历,在这里相对适应得比较快。而且校对工作内容相对单纯一些,更注重标点、版式的统一、文字是否正确的问题,文章内容的结构和逻辑问题已不是校对工作关注的重点。但是这个工作更要求细心和把握整体,我看的稿件之中,还是难免有很多漏看和错看之处。

第四天和第五天,我分别见习了录排、编务、发行和复审等老师们的工作,这两天我除了感受到专业技能的必要性外,更加感受到,各个部门的分工合作是图书顺利出版、发行的有力保证。

通过这次的职业体验活动，让我对编辑出版工作有了明确清晰的认识，对编辑所需的专业知识和职业技能有了更多的了解。作为一个合格的编辑，既要具备扎实的专业知识，又要有广博的知识面；既要注意细节，又要把握整体；既要有坚实的文字功底，又要有良好的人际沟通能力；既要保证本岗位环节的工作，又要避免给其他合作部门和其他环节造成麻烦。我在本次体验过程中，虽然一直很用心，但是自身专业知识不足和实际经验不足的缺点还是为实践工作设置了很多障碍。这次体验让我更加明确了今后努力的目标，我将更有目的地去学习和锻炼自己，制订合理的生涯规划。

六、生涯人物访谈

生涯人物访谈是通过与一定数量的职场人士（尤其是自己感兴趣的职业的从业人员）会谈而获得关于某一个自己打算进入的行业、职业或企业信息的一种职业探索活动。

（一）生涯人物访谈的意义

通过生涯人物访谈，一般可以了解该行业或企业的相关信息，了解该职业的岗位要求及薪酬标准、发展空间等，进而可以作为自己是否进入本领域的重要参考；访谈也可以检验自己是否真的对这项工作感兴趣。这实际上是一次简捷、快速的职业体验。这是大学生了解职业的一个好方法。具体而言，生涯人物访谈有以下作用：

（1）实地考察职业，进而明确你的职业生涯目标；

（2）扩大你的职业人际关系网；

（3）树立工作面试的信心；

（4）了解企业内部的组织管理，获取最新的职业信息；

（5）了解自己专业优势和职业能力的差距，更好地认知自己的职业能力。

（二）生涯人物访谈的主要内容

为了能更全面地了解职业相关信息，我们在做生涯人物访谈时，既要理解相关职业的客观要求，又要想办法了解从业者的主观感受。以下是一份生涯人物访谈内容清单（表 3-2），包含分别从职业的客观要求和从业者的主管感受两方面获取信息的内容。

表 3-2 生涯人物访谈内容清单

职业需求方面	生涯经验方面
工作性质、任务或内容	个人的教育经历和工作经验
工作环境、工作地点和工作时间	选择从事该职业的原因
职业所需个人学历、资格、技能或经验	职业发展历程
收入或薪资范围以及各项福利	工作心得:乐趣和困难
职业的相关就业机会	对工作的个人看法
进修和升迁机会	取得良好工作业绩的方法
组织文化和规范	对未来职业发展的设想
职业未来发展前景	对职业新人的建议

(三)生涯人物访谈的方法

当你决定要进行生涯人物访谈时,你可以按照以下的方法进行,将生涯人物访谈分为七个步骤进行(图 3-1)。

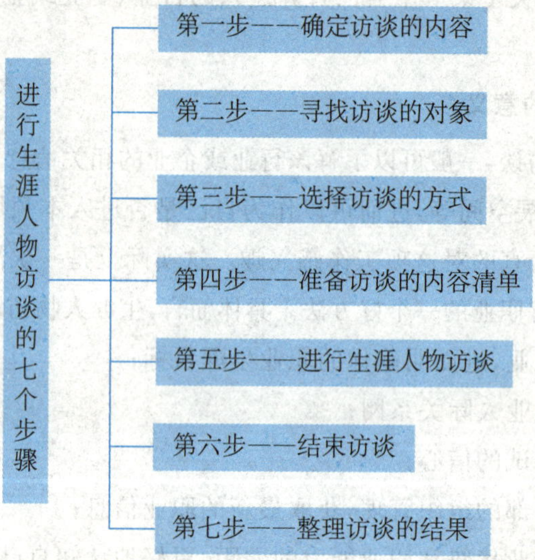

图 3-1 进行生涯人物访谈的七个步骤

第一步,确定访谈的内容。你首先要明确通过访谈了解什么内容,是行业、企业方面的信息,还是职业、职位方面的信息。这就需要先对自己的职业发展方向有个大致的了解,在此基础上确定自己的职业探索内容。

第二步,寻找访谈对象。通过老师、家人、校友等的推荐找到这些被访谈者,也可以按照自己的志愿去主动寻找他们,还可以通过网络社区、辅导网站、专家博客等网上途径去找到访谈对象。

第三步，选择访谈的方式。生涯人物访谈的形式包括面对面访谈、电话访谈和书面访谈（通过电子邮件、MSN、QQ、网上专题答疑节目、专家博客）等。

第四步，准备访谈的内容清单。为了提高访谈效率，需要认真做好访谈前的准备，提前制作访谈内容清单。

第五步，进行生涯人物访谈。如果是面谈的话，一定要守时，不要浪费对方的时间。

第六步，结束访谈，并表示感谢。访谈结束时，要礼貌地表示感谢，可以赠送一些自己的作品、所学专业的宣传资料或小礼物给对方；在访谈结束后一天之内，发一个短信表示感谢，或者写一封感谢信给被访问者，并简要说明自己的访谈收获。

第七步，整理访谈的结果。访谈结束后，要及时整理、分析和归纳访谈纪录，并确定是否要进行后续或其他的访谈。

（四）生涯人物访谈的注意事项

（1）要根据访谈的内容确定不同的访谈对象，而且每个职业领域的生涯人物应结构合理，既有初入职场的人士，也有工作了一定年限的中高层人士。

（2）在预约被访者之前要做好充分的准备。话联系时还应备好纸和笔，以备临时电话采访；电话联系时一定要有礼貌，时间一般控制在 3 分钟以内。

（3）要根据不同的访谈对象和内容设置不同的访谈内容清单。在正式访谈前，对生涯人物的信息掌握得越全面越好，姓名、职务和联系方式是必须要了解的，对于可以在生涯人物的讲话、文章或者大众传媒和单位网页上可以获得的信息要尽可能地收集（表 3-3）。

表 3-3　不同访问对象的访谈清单

访谈对象	访谈内容
人力资源部相关工作人员	1. 在您的企业中，从事这一职业需要具备哪些基本职业素质？例如，个人性格特点、个人兴趣爱好、职业道德修养等。 2. 在您的企业中从事这一职业需要具备哪些专业知识、技能和经验？ 3. 您的企业对应聘这一职业的应届大学毕业生有哪些具体的要求？ 4. 请您评价一下从事这一职业的往届大学毕业生的工作现状。
从事该职业的在岗员工	1. 在您的企业中，从事这一职业需要具备哪些基本职业素质？例如，个人性格特点、个人兴趣爱好、职业道德修养等。 2. 在您的企业中从事这一职业需要具备哪些专业知识、技能和经验？ 3. 请您谈谈在从业过程中，您遇到了哪些具体的问题和困难。例如，岗位技能、人际关系、个人待遇等。
从事该职业的往届毕业生	请您谈谈在您工作中遇到过哪些问题和困难。例如，岗位技能、个人待遇、与同事的关系等方面。

(4)如果是面谈的话,一定要守时,不要浪费对方的时间;面谈前征求生涯人物的意见,视情况对谈话进行录音录像或文字记录,提问要灵活变通,可以适当增加或减少一些提问的问题,不要按照清单顺序机械地提问;尊重被访谈对象的感受,当涉及年龄、职务、收入、家庭等敏感话题时,要斟酌措辞;注意观察被访谈者的工作环境,感受真实的工作氛围。

七、参加社团及社区活动

参加社团可以锻炼自己的协调、组织、人际沟通等能力,可以多方面展示自我的才干,当然也可以增加对校园环境的了解和社会环境的认知。

参加社区活动,可以走出校门,增加与社会接触的机会,这样可以帮助自己对社会进行更贴近的认知。可以帮助大学生从社会人的角度来看待社会及社会上的各种现象,这对帮助大学生做好环境认知也是很重要的。

八、做义工

案例

小兰,某民族大学毕业生,她在北京某社区做义工的时候,正值“两会”前夕,有一天,巧遇温家宝总理到社区调研,正好被选中为调研对象。她很好地回答了总理的提问,得到了总理的夸奖。因此,她毕业后留在了这个社区工作,这也改变了她的人生发展轨迹。事后,我们采访她时,她很兴奋地说道:这真是一辈子都值得纪念和自豪的事情,能够跟共和国的总理面对面地谈话,是她的福分,也是社区工作给她提供了这个机会。

专家分析

不少同学不太关注义工这项工作,实际上任何工作都有它特定的意义。通过义工可以为自己了解社会、服务社会提供一个很好的途径;同时也为检验自己的工作能力、验证自己的知识提供了实际场所,并且还可以给自己带来许多新的机会。

义工是不以经济回报为目的的义务劳动。这种活动尽管没有报酬,但对大学生了解社会来说确实是一个新的重要途径。比如,2008 年北京奥运会、2010 年上海世博会和 2010 年广州亚运会,都为大学生提供了众多的义工岗位,不少同学在做义工的同时,直接参与了许多原属职业人才能从事的工作。大学生们通过做义工,能让自己更全面地认知社会环境。

第三节 环境认知的阶段性

前面我们已经学习了大学生环境认知的主要内容，但是，每个人认知环境的能力和精力是有限的，于是，我们根据各个阶段学生的特点和环境认知内容的迫切性，进行了以下归类。

一、新生期大学生的环境认知——重在了解校园的硬件与软件

新生入学，为了更好地融入新的环境，除了对学校的生活学习环境要进行必要的了解之外，还应对学校的文化和历史要有一个清晰的了解。具体应该了解的内容可以参考以下表格进行认知，请同学们在 1 周内把表 3-4 完成。

表 3-4　新生期大学生环境认知表

了解的项目		了解的内容				
		位置	开放时间	使用条件	注意事项	负责人或联系人
校园硬件	图书馆					
	教室					
	实验室					
	机房					
	运动场					
	超市					
	食堂					
	洗澡堂					
	开水房					
	报告厅					
	就业指导中心					

续表

了解的项目		了解的内容				
		位置	开放时间	使用条件	注意事项	负责人或联系人
人脉圈	室友					
	班友					
	老乡					
	校友					
	老师					
	领导					

		了解的内容					
		组织的主要职责	负责人	部门分配	部门负责人	部门职责	加入条件
社团、学生会等组织	国旗班						
	社团联合会						
	社团						
	学校学生会						
	院系学生会						
	各类协会						

二、低年级大学生的环境认知——重在了解城市、专业和行业

大学生在度过新生期的适应大学阶段之后，即开始了正常的大学生活了。在这期间，大学生们要进一步了解城市、了解专业，要逐步了解本专业与相关行业的关系。

(一)所在城市

了解城市对大学生更好地规划自己毕业后的去向有很大的帮助。对所在城市的了解，应该从以下几方面着手。

市情概况：对所在城市的市情做一个简单的了解。

历史沿革：了解所在城市的历史沿革，有哪些值得重视的人文景观。

地理环境：所在城市的地理位置，在地图上找出来，包括周边的山水。

行政区域：所在城市属于哪个行政区域，管辖范围有哪些。

地方特产：有什么地方特产。

经济发展：经济发展水平、优势和不足，与本专业相关的行业有哪些。

交通建设：城市交通情况如何，包括城际交通和市内交通。

对外交流：与哪些国家有交流或结成友好城市。

文化事业：文化事业发展水平。

教育事业：有多少所高等院校？所在位置，与自己相关的专业有几所。

著名景点：有哪些著名景区、公园。

（二）所学专业

大学生与中学生有一个很大的不同，就是中学生以上大学为学习目的，学习的是基础知识，而大学生则是以毕业后就业去应用知识为主，所以都有相关的专业。因此，了解自己所学专业是大学生入学后最重要的工作之一。对所学专业的了解，从专业老师、学术带头人（本校、本市、本领域）、主干课程、本专业发展现状及就业前景、专业培养目标、专业的基本要求、本专业相关学术机构、杂志和网站等。了解这些与专业相关的内容，一方面有助于大学生尽早对专业学习进行合理规划，另外也可以通过对专业的了解而培养专业学习的兴趣，以便能在枯燥乏味的专业学习中找到自己的乐趣，从而在专业领域获取丰硕成果。

（三）专业所对应的行业

"男怕入错行，女怕嫁错郎。"在就业压力空前巨大的今天，选择正确的行业，是决定个人发展前景和薪资水平最重要的因素。由此，大学生要分析本专业或喜欢的专业所对应的行业，并着手对行业进行探索和调研。

低年级大学生对环境的认知，请参照表 3-5。

表 3-5　低年级大学生环境认知表

	认知内容	记录
城市环境	市情概况	
	历史沿革	
	地理环境	
	行政区域	
	地方特产	
	经济发展	
	交通建设	
	对外交流	
	文化事业	
	教育事业	
	著名景点	

续表

	认知内容	记录
所学专业	专业老师	
	本专业学术带头人(本校、本市、本领域)	
	本专业主干课程	
	本专业发展现状和就业前景	
	专业培养目标	
	本专业的基本要求	
	与专业有关的学术机构	
	与专业有关的杂志	
	与专业有关的网站	
相关行业信息	行业的定义与范围	
	行业的意义与前景	
	行业内的标杆企业	
	行业准入资格	
	行业标杆人物	

三、高年级大学生的环境认知——重在了解社会、职业

高年级学生对环境的认知重在了解社会、职业，了解自己的知识和技能与毕业后欲从事的职业需求或毕业后的出路选择是否有差距。这是因为大学生们在通过低年级学习之后，已经掌握了一定的专业基础知识和技能，对相关行业、专业及毕业去向基本上都有所了解和目标。此时，应为毕业做准备。参见表 3-6。

(一)了解社会对本专业毕业生的需求

通过了解社会，我们要熟悉社会对本专业毕业生的需求，以便于更有针对性地进行毕业出路的选择。

表 3-6　高年级大学生环境认知表

认知内容				记录
了解社会	就业形势	就业		
		专升本	自学考试	
			成人教育	
			全日制教育	
			网络教育	
		参军		
		考公务员		
		留学		
		创业		
	国家政策	国家层面的就业、创业优惠政策和措施		
		国家的产业政策		
		区域性政府的就业、创业优惠政策和措施		
		相关产业园区及优先发展的产业		
		与本专业有关的行业发展趋势，著名企业		
		与本专业就业有关的行业的准入标准、职业技能要求和就业形势		
		与工作和生活有关的幸福指数		

续表

<table>
<tr><th colspan="3">认知内容</th><th>记录</th></tr>
<tr><td rowspan="14">了解职业</td><td rowspan="10">职业探索的内容</td><td>职业描述</td><td></td></tr>
<tr><td>职业的核心工作内容</td><td></td></tr>
<tr><td>职业的发展前景及其对社会和生活的影响、作用</td><td></td></tr>
<tr><td>薪资待遇及潜在收入空间</td><td></td></tr>
<tr><td>岗位设置及不同行业、企业间的差别</td><td></td></tr>
<tr><td>入门岗位及其职业发展通路</td><td></td></tr>
<tr><td>职业标杆人物</td><td></td></tr>
<tr><td>职业的典型一天</td><td></td></tr>
<tr><td>职业通用素质要求及入门具体能力</td><td></td></tr>
<tr><td>工作与思维方式及对个人的内在要求</td><td></td></tr>
<tr><td rowspan="4">所学专业所对应职业的准入门槛</td><td>相关职业资格</td><td></td></tr>
<tr><td>职业资格证书</td><td></td></tr>
<tr><td>职业等级证书</td><td></td></tr>
<tr><td>相关领域的法律常识</td><td></td></tr>
</table>

1.就业形势

比如，要就业的同学，要进一步了解社会，包括社会对本专业学生的需求、本专业所对应的就业领域，该领域在全国和本校所在区域有哪些著名企业，该企业中有哪些职业或岗位适应本专业学生就业，他们的职业要求有哪些？

打算考公务员的同学，要准备了解公务员报名资格和条件，准备申论等必考内容的复习。选择自己比较具备优势和感兴趣的领域参加考试。

打算参军的同学，也应了解国家的相关政策和优惠办法，了解军旅生活与大学生活的差别，做好心理准备。

打算专升本的同学，则应准备考本科的复习，选定通过自学考试、成人教育、全日制教育和网络教育中的哪种方式攻读本科并了解学校以及国家的考试新规。

打算出国深造的同学，则应搜集相应国家及学校的招生政策，着手相关外语考试、成绩单、推荐信、资金准备等，并要进行相关的联系。

打算创业的同学，要了解国家及地区的创业政策，要了解市场需求和产品相关信息，了解创办企业所需的程序和条件，做好创业的信息准备、心理准备、知识和技能准备、资金筹措，组建自己的创业团队。

2. 国家政策

对社会大环境的政治经济形势要做更系统、更深入的了解。要了解国家的产业政策和相关行业的中长期发展规划，特别是区域性的、近期的产业政策调整变化，对相关行业、企业的发展趋势进行判断，从中找出与自己专业相关的就业或创业机会。可从以下几方面着手：①国家层面的就业、创业优惠政策和措施；②国家的产业政策；③区域性政府的就业、创业优惠政策和措施；④相关产业园区及优先发展的产业；⑤与本专业有关的行业发展趋势，著名企业；⑥与本专业就业有关的行业的准入标准、职业技能要求和就业形势；⑦与工作和生活有关的幸福指数。

(二)了解职业

1. 职业探索

职业探索，是对你喜欢或要从事的职业进行理论分析和实际调研的过程，目的是对目标职业有充分的了解，并在明确和职业的差距中制订求职策略，从而有效地规划大学生活。有效地进行职业探索，要从以下几个方面着手：①职业描述；②职业的核心工作内容；③职业的发展前景及其对社会和生活的影响、作用；④薪资待遇及潜在收入空间；⑤岗位设置及不同行业、企业间的差别；⑥入门岗位及其职业发展通路；⑦职业标杆人物；⑧职业的典型一天；⑨职业通用素质要求及入门具体能力；⑩工作与思维方式及对个人的内在要求。

2. 所学专业所对应职业的准入门槛

了解所学专业所对应的职业准入门槛需了解以下几个方面：①相关职业资格；②职业资格证书；③职业等级证书；④相关领域的法律常识。

(三)具体了解一个职业

如何认知职业对许多学生来说都是难题。而对职业认知的好坏直接影响到生涯规划的制订。根据经验，我们建议可以从以下八个方面来具体了解职业。即职业定义、职业概况、就业及未来发展前景、主要从事的工作内容、能力和技能要求、从业人员共有的人格特征、薪资待遇、对生活的影响。

这里以 2011 年国家新批准的“职业信用管理师”为例予以说明。

职业信用管理师

1.职业定义

“职业信用管理师”是指依托“中国职业信用公共管理平台”的职业信用管理技术，遵守国家相关法律法规，利用人力资源管理、企业管理及其相关学科的专业知识，遵循企业人力资源良性发展、提高职业人素质的基本原则，专业从事企业职业信用管理系统管理、导入实施以及在职员工职业信用风险管理的专业人员。

2.职业概况

一个完善的“职业信用体系”将会使企业人力资本增值，并使人力资源的管理更趋于法制化，从而使得中国的人力资本核心竞争力得到迅速提高，这一切正与胡锦涛主席关于“优先发展教育，建设人力资源强国”的要求相统一。

“职业信用体系”在全国各大中小型企业中的导入和应用急需大量的专业宣传、导入实施人员，而这些专业人员便是“职业信用管理师”。“职业信用管理师”作为职业信用产业链中的关键一环，必须是熟悉职业信用产业背景以及职业信用体系相关专业知识的高端人才，随着职业信用产业的发展，可以预计，在未来1年内，“职业信用管理师”必将成为整个职业信用产业从业人员的准入证。

3.就业及未来发展前景

随着我国社会信用管理制度建立及信用管理服务业的发展，职业信用产业的发展也将迅速驶入快车道。根据职业信用产业市场前景的相关调查分析，目前全国所拥有的各类大中小企业已达4000余万家，而10人以上的企业基本都需要配备拥有“职业信用管理师”资格证书的相关专业人员对企业的职业信用系统进行维护，再加之相关配套的行业从业人员，可以预计在整个职业信用产业中“职业信用管理师”的人才缺口将在500万以上，“职业信用管理师”将拥有着广阔的职业前景。

4.主要从事的工作内容

(1)进行职业信用理论概念的有效宣传。

(2)进行职业信用产品的推广。

(3)帮助企业进行职业信用产品的导入实施。

(4)培训企业正确使用“中国职业信用公共管理平台”。

(5)帮助企业解决在平台应用中遇到的各种问题。

5.能力和技能要求

职业信用管理师分为助理职业信用管理师、职业信用管理师和高级职业信用管理师三级。

(1)助理职业信用管理师能够正确理解并阐述职业信用相关概念,完成对企业对个人的宣导工作,并利用相关的专业知识完成职业信用体系在企业中的导入实施工作。

(2)职业信用管理师能够完成职业信用体系在企业中的导入实施工作,同时能够利用其专业技能和特殊技能完成职业信用管理中复杂的、非常规性的工作,具有独立处理和解决职业信用管理专业技术和一定的组织管理能力。

(3)高级职业信用管理师能够顺利完成职业信用体系在企业中的导入实施工作,同时能够利用其专业技能和特殊技能完成职业信用管理领域中各种复杂的、非常规性的工作,同时能够独立完成工作中的高技术性的难题。拥有一定的战略策划能力,能够为职业信用体系提出创新性意见,并在职业信用管理中发挥其组织统筹的能力。

6.从业人员共有的人格特征——责任感、开放性、理智性

(1)责任感:职业信用管理师需要有强烈的责任感,而这份责任感的产生来自于他对职业信用理念的认同,他必须明白职业信用产品对于职业人、企业、社会和国家的巨大价值,只有当他们认同了职业信用产品,他们才能怀着一份服务于社会的责任感,将职业信用产品向民众进行宣导。

(2)求知欲:因为职业信用产业是一个全新产业,他所涉及的理念和技术都是新的,而且随着行业的发展,其理论将不断完善,技术也将不断更新,因此,职业信用管理师作为理念和产品的宣导者,应该做到与时俱进,怀着深厚的求知欲,不断地充实自我,只有这样才能更好地服务于企业。

(3)逻辑性:职业信用管理师作为职业信用产品的企业导入者,他需要掌握一定的操作技术知识用以教授客户,同时职业信用管理师也需要随时面对客户的各种提问,并给予正确的回答,而以上这些技能的熟练掌握都需要职业信用管理师拥有一定的逻辑性。

7.薪资待遇

职业信用管理师所面对的是一个全新的行业,因此其薪资待遇目前并没有行业标准。但是我们可以从其所涉及的服务内容来推导出其较为可行的工资薪酬标准。

职业信用管理师的工作内容中有类同于网站编辑的工作，同时又有人力资源专员的工作，更主要的是在面向企业宣导时，他的角色将成为一名培训讲师。多重角色的叠加将使职业信用管理师的含金量增强，也突显出职业信用管理师岗位的重要性。

依据相关岗位薪酬分析，网站编辑的工资待遇为2000～4000元，人力资源专员的工资待遇为2000～3500元，而培训讲师的薪酬较高，从5000元到几万元不等。因此综合考量，我们可以很自然地推导出职业信用管理师的薪酬待遇将在3000元以上，而且随着其能力和经验的不断提升，其薪酬也将稳步提高。

8.对生活的影响

职业信用管理师所从事的职业信用行业是中国前所未有的行业，这个行业的诞生和发展将对提高中国劳动者素质和能力，形成有利于劳动者学习成才的引导机制、培训机制、评价机制、激励机制，引导广大劳动者提高职业道德水平起到深远的影响。

通过职业信用管理师对"中国职业信用公共管理平台"的不断推广宣传和实施导入，中国的诚信体系建设将得到极大的完善。和谐用工关系的建立将使得企业用工风险降低，职业人的个人职业财富获得持续积累，最终将有助于我国由人力资源大国发展成为人力资源强国。

【拓展练习】

1.你有毕业后想去的公司吗？那你可以登录人才招聘网站（比如中华英才网）去查询这家公司的信息，并做如下分析：

公司的名称＿＿＿＿＿＿＿＿

公司的类型、规模＿＿＿＿＿＿＿＿

公司招聘的岗位有＿＿＿＿＿＿＿＿

我想应聘的岗位是＿＿＿＿＿＿＿＿

这个岗位主要做什么＿＿＿＿＿＿＿＿

这个岗位需要具备什么素质、能力＿＿＿＿＿＿＿＿

我和公司岗位要求的差距是＿＿＿＿＿＿＿＿

我的补充行动策略是＿＿＿＿＿＿＿＿

2. 梳理你的人脉圈。分析各种环境，盘点一下你认识的人。

职业人脉圈	职业 1 ______	职业 2 ______	职业 3 ______
家族成员			
老师、领导			
师兄师姐			
业内人士			
目标公司的职员			
网络结识人士			

第四章 确定目标，制订规划

学习目标

1. 了解大学生生涯规划的主要内容。
2. 掌握生涯规划的基本方法，学会设定目标。
3. 依据阶段性自我认知和环境认知的结果，设计自己的阶段性生涯目标。

- 确定目标，制订规划
  - 大学生生涯规划的主要内容
    - 学业规划
    - 成长规划
    - 实践规划
  - 制订大学期间生涯规划的方法
    - 确定目标
    - 按时间制订自己在校期间的生涯规划
    - 按内容制订自己在校期间的生涯规划
  - 大学生涯规划的阶段性
    - 新生期大学生生涯规划
    - 低年级大学生生涯规划
    - 高年级大学生生涯规划
  - 大学生生涯规划案例
    - 规划就业的案例
    - 规划考研的案例
    - 规划考公务员的案例
    - 规划留学的案例
    - 规划创业的案例

案例

18 岁，高中毕业典礼上，小刚发誓要当李嘉诚第二、中国首富！

20 岁，春节老同学聚会上，小刚想创立自己的公司，30 岁时拥有资产 2000 万元。

23 岁，在某工厂当技术员，第二职业是炒股。“在这里工作太没前途了。我将全力炒股，三年内用 5 万炒到 300 万元。”

25 岁，炒股失意情场得意，开始准备结婚。希望一年后能有 10 万元，风风光光地结婚。

26 岁，不太风光的婚礼上。小刚的理想是生一个胖小子，将来当个车间主任，别的不多想。

28 岁，工厂效益下滑，正逢妻子怀胎十月。小刚希望这次下岗名单里千万不要有自己的名字。

专家分析

小刚 18 岁的目标是当中国首富，十年后的目标是不要下岗，差距怎么这么大？原因很简单：设定目标时不顾自身条件，设定了一些很难实现或根本就不能实现的目标。目前有一些大学生高估了自己，毕业后设定了一个月收入 8000 元的职位，但他低估了达成目标所需要的条件，这些条件包括基本素质、知识、能力、经验条件、外语条件等，毕业时，才发现没有人愿意每月花 8000 元雇他。我们要根据自身的实际情况，设定通过自己的努力可以实现的目标，避免出现目标过低或过高的情况。

如前所述，生涯规划是一门方法学课程。因此，应该鼓励大学生们在大学期间熟悉和掌握这门方法。生涯规划的方法实际上就是目标管理，也就是确定自己的生涯目标，而确定生涯目标的前提条件是依据自己的需求和能力，结合社会的需求来完成。前面两章我们已经重点讨论了自我认知和环境认知，本章我们要讨论的就是如何确定目标和根据目标进行规划。

做好生涯规划，就可以帮助大学生们树立明确的目标，学会自我管理的方法，促进大学生们转变就业观念，因而也就能够帮助大学生们在大学期间提升自己的就业能力。让大一大二的同学不再朦朦胧胧、不再整天沉溺于网络游戏，减少考试挂科的现象；也可以从根本上解决大学生就业难的问题。因此，本章是本书的重点。

本章分三个阶段进行大学期间的生涯规划，宗旨是为了让同学们能够由简到难、逐步掌握生涯规划的方法，从简单的规划目标实现的过程中，体验到生涯规划的益处。因此，从新生期的短期规划，逐步发展到低年级的中期校园生涯规划，再过渡到高年级的中长期职业规划。这种循序渐进的过程可以帮助大家熟悉和掌握生涯规划这个工具，使自己在将来的职业道路上走得更好、更远。

本章的重点是低年级生涯规划和高年级生涯规划。我们始终围绕大学生这个主体，针对大学生的基本特点来帮助大学生做好自己的生涯规划。当代中国大学生在职业生涯规划方面有如下特点（弱点）：

(1)大多数中国大学生生涯规划意识淡薄，职业认知缺乏。

(2)部分中国大学生填报志愿时对专业认知相对不足，有的完全由家长代劳。影响学生对专业学习的兴趣。

(3)中国高校学生入校后改变专业较困难。

(4)大学生正处于世界观形成期，思想单纯，心理状态不稳定，容易冲动，生活习惯较易受各种外界环境的影响，他们的良好习惯还需要培养和锻炼。

(5)大学生从中学直接进入大学，对社会缺乏了解。

(6)大学生毕业后大多数要进入社会。

(7)大学生的主要任务还是学习和为就业做准备。

鉴于此，我们认为大学生的生涯规划应该重视阶段性认知和规划，并突出学业规划、成长规划和实践规划。下面，我们将从三个阶段、三个方面来帮助大学生规划自己的生涯。

小知识贴士

三个阶段是指新生期、低年级和高年级三个阶段。

新生期（第一阶段）应以尽快适应大学生活，完成中学生向大学生转变的阶段性规划目标，这一目标是短期目标，以1个月为限。

低年级（第二阶段）规划以在校期间的学业规划、成长规划和实践规划为主，这是一个中期目标，以1～2年为限。

高年级（第三阶段）则以毕业前后了解职场、完成大学生向职业人转化的规划为主，这是一个中长期目标，可以是1～2年，也可以规划到毕业后的前两年。

后两阶段的规划都应以毕业后确定的去向（已在第一章介绍，请同学们参考第一章相关内容）为基本参照目标。

第一阶段，大学生要尽快适应大学的生活和学习，要完成未成年人向成年人的角色转换；完成由依赖到独立生活的转换；完成被动学习到主动学习的转变。

第二阶段的规划则应以了解所学专业、所学专业与行业的关系、本专业可以就业的职业及其准入标准、自我成长和实践，为生涯发展做好能力和技能准备。

第三阶段的规划则应以按照行业、职业的用人标准，做好就业或毕业后去向的充分准备为主。也就是说，应以毕业后的去向作为规划目标。

三个方面是指大学生生涯规划的三个角度：每个阶段的规划都必须结合该阶段的认知特点来进行。

第一节 大学生生涯规划的主要内容

案例

某大学三年级生物专业学生，手拿简历来咨询某专家。简历中详细罗列了三年来他的经历和专长。他这样写到：

专　业：生命科学

特　长：方正排版系统操作、印刷设备维修、photoshop 应用

社会实践：打过短工、壮工、餐馆洗碗工等。

求职目标：证券行业。

专家分析

这是一个典型的没有职业规划的学生生涯，代表了一大批学生目前的状况。许多学生到毕业时还不清楚自己的优势和劣势，不知道自己的职业方向，所以也根本没有很好地利用大学的三年时光为未来的职业做准备。他的特长、他的社会实践既没有与专业挂钩，也没有与他的目标职业挂钩。可以说，专业、特长、实践活动、求职目标成为四个独立的、毫不关联的东西，那凭什么证券公司要录用你？

第一章，我们介绍了大学毕业后的几种去向；第二章和第三章，我们分别强调了自我认知和环境认知的阶段性；与此相呼应，在制订生涯规划时，强调生涯规划要分阶段进行，要在确定自己的毕业去向后，根据不同阶段的认知结果，进行不同

阶段的规划。前面我们把大学生的生涯规划分成新生期、低年级和高年级三个阶段，分别进行了三个阶段的认知；在完成认知之后，就为大学生进行分阶段的规划提供了依据。

当然，大学生的特点还是以学习和成长为主，以了解社会、适应社会为主。因而，大学生生涯规划的主要内容就是学业规划、成长规划和社会实践规划，并且要结合时间(阶段)规划才有实施的可能。

一、学业规划

学业规划是大学生最重要的规划内容。因为，大学生就是学生，学生的主要任务就是学习。学习专业知识，学习相关技能，学习做人的道理，学习成功的方法……这一切将影响他们的一辈子。大学生的生涯规划具体到 3 年的学习生活中，实际上就是规划学业发展、个性与社会发展、生涯发展的过程。当然，学业规划也需要循序渐进，分阶段进行。学业规划的具体内容将在第二节和第三节详细介绍。

二、成长规划

大学期间成长规划的主要内容应包括：第一，良好生活习惯养成规划，包括作息时间、健康饮食、身体锻炼、时间管理、财务管理等自我管理规划；第二，健康兴趣和阳光心态培养规划，包括健康兴趣、爱心、感恩心态、自尊自信、平常心态、空杯心态、积极心态、宽容心态等培养规划；第三，专业人脉建立规划，包括学长学姐、老师、生涯访谈人士、职业体验老师、实习见习带教老师、学术会议认识的专家、通过论文交流认识的专家等人脉建立规划；第四，科学的世界观、人生观、价值观培养规划；第五，思维能力培养规划思维模式、梦想形成和追逐梦想、明势训练规划等；第六，职业素养和职业核心能力培养规划，包括职业精神、职业沟通能力、团队协作能力、解决问题能力、自我管理能力、情绪控制能力、职业沟通能力、创新创业能力等培养规划。

(一)良好生活习惯养成规划

实践证明，身心健康是一个人事业有成的基础。有一个好的身体是做好一切的起点，良好的生活习惯是保持身体健康的重要手段。

1. 养成良好的饮食习惯

吃好早餐，一直就有“早餐吃好、午餐吃饱、晚餐吃少”的说法，而大学生一般上午是功课最多的时候，如果不吃早餐，大脑需要的能量得不到供应，长期下去，会影响功课以及大脑的发育。另外，也要注意营养的全面搭配，还要保证饮食规律，不要暴饮暴食。

2. 合理安排作息时间，保证充足的睡眠

睡眠是大脑休息和调整的阶段，睡眠能保持大脑皮层细胞免于衰竭，使消耗的能量得到补充，大脑皮质的兴奋和抑制过程达到新的平衡。良好的睡眠有增进记忆力的作用。大学生每天应保证8小时的睡眠时间，同时要注意睡觉时不要蒙头，因为蒙头睡觉时，随着棉被内二氧化碳浓度的不断升高，氧气浓度不断下降，大脑供氧不足，长时间吸进污浊的空气，对大脑损伤极大。

3. 养成锻炼身体的好习惯

适量做一些有氧运动对健身大有好处。有规律的有氧运动，能够有效地调动肌体活力，增强身体的免疫功能。所谓有氧运动指的是快步走、骑车、跳绳、爬山、游泳、瑜伽等，每周运动3次，每次运动达到每分钟心跳110～130次，并持续30分钟，即可起到健身的作用。同时，也可以多参加一些文娱活动，不仅能放松心情、增加生活的乐趣，还有助于增强免疫力，提高学习效率。

4. 戒掉不良的生活习惯

戒掉不良的生活习惯，如酗酒、抽烟、长时间网聊、玩电子游戏等。

5. 学会财务管理

“财商”作为当代社会必备的技能之一，已经越来越受到大学生的重视。如今在大学校园里，各类理财社团活动开展得如火如荼，反映了大学生对理财知识的强烈渴求。然而理财是包括财务规划在内的综合课程，从初级阶段的财务规划意识到中级阶段的完善理财理论知识并初步实践，到高级阶段进行实战投资，大学生理财应逐步实现“三级跳”，做好财务规划。

大多数在事业上有成就的企业家都对合理理财表示了支持和肯定的态度。“理财”这个字眼一时间成为众人瞩目的话题。然而对没有固定收入，“无财可理”的大学生来说，对“理财”的理解，不能局限在对已经拥有的资产的使用上，而应该包含获得资产的方法，即理财是通过科学而合理的方法来获得财富，并通过对这些财富的正确使用以达到财富的增值。也就是说，大学生理财，既要“开源”，创造收入；也要“节流”，对收入加以恰当地使用。

(1)适当“开源”，早做实战准备。毫无疑问，大学校园生活正是迈向社会生活的前沿阵地，为了工作后的理财着想，大学生也需要在毕业前为自己做好一些投资理财方面的准备。

在做好自己财务规划和人生设计的基础上，大学生可以适当找一些“开源”的方法，赚一点钱来补贴自己生活和学习的费用。比如奖学金，各个大学都有奖学金制度，这也是最受家长欢迎的“赚钱”方式；协助老师搞研究也是获得金钱的方式之一，这是名副其实的“助学”，可以利用自己的专业和专长来协助老师进行科学研究；同时，做家教、在假期中到企业或公司打工也是被大学生广泛采用的方式，有些大学生也在利用业余的时间做兼职工作，如导游、导购、餐厅服务、市场调查、商品直销，等等。近几年，教育部鼓励在校大学生创业，不少学校不仅开设了创业课程，而且还建立了创业园、创业孵化基地。比如，河南农业大学的大学生创业园中有宠物医院、花博士、家教中介机构等十余个创业团队，为学生的创业和理财学习提供了便利。

但有关专家提示，“开源”的同时要注意以下几点，一是不要太关注当前赚的一些小钱，重要的是学习和经验积累；二是赚了一些钱也不要都花掉，要有适当的积蓄，这样在关键时刻可以用上，或者有机会的时候有一点本钱；三是由于现在赚钱主要靠出售自己的时间，很难用钱来赚钱（因为现在他们几乎都没有什么积蓄），因此不要过度；四是大学生要根据自己的风险承受能力来适当投资，不要太关注一些投机工具，如炒股票、外汇、期货等方式。

从理财业务操作的角度，大学生毕业前，也可以适当做些准备。比如办理好证券账户和基金账户。通常情况下，大学生刚参加工作，压力都会比较大，提前办好这些账户，省去了工作后地来回奔波。

(2)尽量“节流”，学会精打细算。大学生做好财务规划的另一个方面就是要花钱有度，合理消费。

案例

一名大学生说：“每个月的钱就是那么稀里糊涂花的，花没了才知道这个月还没过完。至于下个月，要不厚着脸向家里要，要不就先借着。”

某高校的方同学说，本学期他带3500元的生活费。到了学校后，租房子一次性支付了1400元。他和女友一起逛街，并给女友买了一套衣服，自己买了一双运动鞋，晚上吃了一顿西餐，一天就花了700多元钱。等于这天就花了他一个月的生活费。现在，离学期结束还有近两个月，口袋里没什么钱了。

专家分析

上面两个例子是在校大学生缺乏理财意识、盲目消费的典型，他们也因此而常常感到苦恼。其实，如果能增强自己的理财意识，注意该花钱的时候花钱，不该花的时候不花，根据实际需要，把握消费的“度”，就不会出现上面所讲述的那种狼狈和尴尬了。

下面向大家介绍一些“节流”的原则和技巧：

1)掷地有声，钱要花在刀刃上。很多家庭条件优越的大学生早已不知“柴米”之不易，没有丝毫的节俭意识。家长的资助大多是他们的主要经济来源，家里“源头”的充足让他们的支出更为任意。盲目高额消费，追求名牌，一味攀比是很不好的消费现象。实用加实惠是生活消费中的合理原则。任何所谓的潮流都不会长久地把持整个社会，盲目追求的潮流消费品往往只不过是昙花一现。作为学生，应该把钱花在必须花的地方，把钱花在刀刃上才是理智的选择。吃要营养均衡，穿要耐穿耐看，住要简单实用，行要省钱方便。

2)有意识地控制自己的消费。有的学生会抱怨：不知道钱是怎么花光的，也不知道该如何控制支出。这个时候学会建立自己的“小账本”是个很好的办法。尝试记账和预算可以很有效地帮助你安排自己的收入和支出，也可以避免糊涂消费。

3)养成节俭的好习惯。生活中有很多小开支，这里几元，那里几块，看似不起眼，但积少成多就是一个大数目。要学会从小事做起，逐步养成节俭的习惯。勤俭节约似乎是老生常谈的话题，但是这个好的习惯会让我们终身受益。

4)把握消费时机。需要添置必需衣物的时候要学会稍稍“超前”准备。很多大商场在换季季节衣服都会低折扣销售。所谓的新款在刚刚上市的时候往往标出高价，但是在季尾销售时的价格会是先前的几分之一。所以，避开商家的销售高价期，学会“按时”消费，会给自己节约一笔不小的数目。

6. 学会时间管理

相信很多同学在高中时就已憧憬着美好的大学生活，幻想着那丰富多彩的自由空间，可是一旦进入其中，你将不得不常常在学习与参加校园活动的选择中左右为难。同是“宿舍—教室—食堂”三点一线的格局，为什么有人活的潇洒充实，津津有味，而有的人却疲惫空虚，百无聊赖？这就在于一个时间的安排是否得当。一个人可以做时间的主人，也可以做时间的奴仆。如果你想在事业上获得成功，那么必须学会安排好自己的时间，使时间得到最有效的利用。

(1)学会挤时间：对大学生来说，三年的时间是短暂而宝贵的，要学的东西又太多。因此，如何在有限的时间内做更多的事，学会挤时间就是大学生时间规划的第一步。我们无法增加生命的长度，唯有增加生命的密度。

挤时间有各种各样的挤法。有些人是随挤随学，挤出一点就马上利用起来学一点；有些人是把挤出的时间累积到一起进行学习——下午放学后、途中、日常琐事等，都抓紧处理，于是晚上学习的时间就挤出来了。这种把挤出来的时间累积到一起学习的做法是很好的。在所有的可积累起来的学习时间中，早晨和晚上的时间是最好的，因为这两段时间比较长，比较完整，环境比较安静，脑子又比较清醒，适于读书、思考、钻研问题。因此，有“一日之计在于晨”、“闻鸡起舞”的佳话；也常有“灯下漫笔”、“夜读拾零”之类的书文。

举一个挤时间的例子。比如要开始学习了，好不容易在书桌旁静下心来，不一会儿就发现一本重要的参考书不在手边，得回过头去找书；一会儿又发现做作业画图用的尺子、圆规不见了……这样零零碎碎地浪费了不少时间。有些比较善于挤时间的同学，在开始学习之前先把学习中要用的工具书、作业本、文具等准备得一应俱全，以免受耽误，节约出更多的时间用以学习。

(2)要对学习和活动给予正确的定位：丰富多彩的校园文化活动是专业学习的有力补充，是课堂教学的延伸和扩充，也是锻炼和提升自我能力的重要方式。因而应摒除“象牙塔”中闭门谢客的观念，积极融入到多姿多彩的校园文化氛围中，彰显个性，锻炼自我。但同时，又要看到学习是学生立身之本，首要之务，万不可因参加活动而将书本知识束之高阁，将“文化先锋”当做逃避学习的借口。否则，就会拣砖弃玉、丢西瓜拣芝麻，甚至顾此失彼，一无所获，到头来后悔莫及。

(3)要学会劳逸结合，提高效率：不会休息的人也不会生活。人的精力是有限的，已经精疲力竭了，还要继续干下去，效率既低，身体还会受影响。而如果把身体搞垮了，还怎么能继续学呢？生活中应充满阳光与欢笑，而青春的日子更应该让歌声伴梦想飞翔。然而，有的学生整天埋头学习，常开夜车，很少参加课外活动，每天都生活在“宿舍—教室—食堂”三点式单调格局中，花在学习上的时间很多，但是成绩却很一般，这种“疲劳战术”是不可取的。古人云：“文武之道，一张一弛”，在精疲力竭、昏昏欲睡之时，还来个“头悬梁锥刺股”，刻苦钻读，这势必会事倍功半。与其这样，不如休息一下，放松自己绷紧的神经，然后再学，这样的效率会高些。学习如此，工作也是如此，玩的时候要玩得开心，娱乐虽花去一点时间，但却换来充沛的精力，提高工作的效率，何乐而不为呢？

(4)要有一定的毅力：从心理上说，毅力属于意志的范畴，作为意志的一种基本品质，毅力也是人们为着实现一定目的而去克服困难的心理过程及其行为表现。

这里有两点应该明确：第一，毅力是在克服困难的心理过程中表现出来的；第二，克服困难又是为着实现一定的目的。明确了这两点，对于我们锻炼毅力很有好处。

目前，网络、电视、游戏等，诱惑我们的东西很多，社会活动和兼职也会分散我们的精力，如何在这些诱惑和课外活动的夹缝中，保持学习毅力是我们应当重视的事情。学习毅力是指学生自觉地确定学习目标，有意识地控制和调节自己的学习行为，克服困难，以实现预定学习目标的心理过程。顽强的学习毅力不但能促进学生智力的发展，而且有利于培养学生的创新人格和创造能力。

对于毅力不是很强的人，还需要其他辅助手段强化自己学习。比如，定期给自己下任务、目标，如果在规定的时间段没有完成，或者超前完成，就惩罚，或者稍微奖赏自己。

(二)健康兴趣和良好心态培养规划

1. 培养健康的兴趣

"知之者不如好之者，好之者不如乐之者。"兴趣对学习有着神奇的内驱动作用，能变无效为有效，化低效为高效。最好的寻找兴趣点的方法是开拓自己的视野，接触众多的领域。唯有接触，你才能尝试；唯有尝试，你才能找到自己的最爱。而大学正是这样一个可以让你接触并尝试众多领域的场所。因此，大学生应当更好地把握在校时间，充分利用学校的资源，通过使用图书馆资源、旁听课程、搜索网络、听讲座、打工、参加社团活动、与朋友交流、使用电子邮件和电子论坛等不同方式，接触更多的领域、更多的工作类型和更多的专家学者。

人生的路很长，每个人都可以有很多不同的兴趣爱好。在追寻兴趣之外，更重要的是要坚持自己的兴趣爱好。有一本书的作者曾访问了几百个成功者，问他们有哪件事是他们今天已经懂得，但在年轻时却留下了遗憾的事情。在受访者的回答中，最多的一种是："希望在年轻时就有前辈告诉我、鼓励我去追寻自己的理想和兴趣。"相比之下，兴趣固然关键，但坚持它更为重要。因此，大家不必把某种兴趣当做自己最后的目标，也不必把任何一种兴趣的发展道路完全切断。在理想的指引下，不同的兴趣完全可以平行发展，实在必要时再做出最佳的抉择。理想就像罗盘，兴趣就像风帆，两者相辅相成，缺一不可，它们可以让你驶向理想的港湾。

案例

张建的成功

学计算机专业的张建爱好文学，平时常写文章，偶尔也有作品见诸报端。他希望毕业后能够在IT行业工作。大三寒假，张建在经常访问的某国内知名网站的主页上，发现该网站正开展征文活动。此时他正好在生活中遇到了一点烦恼，于是有感而发，写了一篇情深意长的文章《离开你的第七天》投给该网站。开学后，张建在IT行业中求职屡战屡败。一天，正为求职苦恼的他接到该网站的电话，告知他的文章获奖了。

于是，张建找到网站征文活动的负责人，该负责人得知张建的求职经历后，问他是否愿意到公司来做事，并许诺丰厚的待遇。张建大喜过望，求职的艰难让这份工作显得格外诱人，第二天张建便到公司实习，负责该网站校园版的策划组稿工作。上班后，张建成功策划了网站和学校的一次联谊活动。在试用期3个月过后，张建终于迈进了自己心仪的IT行业。

从表面上看，张建的求职成功似乎是“妙手偶得之”，其实这与他平时对文学的爱好和练习是分不开的。张建最初的求职期望是担任一名IT公司的技术员，然而写作方面的爱好却成为他迈入IT公司门槛的“通行证”。事实上，很多IT公司并不缺少技术过硬的研发人员，缺少的是拥有一定的技术功底、对宣传策划和活动组织具有良好领悟力和执行力的人。张建求职成功的案例，让我们看到了理工科同学加强文学修养、文理兼备的重要性。

2.培养良好的心态

社会心态，是指一个国家、一个社会具有普遍性、代表性的心理特征和心理倾向。

2011年“十二五”规划纲要草案中提出了“奋发进取、理性平和、开放包容的社会心态”，这是首次将“社会心态”写入纲要。表明“社会心态”正成为我们社会发展中所亟须面对的问题。

良好的心态、健全的人格，是人的身心健康的重要标志，也是社会和谐的基本条件。现代社会，工作和生活节奏加快、竞争加剧，大学生更要学会培养良好的心态，来面对当今这个日益多元化的社会。

第一，要有感恩之心。

要培养自己的感恩之心，感谢父母多年来对自己的抚养，感谢老师们为我们的成功付出的心血，感谢国家为我们创造的各种条件，感谢大学给我们提供了学习深造的机会，感谢同学们在学习、生活各方面给我们的帮助……

第二，要培养自己的爱心。

这里向大家推荐一本书——《世界上最伟大的推销员》，这本书中写道："因为这(爱心)是一切成功的最大秘密。强力可以劈开一块盾牌，甚至毁灭生命，但是只有爱才具有无与伦比的力量。""我爱太阳，它温暖我的身体；我爱雨水，它洗净我的灵魂；我爱光明，它为我指引道路；我也爱黑夜，它让我看到星辰。我迎接快乐，它使我心胸开阔；我忍受悲伤，它升华我的灵魂；我接受报酬，因为我为此付出汗水；我不怕困难，因为它们给我挑战。"

第三，要心怀空杯心态。

空杯心态让我们时刻可以吸纳新的有用的东西。一个人不能够自满，要有一个空杯的心态，去学习任何可以帮助我们成长的知识和技能。我们要像一块海绵，不断吸纳一切营养。

小知识贴士

何谓"空杯心态"？

古时候一个佛学造诣很深的人，听说某个寺庙里有位德高望重的老禅师，便去拜访。老禅师的徒弟接待他时，他态度傲慢，心想：我是佛学造诣很深的人，你算老几？后来老禅师十分恭敬地接待了他，并为他沏茶。可在倒水时，明明杯子已经满了，老禅师还不停地倒。他不解地问："大师，为什么杯子已经满了，还要往里倒？"大师说："是啊，既然已满了，干吗还倒呢？"禅师的意思是，既然你已经很有学问了，干吗还要到我这里求教？这就是"空杯心态"的起源。

做事的前提是先要有好心态。如果想学到更多学问，先要把自己想象成"一个空着的杯子"，而不能骄傲自满。"空杯心态"并不是一味地否定过去，而是要怀着否定或者说放空过去的一种态度，去融入新的环境，对待新的工作，新的事物。对大学新生来说，要忘记过去中学时代的学习方法，不要沉溺于原来的成绩之中，而要学会大学所要的思维和学习方法，利用大学宝贵的时光，多学本领，为将来的职业发展奠定基础。

第四，要有平常心。

平常心是一种能力，它具体表现为：一是不高估或低估自己的能力，对自己所做任何事的成功和失败的概率有准确的预测；二是既积极主动，尽力而为，又顺其自然，不苛求事事完美，有从容淡定的自信心。有平常心的人，能够在遇见任何事情之后都坦然处之，这是年轻大学生克服自我冲动最应该持有的心态。荣誉可以不争，利益可以不要，不管坏事好事，记得一句话：一切为最好的做准备！

第五，要有积极的心态。

积极心态就是在面对学习、生活、工作、问题、困难、挫折、挑战和责任时，都会从正面去想、从积极的一面去想、从可能成功的一面去想，并积极采取行动，努力去做。也就是可能性思维、积极思维、肯定性思维。

积极心态主要包括以下内容：

(1)执着：对个人、企业和团队目标、价值观有坚定不移的信念；

(2)挑战：能勇敢地挺身而出，积极地迎接变化和新的任务；

(3)热情：对自己的学习、工作及公司的产品、服务、品牌和形象具有强烈的感情和浓厚的兴趣；

(4)奉献：能全心全意完成自己的学业、工作或相关事务；

(5)激情：始终对未来充满憧憬和希望，对现在全力以赴地投入；

(6)愉快：乐于接受微笑、乐趣，并分享成功；

(7)爱心：助人为乐，并常怀感恩之心；

(8)自豪：因为自身价值或团队成绩而深感荣耀；

(9)渴望：有强烈的成功欲望；

(10)信赖：相信他人和集体的素质、价值和可靠性。

有积极心态的人会把别人的批评、责骂、建议等，看成是善意的，看成是对自己的“关爱、帮助和造就”，因而会以感恩和学习的心态，虚心听取、思考、分析和反省，从中吸收有利于自己成长进步的营养，促进自己进步。积极心态是一种主动的生活态度，对任何事都有足够的控制能力，反映了一个人的胸襟、魄力。积极的心态会感染人，给人以力量。

第六，要有自尊自信的心态。

众所周知，自尊自信的心态能使人产生巨大的精神力量，使人勤奋努力，不断地充实完善自己，积极进取，走向成功。美国教育家戴尔·卡耐基在调查了一些名人的经历后指出，一个人事业上成功的因素之中，其中学识水平和专业技术只占15%左右，而良好的心理素质要占85%左右。这很明显地告诉我们这样一个道理：“自信是成功的第一秘诀，自信是从事大事业所必须具备的因素。”

自尊自信的人，相信自己有能力做好一些事情。自尊自信的人有不服输的精神，做什么事情都想做好。因此，这些人对自己的前途充满信心，对待前进中的困难、挫折有较强的心理承受能力，不会轻易放弃，在困难面前能够奋然前行，有锲而不舍的执着精神。

(三)专业人脉建立规划

大学是人际关系走向社会化的一个重要转折时期。踏入大学，就会遇到各方面的人际关系：师生之间、同学之间、同乡之间以及个人与班级、学校之间的关系等。中国人最讲究的便是人和，人脉资源是最为重要的，如果你想获得事业的成功，就要尽早建立自己的人脉资源网，越早搭建人脉网，你就越早步入成功的殿堂。在你的人脉中，上可有达官贵人，下可有平民百姓，这样当你有喜乐尊荣时，会有人为你摇旗呐喊；当你有事需要帮忙时，会有人为你铺石开路，两肋插刀。人脉的力量往往就是在这个时候体现出来的。

在信息发达的时代，拥有无限发达的信息，就拥有无限发展的可能性。信息来自你的情报网，情报网就是你的人脉网。人脉有多广，情报就有多广，这是你事业无限发展的平台。生意人最重要的情报来源是“人”。越是高端的经营人才，越重视这种“人脉情报”，越能为自己的发展带来方便。

人脉资源是一种潜在的无形资产，是一种潜在的财富。从表面上看，它既不能当饭吃，也不能当钱花，但是聪明的人却能够将之转化成现实的财富。所以说人脉既有形也无形，它是有形还是无形要看是对哪一双眼睛来说。所以，我们一定要让自己做个眼睛明亮的人。

处于青年期的大学生，思想活跃，精力充沛，兴趣广泛，人际交往的需要极为强烈。他们力图通过人际交往去认识世界，获得友谊，满足自己物质上和精神上的各种需要。因此，大学生希望被人接受、理解的心情尤为迫切。然而对大学生而言，他们对人际关系的追求往往带有较多的理想化色彩，无论是对同龄朋友，还是对师长，往往是以理想色彩看待交往，希望交往不带任何杂质，同时他们也常常以理想的标准要求对方，一旦发现对方某些不好的品质就深感失望。从个人讲，大学生必须学会如何调节自己，改善人际关系。

人脉建立中，专业人脉的建立尤为重要，这对你的职业发展极有帮助。专业人脉的建立主要有如下方面：

(1)学兄学姐。

(2)老师。

(3)访谈过的生涯人物。

(4)职业体验时的老师。

(5)实习见习的带教老师。

(6)学术会议上认识的专家。

(7)专业网站、专业杂志上的笔友老师。

(8)社会活动(包括志愿者服务、社会公益活动等)中结识的友人。

(9)参加各种比赛时认识的朋友。

这提示我们应该从进校开始，就把专业人脉的建立放在十分重要的位置，这对自己的专业学习以及今后的职业发展都极有帮助。特别是对家庭中原无专业背景的学生来说，是今后求职就业最好的渠道。

小知识贴士

建立人脉圈的几个法则

(1)大学生必须克服知觉中的偏差。第一印象对人们有很长久的影响。因此，每位同学都要时时注意自己的表现。比如，我们有时在入学之初对某个同学形成了不好的印象，往往在以后很久也不会改善，这样就会影响同学间的正常交往。其实说不定这个同学是一个很优秀的学生，只是由于开始时在某一点上引起你反感，故而形成了不好的印象。

有的同学机械地将所交往的对象归于某一类人，不管他是否表现出该类人的特征，都认为他有这类人的特征，总是把对这类人的评价强加到他身上。比如通常的大学生都会认为家庭社会地位高的学生傲气、不好相处。但其实其中很多同学还是很友好，很好交往的。这种先入为主的想法常常妨碍大学生的正常人际交往。

还有的大学生往往会“以小人之心，度君子之腹”，就是在与人交往时，往往把自己具有的某些不讨人喜欢、不为人接受的观念、性格、态度或欲望转移到别人身上，认为别人也是如此。这样很容易产生误解，不利于大学生的人际关系，我们必须改变这种做法。

(2)大学生要塑造良好的个人形象，培养良好的交往品质，增进个人的魅力。调查显示，大学生在交往中，往往会喜欢与有良好个人形象的人交往。首先我们要提高个人的综合素质，努力提升自己的外表形象。加强自我训练，提高自身的心理素质，以积极的态度进行交往。

大学生还必须具备各种良好的交往品质，如真诚、信任、克制、自信、热情等。真诚的交往能使交往者的友谊地久天长；信任能够从积极的角度去理解他人的动机和言行；“克制”往往会“化干戈为玉帛”，使许多事情可以避免，也能以大局为重；自信在大学生的人际交往中总是给人不卑不亢、落落大方、谈吐从容的感觉，让人对你产生好感，便于人际交往；热情在大学生的人际交往中能给人以温暖，能促进人的相互理解，能融化冷漠的心灵，待人热情往往可以沟通人们之间的感情，促进人际关系的改善。因此，我们要努力培养各个方面的良好品质。

小知识贴士

(3)大学生必须学会交际的技巧。大学生要注意培养良好的交往技巧，在与人交谈时，语言表达要清楚、准确、简练、生动；要学会有效聆听，做到耐心、虚心、会心，把握交谈的技巧，吸引和抓住对方。

学会了解和沟通对于大学生建立良好的人际关系很重要。一般而言，善于交往的人，往往善于发现他人的价值，懂得欣赏他人，愿意信任他人，对人宽容，能容忍他人有不同的观点和行为，不斤斤计较他人的过失，在可能的范围内帮助他人而不是指责他人。与朋友相处应求大同，存小异。这样做可以得到很多的人真心相处。

大学生更应该学会赞扬，如果同学被你赞扬，他会觉得自己是很优秀的，自己被肯定，他也一定会对你产生好的印象。适时的赞扬可以增进彼此的吸引力。我们有必要学会赞扬，一般人都不喜欢被批评。批评是负性刺激，通常只有当用意善良、符合事实、方法得当时，才会产生效果，才能促进对方的进步。而且批评时要注意场合和环境，还应对事不对人，否则会挫伤对方的积极性与自尊心，措辞应该是友好的，真诚的。

沟通要注意语言的使用，说话不要太刻薄，也要注意技巧。对每一个风华正茂的大学生来说，都需要有丰富的人际关系世界，并在这个世界上帮助与被帮助、爱与被爱、共享欢乐与承受痛苦。在社会交往中，那些主动始发交往活动，主动去接纳别人的大学生，在人际关系上往往较为自信。对于在校的大学生，要从各个方面锻炼自己，克服各方面的心理问题，改善人际关系，使自己能够适应大学生活。

大家千万要注意一点，那就是，不要一听说人脉，就认为是走后门，一提建人脉就是达官贵人、富家子弟的事。特别是普通家庭或农民家庭出身的同学，也没必要妄自菲薄，拒绝人脉的建立。人脉的建立完全取决于自己。每个人可以根据自己的特点选择自己的方法进行人脉的建设和管理。这里介绍一个真实的案例。

案　例

扎布，内蒙古某大学的大三学生。该学生来自于内蒙古一个农民的家庭。从初中离开家乡到县城读书后，一直独自在外读书。这个完全没有家庭背景的同学，由于自己的努力，参加了内蒙古大学生生涯规划大赛，获得特等奖并被选派参加全国大学生职业生涯规划大赛。

在大赛中，结识了来自全国各地的其他学校的老师、同学和企业家，还有不少专家和领导。在大二暑期时，他被邀到某教育公司实习，实习期间他被获准进入教育部全国高校毕业生就业指导中心参观，并作为工作人员参加了全国大学生创业大赛。就这样，他一步步从内蒙古的农村走向了社会，进入了广阔的天地。他的人脉圈就是靠自己的努力而逐步建立的。这些人脉圈对他今后的就业会有很大帮助。

（四）科学世界观、人生观、价值观培养规划

1.世界观、人生观、价值观

科学世界观、人生观、价值观又统称“三观”。

·世界观：是人对世界总体的看法，包括对自身所处世界整体中的地位和作用的看法。又称宇宙观。世界观的基本问题是精神和物质、思维及存在的关系问题，根据对这两者关系的不同回答，划分为两种根本对立的世界观基本类型，即唯心主义世界观和唯物主义世界观。人们认识世界和改造世界所持的态度和采用的方法最终是由世界观决定的。正确的、科学的世界观可以为人们认识世界和改造世界的活动提供正确的方法，错误的世界观则会给人们的实践活动带来方法上的失误。包括人生观和价值观。

·人生观：是关于人生目的、态度、价值和理想的根本观点。它主要回答什么是人生、人生的意义、怎样实现人生的价值等问题。其具体表现为苦乐观、荣辱观、生死观等。人生观是一定社会或阶级的意识形态，是一定社会历史条件和社会关系的产物。人生观的形成是在人们实际生活过程中逐步产生和发展起来的，受人们世界观的制约。不同社会或阶级的人们有着不同的人生观。

几种有代表性的人生观：

(1)享乐主义人生观。它从人的生物本能出发，将人的生活归结为满足人的生理需要的过程，提出追求感官快乐，最大限度地满足物质生活享受是人生的唯一目的。

(2)厌世主义人生观。宗教的厌世主义认为，人生是苦难的深渊，充满各种烦恼与痛苦，唯有脱俗灭欲，才能真正解脱。

(3)禁欲主义人生观。它将人的欲望特别是肉体的欲望看作一切罪恶的根源，主张灭绝人欲，实行苦行主义。

(4)幸福主义人生观。一种观点是强调个人幸福是人生的最高目的和价值；另一种观点是在强调个人幸福的同时，也强调他人幸福和社会公共幸福，认为追求公共幸福是人生的最高目的和价值所在。

(5)乐观主义人生观。它认为社会发展的前途是光明的，人生的目的在于追求社会的文明和进步，在于追求真理，对人生抱着积极乐观的态度。

(6)共产主义人生观。它是无产阶级的科学人生观。它把人的生命活动历程看做是认识和改造客观世界的过程，把消灭资本主义，实现共产主义，为绝大多数人谋利益，看做是人生的崇高目的和最大幸福。人生的价值和意义在于对社会所尽的责任和所作的贡献，人生的最大价值和意义，在于努力为人民服务，无私地把自己的一切精力贡献给共产主义事业。

· 价值观：是社会成员用来评价行为、事物以及从各种可能的目标中选择自己合意目标的准则。价值观通过人们的行为取向及对事物的评价、态度反映出来，是世界观的核心，是驱使人们行为的内部动力。它支配和调节一切社会行为，涉及社会生活的各个领域。人们所处的自然环境和社会环境，包括人的社会地位和物质生活条件，决定着人们的价值观念。处于相同的自然环境和社会环境的人，会产生基本相同的价值观念，每一社会都有一些共同认可的普遍的价值标准，从而发现普遍一致的或大部分一致的行为定势，或曰社会行为模式。

价值观念是后天形成的，是通过社会化培养起来的。家庭、学校等群体对个人价值观念的形成起着关键的作用，其他社会环境也有重要的影响。个人价值观有一个形成过程，是随着知识的增长和生活经验的积累而逐步确立起来的。个人的价值观一旦确立，便具有相对的稳定性，形成一定的价值取向和行为定势，是不易改变的。但就社会和群体而言，由于人员的更替和环境的变化，社会或群体的价值观念又是不断变化着的。传统价值观念会不断地受到新价值观的挑战，这种价值冲突的结果，总的趋势是前者逐步让位于后者。价值观念的变化是社会改革的前提，又是社会改革的必然结果。

2.树立正确的爱情观

端正恋爱观：当代大学生恋爱具有普遍性，而且注重过程、轻视结果，很难处理好学业与爱情之间的关系，对“失恋”的容忍度不够。这说明，同学们的恋爱观还有待调整。

不成熟的恋爱心理也会给恋爱带来一些负面影响，许多高校每年都会有因失恋等原因而做出极端行为的同学。所以，树立正确的爱情观已是刻不容缓的事。我们认为作为当代大学生，在恋爱中应该注意以下几个问题：

(1)摆正爱情的位置，是树立正确爱情观的首要问题。正处于学习黄金阶段的大学生应该正确处理爱情与学业、事业、人生的关系，用爱情中的积极因素来鞭策学习，奠基事业，从而奔向美好人生。

(2)加强责任感和义务感，是树立正确爱情观的重要保障。当代大学生具有强烈的爱的欲求，但他们在爱情与恋爱的认识上道德观念模糊，盲目性很大。很多人情感需要大于理智成分，不重视恋爱的前景和结局，只重视过程中的欢悦，这是缺乏责任感的表现。因此，必须从提高自我道德修养水平出发，培养大学生的责任感和义务感，使爱情不断地深化和升华。

(3)培养自制力和意志力，是树立正确爱情观的重要内容。校园中一些意志薄弱的学生思想盲目性大，在自我发展中没有明确的方向感，分辨是非能力差，很容易为感情挫折所打倒，或因不良外部诱惑而误入歧途。因此，要注重培养大学生的道德情操和意志力，培养他们自我判断、自我评价、自我监督、自我控制和自我教育的能力，使他们依靠自身的内部力量去克服挫折和抵制外部不良诱因的影响。

(4)促进大学生正常交往是树立正确爱情观的基本途径。大学生应广泛参加各种形式的健康、有利的社会实践活动，既丰富社会阅历，又使生活充实。同时通过活动可以促进异性之间的交往。在交往中加深了解，逐步发展感情。

处于恋爱中的同学要用意志控制自己的情感，培养高尚的情趣，自尊自重、相互鼓励。此外还要做到行为端正，举止得体。恋人间的亲昵，一定要掌握分寸，持之有度，要保持大学生良好的精神风貌。

古往今来，许多伟人在爱情遭受挫折以后，并没有被失恋的痛苦所压倒，而是化痛苦为动力，终于在事业上取得了非凡的成就。歌德失恋后没有陷入深深的痛苦之中，而是把自己破灭的爱情作为写作的素材，写成了《少年维特之烦恼》，以此成为事业成功的起点。年轻的居里夫人因失恋有过向尘世告别的念头，但她很快就从失恋的痛苦中崛起，投身于科学事业中，她在四年的大学生活中，把全部精力都用在学习上，最后以优异成绩获得了两个学位——物理硕士与数学硕士。罗曼·罗兰也曾饱尝过被心上人抛弃的痛苦，情场受挫后，他置一切于度外，集中精力奋发创作，经过10年构思，10年写作，完成了轰动世界文坛的名著《约翰·克利斯朵夫》。

法国著名作家雨果曾说过："人生有两次出生，头一次是在出生的那一天，第二次则是在萌发爱情的那一天。"爱情，踏着青春的脚步而来，是青春的象征，而青春，也以爱情增加其活力。大学生要怀着健康的恋爱心态，使自己的情感更加的美好和文明，从而更好更快地成长。在恋爱该正确对待失恋。失恋不是失去爱的权利，也不是被爱神永远抛弃。在人生的路途中不乏终身伴侣，在事业的奋斗中更不乏志同道合的战友，只要勇敢地扬起生活的风帆，投身于伟大的事业，就一定能够获得更加甜蜜、幸福的爱情。

因此，在大家做"成长规划"时，"三观"的规划是必须的内容。在此基础上，也要摆正恋爱态度，树立正确的恋爱观。

小知识贴士

剖析当代大学生的恋爱价值观

正确的世界观、价值观能够指导人们正确的行为。爱情的价值观是爱情之歌的主旋律。恋爱价值观首先表现在如何看待爱情在人生中的位置，即如何对待爱情与学业、爱情与事业的关系上。

(1)重视爱情在人生中的地位和在生活中的价值。据资料显示：在被调查的262名同学中92.6%的同学表示"有与异性交往的愿望"，而且有13.5%的同学表示"交往愿望强烈"，有37.7%的同学在大学期间有过恋爱的经历。这组数据强有力地说明了当代大学生已把爱情作为生活中不可缺少的一部分，有着其他生活内容不可替代的地位。

(2)在对待爱情与学业的问题上，力争处理好爱情与学业的关系。精力的有限、学习的繁重和对待爱情的憧憬，使社会、学校乃至学生自己有充分的理由怀疑大学生是否有处理好爱情与学业关系的能力。

现实中确实有把幸福的爱情转化为积极的力量，从而促进学业，净化人格的；同时也存在着因花前月下、卿卿我我而荒废学业、追悔莫及的事实。这就对坠入爱河的大学生们提出了挑战。

(五)培养良好的思维方式

1.养成良好思维方式

思维方式是人们大脑活动的内在程式,它对人们的言行起决定性作用。思维方式也是影响一个人职业生涯发展的主要因素之一。东西方文化中显现的东方人和西方人在思维模式上存在极大的不同。

东西方思维方式的差异主要体现在辩证思维与逻辑思维上:学者们常常用辩证思维来描述东方人,尤其是中国人的思维方式;用逻辑思维或者分析思维来描述西方人,尤其是欧美人的思维方式。中国人的辩证思维包含着三个原理:变化论、矛盾论及中和论。

变化论认为世界永远处于变化之中,没有永恒的对与错;

矛盾论则认为万事万物都是由对立面构成的矛盾统一体,没有矛盾就没有事物本身;

中和论则体现在中庸之道上,认为任何事物都存在着适度的合理性。对中国人来说,"中庸之道"经过数千年的历史积淀,甚至内化成了自己的性格特征。

与中国人的辩证思维不同,西方人的思维是一种逻辑思维。这种思维强调世界的同一性、非矛盾性和非中性。

同一性认为事物的本质不会发生变化,一个事物永远是它自己;

非矛盾性相信一个命题不可能同时对或错;

非中性强调一个事物要么对,要么错,无中间性。

西方人的思维方式也叫分析思维,他们在考虑问题的时候不像中国人那样追求折中与和谐,而是喜欢从一个整体中把事物分离出来,对事物的本质特性进行逻辑分析。

正是因为思维方式取向的不同,在不少情况下,东方人和西方人在对人的行为归因上往往正好相反:美国人强调个人的作用,而中国人强调环境和他人的作用。

中国人的认知以情境为中心,西方人则以个人为中心;中国人以被动的态度看待世界,西方人以主动的态度征服世界。

因此,年轻的大学生们在对待所接受的信息时,不能教条地相信,而要敢于破除迷信。要敢于对一切理论、观点、概念,包括那些已成定论的、那些风行于世的、那些貌似高深的以及自我积累形成的,都抱着科学的怀疑精神,都要有一股冲破桎梏的锐劲。尤其对那种自己比较信服的理论,更要警惕被其束缚,注意经常拿新鲜的实际情况去对照检查一下,自己的思考、说话、写作,也应尽量避免引用其现成的观点思想。要时时、事事、处处注意锻炼自己从实际中总结自己的观点,锻炼用实际来检验各种思想观点的能力,让思维方式逐步走上实事求是的正确轨道。下面主要介绍两种培养良好思维的方法。

第一，培养形成大脑优势兴奋灶的能力。

优势兴奋灶是医学上的一个术语，意思是在大脑的某个部位形成了一个兴奋点。当这个兴奋点建立之后，不管它接触到什么信息，大脑就会自动把这些信息加工整理成为与这个兴奋点有关的某一专题的有用信息。也就是说，这种优势兴奋灶形成之后，对我们专心致志地做某件事情有极大的帮助。在信息爆炸的时代，优势兴奋灶可以帮助我们甄别信息的真伪，帮助我们提炼有用的信息。提升我们的工作效果和能力，而优势兴奋灶是可以通过有目的的训练形成的。

小知识贴士

培养和建立优势兴奋灶的方法

当确定一个我们希望关注的主题之后，要有意识地每天都想着它，不管是走路还是睡觉，也不管是看电视还是报纸，都尽量设想所接触的事件与主题有关。每天做一个笔记，记录和分析报纸上或者电视上某条新闻与某事件的关联性。连续一个月。就可以在你的大脑中形成对这一主题的优势兴奋灶。

比如，当我们关注就业时，某天出现了一条“武汉市10万大学生户口空挂”的新闻，我们就把它摘录下来。某天又出现一条“中央制定沿海产业向中西部转移的战略”，这也作为一条有用信息登记起来。某天，春节联谊会上，有人介绍他们单位一年招聘1000人，那你也把它记录下来。某天，卫生部和教育部联合发布一条关于“某些岗位不能招聘乙肝病原携带者的消息”，你会马上想到这与大学生就业有关，也记录下来。这样，每天看到的、听到的、想到的，都往自己关注的主题上去思考。久而久之，就会在大脑中形成对大学生就业这一主题的优势兴奋灶。

第二，思维导图法

思路决定出路。大学生的优点首先要体现在他的思维能力上。因此，思维模式是大学期间大学生们最应该培养的东西。思维导图法是近年来比较受关注和推荐的一种思维方法，下面做一介绍。

思维导图又叫心智图，是由托尼·巴赞(Tony Buzan)创造性提出的。它是一种表达发射性思维的有效的图形思维工具，也可以说是一种革命性的思维工具。具有简单却又极其有效的特点。

思维导图除了提供一个正确而快速的学习方法与工具外，运用在创意的联想与收敛、项目企划、问题解决与分析、会议管理等方面，往往产生令人惊喜的效果。

它是一种展现个人智力潜能极致的方法，可提升思考技巧，大幅增进记忆力、组织力与创造力。它与传统笔记法和学习法有量子跳跃式的差异，主要是因为它源自脑神经生理的学习互动模式，并且开展人人生而具有的放射性思考能力和多感官学习特性。

思维导图为人类提供一个有效思维图形工具，运用图文并重的技巧，开启人类大脑的无限潜能。思维导图充分运用左右脑的功能，协助人们在科学与艺术、逻辑与想象之间平衡发展。近年来思维导图完整的逻辑架构及全脑思考的方法在世界和中国更被广泛应用在学习及工作方面，大量降低所需耗费的时间以及物质资源，对于每个人或公司绩效的大幅提升，必然产生令人无法忽视的巨大功效。

2.拥有梦想，追逐梦想

有梦想一个人才能成功。梦有多大，成就才有多大。

人类因梦想而伟大，人生因拼搏而精彩。

——白国伟

梦想实际上就是自己心中潜藏的欲望，逐渐发展成为理想。有了这个理想，你就会想到要去拥有它、实现它、战胜它。比尔·盖茨年幼时想把当时传说中的计算机带入每个人的家中，成为生活的一部分，在当时看来确实是个梦，但结果显而易见。在计算机领域迅猛发展的今天，比尔·盖茨和微软创造了人类想都不敢想的奇迹。

理想是由梦想发展和成熟而来，梦想是理想最初的雏形。在世界不断发展的同时，在我们的思维日臻成熟和完善时，也就成就了由梦想到理想的蜕变。于是，我们不断付出，不断奋斗，有了这种信念和行动，我们最终能实现理想，那由梦想蜕变而来的理想。

第一，拥有梦想

许多同学入学后，往往处于一种茫然的状态。之所以茫然，就是对未来一无所知，更谈不上梦想。多少年应试教育的苦果就是让孩子们除了高考而不知其他，儿时的梦想扼杀在萌芽之中。因此，作为新时代的大学生，入学后就必须重新构筑自己的梦想。这是关系到自己未来发展的重要一步。

2012年11月29日上午，中共中央总书记习近平在参观完国家博物馆《复兴之路》展览后发表重要讲话，用“雄关漫道真如铁”、“人间正道是沧桑”、“长风破浪会有时”概括了中华民族的昨天、今天和明天，首次提出了“中国梦”的概念，阐述了“中国梦”的深刻内涵，表达了“走中国特色社会主义道路”的坚强决心和实现中华民族伟大复兴的坚定信心。

习主席说：实现“中国梦”必须走中国道路。这就是中国特色社会主义道路。

实现“中国梦”必须弘扬中国精神。这就是以爱国主义为核心的民族精神，以改革创新为核心的时代精神。实现“中国梦”必须凝结中国力量。这就是中国各族人民大团结的力量。“中国梦”是民族的梦，也是每个中国人的梦。“中国梦”归根到底是人民的梦，必须紧紧依靠人民来实现，必须不断为人民造福。他号召全国广大青少年，要志存高远，增长知识，锤炼意志，让青春在时代进步中焕发出绚丽的光彩。

“中国梦”既是民族的梦，也是我们每一个中国人的梦。作为祖国的未来，我们大学生更是中国梦的承载主体，我们大学生一定要把自己的梦想与伟大的民族振兴“中国梦”结合起来，好好学习、健康成长，把自己培养成祖国社会与经济发展的建设者，在实现自己梦想的同时，为中国梦的实现做出自己应有的贡献。

第二，追逐梦想。

拥有梦想是生涯规划的一部分，也就是梦想规划。而光有梦想还不够，还必须为梦想的实现而努力，这就是追逐梦想的过程，也是按梦想制订方案并实施的过程。在追逐梦想的过程中，同学们就在不断的成长，也在不停地为祖国建设做贡献，这样的人生才是一个健康的人生，这也可以帮助同学们获得一个成功的职业人生。

梦想，它帮助人们跨越了一个又一个的困难，让人们实现了一个又一个的愿望！梦想，让人们能够生活在充满着进步的社会！因为有了梦想，所以人们会为实现自己的梦想而去努力！

同学们，学会造梦吧！为实现自己的梦想，努力学习，勤奋刻苦，把自己培养成有益于社会的参天大树。

3.学会明势

明势的意思分为两层，一是要明势，二是要明事。

势，就是趋向。比如做期货的人都知道，要想赚钱，关键是要做对方向，这个方向就是势。势又分大势、中势和小势。

大势，就是一种国家的政策性导向。我国的“十三五”规划纲要对我国的产业调整做了明确说明，比如，国内资源型产业向中西部转移的政策，东南沿海接轨外部资源的产业圈建立；沿边地区的产业布局，其中有云南面向西南边境的产业区、广西面向东盟的产业区，新疆面向中亚的产业区，内蒙古、东三省面向蒙古、俄罗斯的产业区等。这些产业转移以及产业区的建立给我们提供了大量就业和创业机会。抓住了这个机会，就可以满足我们职业发展的需要。大学生要想在大学毕业后能够抓住创业、就业机会，一定要懂得国家的发展趋势和大政方针。所以，学会明势是我们必须掌握的能力。

中势，指的就是市场机会。对于大学生来说，中势就是当前的就业机会。比如，目前的热门行业是什么，行业中的稀缺专业是什么等。所以说，大学生要了解专业，还要了解行业发展趋势，才能顺势而为，顺利就业。

小势，就是个人的性格、兴趣、能力和价值观。大学生在就业时，一定要找到那些适合自己能力、契合自己兴趣、符合自己价值观、可以发挥自己特长的工作，这样才能在工作中积极主动地投入，获得持续稳定的发展。

明事之道在于把握分寸，“害宜避，而有不能避之害；利可趋，而有不可趋之利。”凡事不可不求，亦不可强求。我们每个人都在谋事、做事、行事，然而每件事都蕴含着深刻的事理，若想把事情做好，我们首先要对事理有明确透彻的认识，做个明事之人。

坦诚做人，真诚做事。做事与做人是相辅相成的，真诚待人、恪守信义是赢得人心、产生吸引力的必要前提。待人真诚一点，守信一点，能更多地获得他人的信赖、理解，能得到更多的支持、合作，真诚的心声，才能唤起真诚的共鸣。以诚待人，别人也一定会以诚相见。我们生活中要养成真诚待人的习惯，也只有这样，每个人的心灵才会美好而快乐，才会愉快地生活每一天。

为人处世，善用方圆之道。“方”是做人之本，是堂堂正正做人的精神脊梁，这个世界上最受欢迎、最受爱戴的那些人物无不是具有“方”之灵魂。武侠小说之所以备受欢迎，其中一个重要原因，也正在于它歌颂了一种侠义精神，大丈夫有所不为，有所必为。如果说“方”是品行端正，那么“圆”即为婉转机警。自古以来，软硬兼施、刚柔并济不仅仅是奸诈小人深谙之道，也是正人君子善用之法。只不过二者各取其用，小人用之达到不可告人的目的，君子用之维护正义，捍卫尊严。我们既要以“方”为立身处世的根本，还要以“圆”来包裹自己，减少行事的阻力，二者相辅相成，才能营造出和谐的人际关系。

会说话的人好办事。说话是一门艺术，在人际关系中有着重大的作用。心里有好的思想，需要有好的说话技巧，合理地表达出自己的想法。我们在人际交往中必须要学会说话的种种方式和策略，才能达到事半功倍的有效沟通。会说话的人都具备以下的素质：首先是语言表达清楚，每个字和词都要说清楚，而且要语速适中，言辞合理，语言条理清晰，切不可口不择言，不知轻重地张口就说；其次，说话要言之有物，语言要有内容才有价值，有用的事才说，知道的事才说，而且要实话实说；再次，语言要幽默有趣，有趣的话能引人入胜，在语言中要善用故事、名言警句和成语等来增加语言的趣味性。幽默的语言是智慧的体现，幽默的语言不仅能为谈话增加愉快轻松的气氛，而且能化解很多尴尬的局面。

案例

用幽默语言化解尴尬的小故事

余光中是台湾著名的学者、诗人、散文家。有一次，在台湾一项文艺大赛中，获奖者大都是黑头发的晚辈，只有余光中年届花甲，白发染霜。相形之下，余光中颇不自在。在致辞中，余光中风趣地说："一个人年轻时得奖，应该跟老头子一同得，表示他已经成名；但年老时得奖，就应该同小伙子一同得，表示他尚未落伍。"话音刚落，满堂喝彩。

花甲之年跟年轻人同台领奖，难免会尴尬，然而机敏的余光中用充满诗意的话语将尴尬消解。先是不动声色地称赞年轻人功成名就，而后恰到好处地表明自己宝刀未老。机灵的应变能力和谈吐的非凡魅力都表现得淋漓尽致，同时尽显豁达，尴尬当然随之消失。

审时度势，理智面对事物的发展变化。世上有许多事，许多现象，从理论上是行得通的，但是时机未到，就不能图之，若要强求，硬攻、硬拼，反而会弄巧成拙，甚至功亏一篑；有时，时机虽未到火候，但是，经过巧妙的运作，促使其量变，促使其成熟，然而再图之。这就需要我们有审时度势的智慧。审时度势的能力，具体体现在人的洞察力、决策力、运筹力和前瞻性等方面。会审时度势的人做事能把握住事物发展的本质联系，先想到事情的结局，然后着手去做，即"运筹于帷幄之中，决胜于千里之外。"这样的人在决策时能做到以下三点：能准确地把握客观形势；能依据主观具体条件制订相应的对策；能对决策的各种方案进行比较，择优而从。

审时度势在当今社会是非常重要的一种处世态度。

(六)职业素养和职业能力培养规划

职业素养包括职业道德、职业技能、职业行为、职业作风和职业意识规范；职业能力则包括团队协作能力、职业沟通能力、创新思维能力、解决问题能力、信息处理能力等。这些在毕业进入社会时极为重要。许多同学由于职业素养和职业能力的不足，导致入职后很难适应用人单位，很难融入工作团队而频频跳槽，所以在高年级做成长规划时，这是重点规划内容。相关内容将在《大学生就业指导与职业素养》中做详细介绍。这里从略。

三、实践规划

大学生未来职业生涯发展需要具备各方面的素质和能力，特别是实践操作的动手能力。实践操作能力强的大学生无疑增加了找工作时的砝码。大学生的动手操作能力来自于在校期间多方面的实践锻炼，尤其是社会活动实践。因此，大学生应该制订大学期间的社会活动规划，有益提升自己的动手操作能力。大学生参加社会活动的形式主要是社团、社会实践和学习。

(一)大学社团

9月中旬，随着大一新生军训的结束，各大高校的社团都在如火如荼地进行着“招新大会”，而加入各种各样的社团组织也成为大一新生生活的第一课。大学生社团是大学生为了满足心理、文化、生活、社会需要而自发筹备并经学校有关部门批准成立的具有一定目标和活动规范的非社团性质的群众性业余团体组织。大学生社团本是大学生培养能力、增长知识、提高素质的一条重要途径。大学里社团种类林林总总，一般分为理论研究类、学术研究类、公益类、文化艺术类、体育类和其他类六种。

1. 理论研究类社团

以理论学习、宣传研究为主要内容和目的的社团，如理论学习社、科学发展观研究会等。

2. 学术研究类社团

以某一学术专题的研究、专业的学习为主要内容的社团，如红楼梦研究协会、英语沙龙、E部落等。

3. 公益类社团

以服务社会、锻炼自我为宗旨的社团，如红十字会、爱心协会、志愿者服务队等。

4. 文化艺术类社团

依据学生的文艺特长和共同兴趣爱好组建而成的，以注重艺术享受、提高艺术素养为主要特征的社团，如电影协会、诗书画社、舞蹈协会等。

5. 体育类社团

依据学生的体育特长和共同兴趣爱好组建而成的社团，如乒乓球协会、网球协会、跆拳道社等。

6. 其他类社团

另外大学校园里还涌现了一些新兴的学生社团，如职业发展协会等。

(二)大学社团的选择

1. 选择社团的动机

每逢社团招新时，大一新生总是对参加社团普遍呈现很大的热情，有人甚至一下子报名参加好几个社团。可过了1年后，很多人退出了社团。由于各种各样的原因，大学生对社团褒贬不一，有的人觉得收获颇多，有的人却一肚子怨气。为何会出现这种“虎头蛇尾”的现象？我们不妨从加入社团的动机来看一下。

有调查表明，59.7%的大学生参加过校内社团，报名动机也很多：为了培养与发展兴趣、锻炼能力、扩大交际圈、心理寄托、打发日子等，并美其名曰“大学入社团，天天有事干。”

大学生参加社团的动机大致可以归为社交的需要、尊重的需要和自我实现的需要。当需要得到满足时，他们就会觉得参加社团对自己是有帮助的；而需要没有得到满足时，他们就会觉得加入社团没有收获，只是白白浪费时间而已。

一个好的社团、一个优秀的社团领导者应该了解社团成员的需要层次，并按照层次逐步满足成员的需要。成员的归属感是决定他是否继续参加社团的重要标志，也就是说，一个社团应该首先满足成员的安全需要与社交需要，为成员提供安全的心理环境，让独在异乡的成员感觉到集体的温暖、朋友的关爱，以“情”牵动与吸引新成员。成员之间的平等、友爱与互相关照能够让成员感到自己是被尊重的。

社团满足了成员以上的三种需要后，就可以考虑如何满足成员的最高需要——自我实现的需要。有调查表明，学生加入社团的主要原因是培养和发展兴趣、锻炼能力，这些都应属于自我实现的需要。那么，社团就是要为成员提供发挥其特长、发展其能力的平台。觉得在社团中获益的大学生多数就是在某方面获得了成长，得到了提高。一般来说，一个社团很难满足成员的所有心理需求，一个好的社团也很难满足所有成员的所有需求。因此，大学生在选择社团的时候，可以针对自己不同的需要来选择不同的社团，不要将所有需要的满足寄托于一个社团。

有些新生一入社团就想被器重、能够脱颖而出，单独策划和组织大型的活动，这种愿望多半难以实现。大部分的新生在社团工作方面是新手，缺乏经验，需要与部门的人分工协作，共同完成某项任务。有些大学生将其理解为“打杂”，认为学不到东西。事实上，没有基层工作的经验，没有对各项事务的熟悉，如何能够独力承担一项大型的活动呢？

真正善于学习的人懂得从小事中学习怎样为人处世，怎样综合考虑，怎样组织协调，能力也就在学习与实践中不断提高，最终实现了自我的发展，获得了他人的尊重。因此，我们不仅要找准自己的兴趣和特长所在，要有从点滴做起的准备，有时候还要学会等待。

2. 以自身兴趣、特长作为选择社团的基础

社团的种类是多种多样的。目前来看，各高校都有几十个甚至上百个学生社团组织，这些学生社团是这个学校学生兴趣、爱好的一个标志，也是一个学校学生特点和大学精神的集中展现。如此多的社团，并非所有的都适合自己。选择社团时首先考虑的应该是自己的特长而且应该是感兴趣的。每个人的兴趣、爱好不同，选择的方向也理当不同。擅长文艺的同学可以重点关注乐器、舞蹈、曲艺、话剧等文艺社团；如果爱好运动，可以选择体育类社团；如果热心公益，以此为乐，可以选择红十字会、爱心社之类的志愿者协会等。只要是自己的特长或者是爱好，总会找到适合自己的一个社团。

案　例

李楠在高中时，是优秀的学生，当时很是风光了一阵。但是到了大学之后，他发现身边很多人的能力都很强。而且很多人都有艺术、体育等多方面的特长，李楠觉得自己一无所长，所以感觉到比较自卑。于是有一段时间整天沉迷于游戏，导致挂科，结果留级了1年。这一年他好好反省了一下，觉得自己没有特长就更应该在专业学习上比别人努力，这样才有可能迎接这种竞争。于是他根据自己计算机学习上的优势，参加了学校的网络协会。通过和社团里同学的交流、互相学习、工作，李楠的能力提高了，业务水平也有了很大发展，期末还被评为“三好学生”。

3. 理性安排参加社团的时间

倡导大学生参加社团组织，前提是不与正常的学习相冲突，而且社团的选择不在于多，而在于精。大学期间一般要加入两个以上的社团，才能使自己得到相对充分的锻炼。当前社会人才的需求是复合型的，仅具备单一能力的人很难在社会竞争中取胜。应该有多个社团经历，多种才能特长。但大学生也不能同时加入太多的社团，否则就会顾此失彼，从而耽误学业，甚至影响生活。一般来说，大学期间应该选择一个社团为重点，将自己发展成为社团核心成员，甚至是社团负责人。在不同年级、不同时间段，可以适当选择一两个社团，作为普通会员，开阔自己的视野，培养自己更为广泛的爱好，提升自己的全面素质。

参加了社团活动，这势必与学业的精进存在一定的矛盾。那么如何解决这个矛盾，如何在学习工作上双丰收呢，这就涉及合理安排时间的问题。原则上要把握在确保成绩达到良好以上的前提下，让学习成绩因社团工作而收到的影响小于在社团工作中得到的综合素质的提高。这里首先是保证学业有成，这是基础。如果

不能毕业，其能力很难弥补这一缺憾。处理好这一关系的关键在于“勤”，时间对于大家来说都是一样的，除了上课，很多人把业余时间浪费在漫无目的的娱乐上，或者是给自己留出过多的休息时间，在大学里“休息”多了，自然就要在走向工作岗位后重新补课。

(三)社团成员的自我发展

1. 学会与别人的诚信沟通

人与人之间的关系，如同“作用力与反作用力”一样，你真诚热情待人，同样会受到别人给你的真诚回馈。社团是一个大家庭，无论你在社团中是什么地位，扮演什么角色，都要首先融入这个集体。坦承与热情是让这个集体接纳自己的前提，同时更要学会替别人着想，多宽容体谅他人。作为社团的核心，沟通包括内部沟通和外部沟通。内部沟通除了让自己融入社团外，还要创造社团成员之间的沟通与和谐，要善于倾听成员的诉说，体谅他人的行为，适当的提示和真诚的帮助大家。外部沟通对于社团的生存和发展更为重要，社团要开展活动，就要与其他社团交往，要与学校交往，要与社会交往，这些沟通难度不同，内容不同，沟通的方式和方法也不同。在社团的舞台上，能够提前感受到社会与人之间沟通的要求；在社团中锻炼和成长，能够提前将自己打造成个性鲜明、适应社会的人。

2. 做个有毅力的社团成员

“千里之行，始于足下”。大学生参加社团活动时，应该具有脚踏实地的工作态度和坚定的信念。只有坚持，才能给成功奠定可靠的基础。

大学生一旦加入社团，就应该在各种社团活动中做些有意义的事，投入适当的时间和热情，与社团共同成长。学生社团不是官方组织，大部分面临着“活动经费”不足的困境。社团要开展活动，要建设和发展，都需要资金支持，不用说组织大型的活动，就是印海报、发通知、印宣传材料都需要经费。会费收入非常有限，因此，社团要开展活动会遇到很多的困难，受到很多限制，成员一定会觉得很辛苦。在困难面前，坚定的信念是必不可少的，否则有些同学就会打退堂鼓，坚持不下去。其实，要想在社团中成长，就一定要用心投入，要坚持与社团“共患难”，做个有毅力的社团成员，这样才能够在挫折和失败中寻找成功和捷径。

(四)社会实践的类型

大学生社会实践内容丰富、形式多样，总体上可将其分为研究型、养成型、服务型三类。

1. 研究型社会实践

所谓研究型社会实践，是指大学生从学校和社会选择和确定研究课题，主动地获取知识、解决问题的学习过程。研究型社会实践强调学生的研究能力，强调社会实践与学校的发展定位、专业特色相结合，与课程教学环节相结合，与学生兴趣爱好相结合，在“考察”、“探究”、“创作”等一系列活动中发现和解决问题，提高实践能力和创新能力。研究型社会实践一般包括教学实践、专业实习、科技服务（创新创业）等。

大学生通过社会实践，接触实际，增加感性认识，加强了对专业知识的了解，弥补了课堂教学的不足。加强专业实习是强化学生实践能力、培养创新能力的重要环节。“宽口径、厚基础、重实践、高素质”具有创新精神的复合型人才是当前高校学生的培养目标，而“重实践”的实现需要靠一定的专业实验、实习教学来保证。开展科技服务是大学生社会实践活动的一项重要内容。大学生利用假期，运用所学知识，从事一些技术服务工作，目的是在学生中形成热爱科学、相信科学、运用科学、勇于创新的学术氛围，锻炼学生的科学研究能力。开展科技服务，可以很好地体现“办实事、做贡献、受教育、长才干”的指导思想。

2. 养成型社会实践

养成型社会实践是指有利于培育大学生整体素质，发挥教化功能的一类社会实践。养成型社会实践在内容上强调与思想政治教育相结合，与大学生基础文明教育相结合，与学生自立自强意识培养相结合，与提高学生整体能力素质相结合，旨在提高学生的政治理论素养、提高学生的基础文明和自立自强的意识。这类社会实践的形式主要有军政训练、勤工助学、生产劳动等。

大学生军政训练是对在校大学生进行有目的、有组织、有计划的国防形势政策教育和军事理论与军事技能教育的主要形式，是由学校和驻地部队共同完成的一项贯彻思想政治教育要求、培养大学生综合素质的实践性教育活动，是实现高等教育目标、培养社会主义合格建设者与接班人的重要载体。爱国主义精神是大学生国防教育的核心，军训是对大学生进行爱国主义教育，增强爱国主义思想的最好途径。

大学生勤工助学是指在校大学生利用课余或假期时间，在校内或校外参加的各种有偿实践活动。新时期的勤工助学与过去的勤工俭学相比，不仅在经济上发挥着帮困助学的作用，更重要的是通过勤工助学这样一种特殊的社会实践活动，对学生进行思想上的锤炼、知识上的补充和能力上的培养，促进学生综合素质的全面发展。目前这是大学生社会实践的主要形式。

3. 服务型社会实践

服务型社会实践是指高校学生立足于地方经济建设和社会发展，以服务求支持，以贡献求发展，为区域发展贡献力量的一类实践活动。它主要包括暑期“三下乡”、“四进社区”、志愿服务和社会调查等形式。

志愿服务社会公益是高校开展社会实践活动的重要途径。公益活动是指涉及科学、教育、文化艺术、体育、医疗卫生、环保、社会福利、社区服务，以及其他一切关心社会的活动。通过志愿服务公益活动，教育大学生树立热心公益、自觉承担社会责任的观念，培育市场经济环境下的公益意识。社会调查是实现理论与实际相结合的重要途径，它有利于树立大学生正确的世界观、人生观和价值观，培养科学的思维方式，教会大学生正确做人、适应社会的本领，全面提高大学生的综合素质。同时，社会调查还具有很强的操作性，被实践证明是符合当前高校实际、行之有效的社会实践形式。

案 例

清华大学为了加强学生对职业生涯规划的教育，采取了一种外聘职业生涯教练的方法，取得较好的效果。他们的做法是：请相关行业的人力资源人士作为导师，各带一个小组进行职业认知，认知过程包括课堂和实践。比如，中冶集团人力资源总监在上课中就介绍中国钢铁发展史，从建国初期的大炼钢铁，到后来的首钢集团、宝钢集团的发展，再到节能减排形势下的我国钢铁业的走向等，使同学们了解了不少过去老师从没介绍的行业信息。

另外，对部分有意从事机关工作的同学，清华大学请来县委书记做导师，该书记在上课之余，安排学生到县里各机关去实习，了解公务员工作的实际状态和内容，体验我国公务员在执行公务时所需要的知识、技能和方法。这对学生未来从业是有很大帮助的。

(五)重视实习

大学生实习是大学社会实践的一个重要环节，主要包括生产实习和毕业实习。实习期间，学生接触生产实际，经过现场观察、调查研究、实际操作，把所学的知识运用到实践中去，能使学生在实践中加速业务上的成熟，缩短学校教育和社会要求的距离，增强竞争力和适应能力。

实习还可能成为毕业后的主要就业方向。除了可以在实习单位就业之外，也给自己在相关单位求职提供便利。但目前大学生实习存在着很多的障碍，主要表现在以下几个方面：

1. 寻找实习的渠道单一

现阶段大学生实习多通过熟人的介绍，因为很多公司的实习机会都不会公开招聘。所以大学生普遍通过老师、家长、亲朋好友等传达要寻找实习的信息。

2. 实习工作不对口

很多学生反映在企业实习，没有做实质性的专业工作，只是做“最简单的重复工作”，比如数据录入、资料整理、复印文件等。这也是现在企业排斥实习生的主要原因之一，认为很多实习生对企业了解少，并且眼高手低，不愿从一些基本的事情做起，企业和学生的这种博弈最终导致实习市场发展滞后和不完善。

3.学生对实习单位要求太高

部分学生对实习单位的要求太高，而实习单位目前较希望从实习的学生中选拔人才留用，所以对实习生的进入条件要求严格。一个某大学导播系毕业生打算进入某电视台从事导播实习。但由于该电视台进行用人机制改革，对实习生的管理异常严格，没有同意他的实习请求。结果该生就放弃实习机会，干脆在家休息。

小知识贴士

赚钱很重要，锻炼自己更重要

刚进入大学的兴奋期很快就过去了，课程也不是很紧张，于是，一向不安分的我开始蠢蠢欲动，想找点事情做。

有一位同学想组装一台电脑，我听后马上揽下来。我学的就是计算机专业，算是学以致用。我和同学一起来到齐赛电脑城，一边按价格和学习的需要调整配置，一边和老板讨价还价。在我的参与下，只用两个小时就把电脑装好了，自我感觉性价比也很合理。

这以后，又有几个同学找我组装电脑，每次都去第一次组装电脑的那家，因为装得多了价格可以优惠。有一天，那个老板突然打电话给我，说有一份组装电脑的工作问我干不干，我毫不犹豫地答应："干。"

原来，老板接了一份网吧的活，三天之内装了30台，他自己的人手不够就想起了我，事先说好每装一台给我25元钱。于是，我和老板的三个员工开始组装。我们流水作业，一人负责安装一项，一连干了三天，终于按时完成了。

因为我经常去电脑城，好几家老板都认识我，学校里找我装电脑的同学也与日俱增。而且，不仅如此，我还负责"售后服务"，今天这个同学打电话说电脑出问题了，明天那个同学说电脑有问题，我都认真处理对待。

在兼职的过程当中，我提升了自己的专业知识水平，不仅掌握了电脑硬件的大量专业知识，而且对各种电脑软件的操作和维护非常精通；并且在与社会打交道的过程中，学会了如何与人相处，学到了学校、课堂上学不到的东西，大大提升了自己的综合能力。

最终，我如愿以偿进入到东软集团工作。

在这里提醒学弟学妹的是：不管从事什么样的社会实践，都要认真对待，从中获取知识；赚钱固然很重要，但是锻炼自己更重要！

1. 选择实习时机

在以下几种情况下可以选择去实习：

(1)当你掌握基本理论后，在个人充分学习某一专业或职业后，可以选择去实习，在实习中检验自己所学的知识；

(2)当自己无法抉择时，在个人不断学习的过程中仍然感到茫然或无从下手时，可以选择去实习，在实践中找出问题；

(3)当想进一步了解工作时，可以选择去实习，在一定的了解和积累后总想跃跃欲试，这时在实习中可以进一步明确工作；

(4)当你自以为是时，当你认为自己可以大展拳脚时，当你认定方向时你都可以选择去实习。

2. 实习中的两大难题

(1)不了解岗位与职场。企业的规模与声望是学生找实习时最看重的。而在实习中，大学生对岗位和职场的认识就要提上日程了。岗位是你的本职工作，职场是你发挥自我的阵地，所以了解岗位和职场是大学生在实习中必须要学习的两个方面。

对岗位的不了解表现在大学生在实习前就没有实习岗位的意识，导致对岗位没有调研，其实岗位实习才是大学生实习最有价值的地方；在实习中一些学生也不重视岗位的体验和学习，从而不能理解岗位的核心工作内容与职责，也就无法针对性培养岗位的核心能力。学校在岗位知识方面要开设专门的课程，一方面介绍社会各个岗位的知识，一方面也要传授调研、了解岗位的方法。一些企业对岗位还没有明确的岗位描述，所以企业要加强人力资源建设。学生自身在实习前要通过互联网或请教职业顾问来明确岗位的描述，在实习中要特别留心岗位的核心工作以及自己与岗位之间的能力差距。

一些学生对职场也不了解，校园环境和职场环境是有很大不同的，你不能用校园里的那一套经验来应付职场，所以拿出一定时间专门了解职场规则是很有必要的，重点了解职场中的人际关系、工作伦理、工作规则等。学生自己可以多去职场类网站看看，或者买本职场图书，以便自己有准备地进入职场去实习。

(2)个人素质与工作能力不匹配。因为对以上因素的不了解，所以会导致实习中大学生个人自身所具备的素质与职场所要求的工作能力不相匹配。如学生的办公用品的操作能力不强，不懂得怎样汇报与执行工作，商业写作能力较差，人际沟通、团队协作等能力较差等，这些都是具体的表现，也就是说学生你不能用写论文的方式和心态来写一个商业策划案，所以在深入了解职场后，针对性地培养相应的能力是协调自身素质与工作能力相关的有效手段。

学校一定要开设职场素质、职业通用能力的课程，并且组织相应的校园活动。学生自身多和职场人交流，多看职场方面的书，多参加校园实践活动，个人要以工作要求为提升自己能力的参照。

3.实习的注意事项

(1)有一定的专业能力与技巧，能达到所被要求的工作表现。不论你的工作是总经理、业务员、秘书、甚至小助理或水电工人，达到所被要求的工作表现，是最起码的要求。但是很多人只关心自己的职责，以为把分内的事做完就好，却不明白自己和自己的工作表现与公司业绩息息相关，没看清楚自己与公司整体的关系，即使做好所谓的分内工作，仍然没有达到应该有的工作表现。

(2)以正面的态度接受工作的辛苦、压力、甚至枯燥乏味。如果你认为工作就是工作，每天做同样的事情，每天看同样的脸孔，每天听同样的抱怨……根本没有前途可言，所以对工作很失望，那你可能会决定开始混日子，只求多一事不如少一事，这样的结果对你与公司都不好。换一个角度想，没有人说工作一定非得有趣不可，它只是非做不可罢了，既然一定要做，当然有可能遇到瓶颈，如果你自己不愿意去做改善，成天鬼混可以，但这并不会让工作变得更加有趣，反而只会让它更加乏味。

(3)通过学习不断自我成长，加强灵活度与弹性。个人也像产品一样，有所谓的产品生命周期——成长期、成熟期与衰退期，如果你太过沉浸于每天的例行工作中，而没有花时间与精力去学习，去改善自己的能力并提升价值，很快就会进入衰退期，然后被搬离货架——办公室不再需要你这个人。为什么要自我成长？第一，充满挑战的工作机会，不从平白无故从天上掉下来，如果你想脱离乏味的工作，就要增强自己的能力；第二，万一哪天公司有了变化，或许被其他公司购并，或许你的部门被裁撤，为了要继续在办公室里占有一席之地，你必须拥有其他才能。

(4)了解企业独特的文化与价值观，设法融入其中。每个组织都有自己独特的文化，这包括了原则、信仰、目标、规矩、传统与做事的方法，即使是最民主或最不限形式的组织也不例外。如果你穿一身运动服走进大家都西装革履的办公室，或许同事会认为你勇于挑战，但他们不会视你为一分子；反之亦然。即使这样的规定只是大家心照不宣，并未成文，大家也会觉得你“怪怪的”，你的特出也难以令所有人接受。企业文化不只反映在服装上，也会反映在用词遣字、待人接物、做事方法、思考方式、办公室环境上。

(5)做个“忠诚”的员工，尊重与关心公司及他人的利益。所谓的“忠诚”，并非指的是你要爱你的公司、遵守公司所有的规定、赞同公司的每一项政策，甚至把自己卖给公司，而是指你应该要“关心”公司，希望公司能成功，前景看好。这并非是缺乏个性与独立人格的表现，而是一种互利的表现。

(6)了解上司的管理风格，与上司相处有诀窍。上司是主掌你“生杀大权”的重要人物，造成你问题与困扰的机会也最大。在你的工作上，你可能遇到各式各样的上司，有的很好，有的不怎么样，有的甚至会毁了你。无论如何，你必须先了解上司的世界、他的价值观与想法，知道他会怎么看待你的工作表现，你才能更了解自己的工作，做事的效率会更高。

(7)懂得“听话”的技巧，具备良好的沟通与协调能力。从事任何工作，学会听话很重要。你要事先对讨论主题做准备，并营造一个双方都能轻松谈话的气氛，对谈中要懂得撷取谈话内容的精华，接纳与自己不同的观点，容忍对方离题、紧张等各类状况，并重述自己所听到的以确定对方的意思，这些技巧都有助于你在办公室里处处受欢迎。

(8)适度参与“办公室政治”，但也要懂得时时保护自己。一般人一想到“办公室政治”，就会马上与“争地盘”、“故意中伤”等负面的事情做联想。办公室政治的确可能会破坏企业的文化与员工的表现，但却因为资源有限，是免不了的运作方式，适度的参与其中，但不玩阴险狡诈的手段，将有助于你在办公室内推动公司事务，保住应有的资源与权力。

第二节 制订大学期间生涯规划的方法

一般说来，大学生毕业的去向主要分就业、创业和深造等几种类型，这就是我们读大学的主要目标，也是我们学习的动力所在。大学生在基本确定好自己的毕业去向(生涯目标)之后，就应该根据这一目标，进行详细的规划。规划的主要方法可分为按内容规划和时间(阶段)规划两种，即既可以以时间(阶段)为主线来制订规划，也可以以内容为主线来制订个人的生涯发展规划，到底选择哪种方法，可根据自己的具体情况而定。

一、确定职业生涯目标

(一)生涯决策

生涯决策是针对个人职业生涯发展的问题,经过严谨地思考和慎重地分析,对个人职业生涯发展进行规划与设计的过程。生涯决策有助于大学生坚定自己的目标,让自己朝着目标不断努力前进。

(二)确定职业生涯目标的意义

职业生涯目标是个人职业生涯规划的重要内容,是人生的指向标,状如大海中的灯塔。没有目标的人如同航行在茫茫大海中的孤舟,没有方向,不知所终。

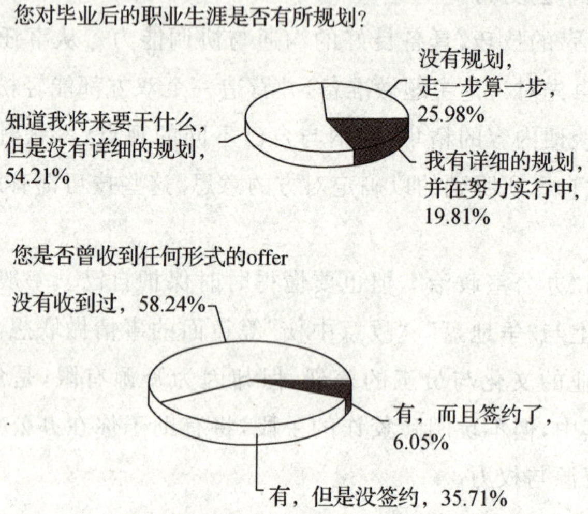

图 4-1　生涯目标调查

2013 年 3 月应届毕业生求职网发布了 2013 年中国高校应届毕业生就业情况调查问卷,4 月回收了 8 万多份有效问卷。调查结果显示,目前有近 90%大学毕业生需要有一个明确的职业生涯规划,但是有 46.7%的人没有对未来的职业生涯进行规划,其他人虽然有规划,但是规划目标不明晰。这样的情况导致的结果是,面临毕业,但是有 58.24%的学生从来没有收到过企业的 offer,也就是没有找到工作。而其他同学,即使收到了 offer,但是对自己是否进入该领域、行业,在岗位从事工作还不能确定。

这种情况对毕业生就业有很大的影响。没有明确的目标,不能根据职业生涯目标进行职业选择,不仅让毕业生浪费了大量的时间,也让毕业生更加迷茫,不知未来何去何从。

（三）运用 SWOT 分析法进行大学期间的生涯决策

SWOT 分析法又称为态势分析法，是一种能够较客观而准确地分析和研究一个单位或个体现实情况的方法。SWOT 四个英文字母分别代表：优势（Strength）、劣势（Weakness）、机会（Opportunity）、威胁（Threat）。从整体上可以分为两部分：第一部分为 SW，主要用来分析内部条件；第二部分为 OT，主要用来分析外部条件。参见图 4-2。

我们在生涯规划中也可以利用这种方法，充分做好自我认知和环境认知，从中找出对自己有益的、值得运用的因素，以及对自己不利的、需要避开的因素，找出解决的方法，在“知己”、“知彼”的基础上确定自己的目标。

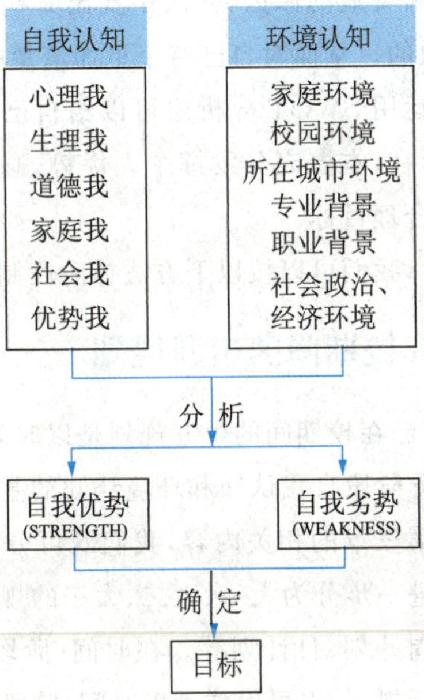

图 4-2 用于职业生涯规划的 SWOT 分析法

1. 我的优势

（1）自我条件的优势是什么？结合前文的自我认知分析，给自己做一个详细的描述。找出自己的自我优势。

（2）我的专业特长有哪些？将自己在大学中所学的专业知识、专业技能和在大学所取得的各种资格证书做一个详细描述。

（3）我获得了哪些社会实践经验？列举自己在大学中加入过的各种社团，参加的各种实践活动，以及所取得的社会经验。

(4)我曾经做得最好的是什么事情？总结自己成长过程中经历过的事情，找出自己做的最成功的事，分析成功点在哪里，自己又是如何取得成功的。通过分析，找出自己通往成功之路的智慧之源。

2. 我的劣势

(1)自我条件的弱点是什么？结合前文的自我认知分析，给自己做一个详细的描述。找出自我条件的弱势。

(2)我的社会经历还有哪些不足？盘点自己的成长经历，找出自己还缺乏哪些实践经验，缺少哪些资历和资格。

(3)我做过的最失败的事情是什么？总结自己曾经经历的事件，找出自己最失败的经历。通过分析，找出失败的原因，并从中找出哪些方面是客观因素导致的，哪些方面是主观因素导致的。从而对自己有个更加清楚的认识。

在生涯决策中，我们运用SWOT分析法可以给自己做一个客观的分析，找到自己生涯发展中的优势所在，本着充分发挥个人优势，避免个人弱点的原则，通过科学的分析，确定自己的合理目标。

确定自己的目标之后，我们可以按以下方法分阶段制订自己的生涯规划方案。

二、按时间制订自己在校期间的生涯规划

按时间(阶段)制订自己在校期间的生涯规划是以时间(阶段)为主线来规划大学生涯的一种方法，可在分阶段自我认知和环境认知的基础上，分阶段制订自己的生涯目标规划，结合第二第三章的相关内容，我们既可分为新生期规划、低年级规划和高年级规划，也可以进一步分为大一、大二、大三的规划，还可以再细分为上学期、下学期，甚至月计划、周计划、日计划等。在时间(阶段)规划的基础上，再对内容(学业、成长和实践)进行规划，也可以称为以时间(阶段)为纲、内容为目的规划。

一般来说，规划者应首先进行自我评估，认清自己的优缺点；其次，确定短期和长期目标；然后开始制订行动计划，根据需要，采取相应的方式和途径，按时间进行。这里要特别指出两方面：一方面，所定的计划要切实可行；另一方面，在拟好了规划后，还需要提醒自己，在行动中具体实施目标时也会碰到困难，如难以预料的或难以控制的事情发生，像社会经济衰退、生病、生活环境突然发生变化等，在这种情况下，同学们调整自己的心态来适应社会需求，以社会的需要和发展变化为前提来实现个人的终极目标。

案 例

王茜的目标

王茜是某大学计算机专业的大一新生，为了避免大学毕业后就业走弯路，她根据自己所掌握的职业生涯规划知识为三年大学生活做了一个规划：

她根据大家的评价和各种测验，发现自己是一个较为外向开朗的人，对社会经济问题感兴趣，擅长分析，对数字很敏感。弱点：气势压人，难以与他人合作；考虑问题深度不够，文字表达能力欠佳。据此，她确定的毕业目标是：毕业后进入知名管理顾问公司。而要达到这个目标，她必须加强文字表达和沟通能力的提升，要加强英语表达能力的提高，并且在专业学习上有成果。然后，她制订了如下的计划：

一年级的目标：初步了解职业，提高人际沟通能力。主要内容有：和学长们进行交流，询问就业情况；以学习为主，在学好基础知识的前提下，积极参加学校活动，增加交流技巧；了解一些管理方面的知识。

二年级的目标：努力学习专业知识，提高专业素质，为自己将来的职业打下坚实基础。主要内容有：努力学习本专业的知识，考一些对自己将来有帮助的证书；继续参加社会活动，同时在假期做一些与自己专业相关的兼职，锻炼自己的能力。

三年级的目标：顺利毕业，并获得一份较满意的工作。主要内容有：顺利完成自己的毕业设计；收集职业信息，选择就业单位和就业岗位；凭借前几年积累的人际关系和工作经验，找到一份令自己满意的工作。

当你的毕业去向已基本确定时，无论就业、创业、留学、考专升本都可用表 4-1 对你的大学生涯进行规划。

表 4-1 以时间(阶段)为纲、内容为目制订的职业生涯与发展规划表

规划时段		规划内容	具体目标
大一	上学期	学业规划	
		成长规划	
		实践规划	
	下学期	学业规划	
		成长规划	
		实践规划	

续表

规划时段		规划内容	具体目标
大二	上学期	学业规划	
		成长规划	
		实践规划	
	下学期	学业规划	
		成长规划	
		实践规划	
大三	上学期	学业规划	
		成长规划	
		实践规划	
	下学期	学业规划	
		成长规划	
		实践规划	

三、按内容制订自己在校期间的生涯规划

按内容制订自己在校期间的生涯规划是以内容为主线来规划大学生涯的一种方法，具体可分为学业规划、成长规划和社会实践规划。内容又可以分段（年度、学期、月、周、日）进行规划。

学业规划主要是大学期间对学习方法、学习内容、学习成绩、学习进度、毕业去向等方面做出的生涯规划。

成长规划主要是对世界观形成、思维模式、身体健康、良好心态的养成、理财能力、时间管理和人际往来、交友恋爱等方面制订在校期间的生涯规划。

社会实践规划主要包括参加校园社团、参加公益活动、见习实习、假期社会服务与兼职等内容为载体制订的在校期间的生涯规划。

大学期间，不同学年有着不同的学业内容、成长内容和社会实践内容，而且每个人的实际情况也不一样，所以每个人应该根据自己的实际情况确定符合自己的生涯规划目标，制订适合自己的职业生涯和发展规划。

当你的毕业去向已定时，无论就业、创业，还是深造，都可以用表 4-2 对你的大学生涯进行规划。

表 4-2　以内容为纲、时间为目制订的职业生涯与发展规划表

规划主题	规划时段		具体目标
学业规划	大一	上学期	
		下学期	
	大二	上学期	
		下学期	
	大三	上学期	
		下学期	
成长规划	大一	上学期	
		下学期	
	大二	上学期	
		下学期	
	大三	上学期	
		下学期	
实践规划	大一	上学期	
		下学期	
	大二	上学期	
		下学期	
	大三	上学期	
		下学期	

大学生职业生涯规划的方法很多，我们这里介绍的是在学生确定毕业去向（即毕业的生涯目标）以后，为了实现生涯目标而从内容和时间（阶段）两个方面进行的规划。目标规划有长期目标规划、中期目标规划和短期目标规划，比如几年规划、学年规划、学期规划、季度规划、月规划、周规划或日规划等。实际上，在某阶段要做某项目时，也可按此方法进行短期的项目规划。

第三节 大学生生涯规划的阶段性

应该怎样规划大学生活才能达到读大学的预期目的呢？我们认为还是要分新生期、低年级、高年级三个阶段，一步步地规划，一步步地成长，避免茫然和苦闷伴随我们的大学生活。这里我们根据各个阶段的规划重点给出一些参考内容，具体规划要由同学们根据自身的特点，结合我们前面介绍的规划方法做出合理的规划。

一、新生期大学生生涯规划

大学生要尽快适应大学的生活和学习，要完成未成年人向成年人的角色转换；完成由依赖到独立生活的转换；完成被动学习到主动学习的转变。重点是加强对专业学习、成长、实践的规划（表 4-3）。

表 4-3 新生期大学生生涯规划表

规划目标 适应大学	学业规划	学会自主学习	
	成长规划	学会与人相处	
		学会自我管理	
		学会成人思维	
		学会独立生活	
		熟悉校园	
	学会感恩		给父母写一份感恩信 给中学老师写一封感恩信 计算大学学习成本

(一)新生期大学生学业规划

大学新生在经历过严酷的高考之后，如愿迈入大学的门槛。然而，大学生活不是高中生活的简单延续。面对大学这一新环境，大一新生需要调整心态，顺利实现角色转换，达成与新环境的平衡。

新生期大学生学业规划的主要内容就是尽快适应大学学习方式的转变。大学的学习方式是自主性学习，从学习时间、教授方法、作息时间等都需要个人有高度的自制力，需要自己去上课、去图书馆查资料、讨论等，这与中学时期不一样。因此，新生要尽快适应大学的学习方式，尽早步入学习的正轨。

(二)新生期大学生成长规划

(1)通过军训，摆脱依赖，学会独立生活，结识新友，学会自己管理自己。

(2)熟悉校园：熟悉寝室、教室、实验室、机房、图书馆、运动场、食堂、超市、浴室、开水房、报告厅、就业服务指导中心等环境。

(3)熟悉班友、室友：与室友、班友结成好伙伴。

(4)自主生活规划：能按时起床，不迟到早退；能自己洗衣，不乱丢脏物；能按时作息；能保证饮食、睡眠正常；能坚持每天锻炼，保证身体良好。初步适应大学生活。

(5)结识几个老乡或学长：在本校和本市其他外校寻找几个老乡或学长。

二、低年级大学生生涯规划

低年级大学生的生涯规划则应重点做好学业、成长和实践规划，使自己在德智体各方面全面发展。同时，对所学专业、所学专业与行业的关系、本专业可以就业的职业及其准入标准等进行了解，为职业生涯发展做好能力和技能准备(表 4-4)。

(一)低年级大学生学业规划

在低年级(主要指大一新生期后和大二)，我们的学业规划以通识能力及专业基础课学习为主。

表 4-4　低年级大学生生涯规划表

规划目标	学业规划	通识能力学习规划	
		专业基础学习规划	
		初步了解专业网站、杂志	
	成长规划	养成良好的生活习惯	
		培养健康的兴趣和良好的心态	
		树立正确的恋爱观	
		学会自我管理	
		培养良好的思维方式	
		培养科学的世界观	
		拥有梦想	
		学会明势	
	实践规划	参加几个社团	
		做几次义工	
		参加几次见习	
		参加几次院级活动	
		访谈几个生涯人物	
		参加几次职业体验活动	
		写出几篇实践论文	

1. 大一学业规划

大一学习任务不重，多为基础课程或人文、通识课程。因此，作为大一学生，要尽量把更多时间放到图书馆去博览群书，充实自己。更多地去思考，更多地去成长，拉长生命的宽度。要尽早把外语、计算机、生涯规划等方法类课程上好，熟练掌握这些方法后，对自己的生涯发展极有帮助。学习之余，要了解本专业的就业情况，给自己增加一些忧患意识，早做准备。跑在理想的前面，把握自己的命运。

这一阶段大学生的主要学习任务是：

(1)了解专业课程学习的教学培养计划和目标，明确学习方向。

(2)了解大学阶段学习方式和途径，充分利用学校学习资源。

(3)树立以学习为主的中心观念，努力学好专业基础知识。

(4)初步了解所学专业就业、考研情况，初步探索与专业关联度较高的职业发展情况。

2.大学二年级上学期的学业规划

大学二年级上学期处于大学职业生涯中的定向期。这一阶段，角色转换已经顺利完成，对大学生活也已经基本适应，因此这一阶段的学业规划重在学好所学专业的专业基础课程，并结合本专业所对应行业的要求，多了解相关专业人士、企业、学者，浏览相关杂志和网站。完成相关专业知识的储备，提高综合素质，初步明确大学毕业后的基本去向，尽量明确自己的职业生涯发展方向，这一阶段的主要学习任务是：

(1)继续深入学好专业知识。

(2)争取通过全国大学英语考试和计算机等级考试，熟练操作计算机。

(3)向老师、学长虚心请教，请他们给自己的学业规划提出宝贵意见。

(4)充分利用图书馆、电子阅览室、学术报告会等形式进行知识积累，丰富知识结构。

(5)积极参加学术科技竞赛活动，提升自己专业研究水平。

(6)加强了解与自己职业方向相关的情况，通过与专业相关的杂志、网站等媒体了解更多专业知识，选修相关课程，增加知识积累。

科学合理的知识结构是从事现代社会职业的必要条件，是综合素质、能力培养和人才成长的基础，所以大学生在校期间一定要形成科学合理的知识结构。尤其是对于理工科大学生而言，建立合理的知识结构必须要做到"专博共济"，形成自己鲜明的就业核心竞争力。

3.大学二年级下学期的学业规划

大学二年级下学期进入到大学生涯规划的分化期，这一时期的学业规划重点要确立未来职业目标，完善提高各项实践能力。

继续深入学习本专业的专业知识；撰写专业文章，熟悉自己的专业领域，在具备必备的基础理论和专门知识的基础上，重点掌握从事本专业领域实际工作的基本能力和基本技能。

小知识贴士

高素质高技能的专门人才＝品格＋知识＋技能＋才艺。即诚实、可靠、能吃苦；有教养、懂礼貌；能动手、会做事；有爱好、有特长；专业基本功扎实；拥有多种技能等级证书。

(二)低年级大学生成长规划

低年级大学生成长规划的主要内容以养成良好的生活习惯、培养健康的兴趣和良好的心态、树立正确的恋爱观、学会自我管理、培养良好的思维方式、培养科学的世界观、拥有梦想以及学会明势为主。

(三)低年级大学生实践规划

低年级大学生社会实践规划以选择社团进行活动为主,也有部分学生自大一开始就兼职或者创业。

大学生社团与大学生素质拓展活动有着十分密切的关系。大学生社团是大学生素质拓展的重要载体和主要阵地,社团活动是大学生素质拓展计划的重要内容,社团发展与素质拓展密切相关。在大学生素质拓展计划中,社团活动被列为其中一项重要内容。通过考察高校大学生素质拓展计划的实施情况可以发现,凡是社团活动比较活跃的高校,大学生素质拓展计划实施的成效就比较突出,大学生素质的整体状况也比较好。因此,从大学生素质拓展的大背景着眼,对大学生社团的性质、特点、机制等加以分析,从而加深对大学生社团在素质拓展中的作用和地位的认识,将有效促进大学生社团的健康发展。

三、高年级大学生生涯规划

高年级大学生的生涯规划则应按照行业、职业的用人标准,做好就业或毕业后去向的充分准备为主。也就是说,应以毕业后的去向作为规划目标(表4-5)。

(一)高年级大学生学业规划

高年级大学生的规划一般大学三年级的规划,部分同学也可能提前到大二下学期。

大学生在经历两年的学习和锻炼之后,不仅掌握扎实的专业知识和技能,而且在组织协调能力、语言文字表达能力、分析解决问题能力等各方面有了质的飞跃。在大学即将结束的最后阶段,大三学生的学业规划方面需要做好以下三方面的工作:

表 4-5　高年级大学生生涯规划表

目标决策	毕业目标			
	SWOT 分析		优势	
			劣势	
			差距	
规划目标	学业规划	专业学习规划		
		职业素养提升规划	职业技能提升	
			职业思想、道德、行为提升	
		准备毕业论文		
		准备毕业考试		
	成长规划	辩证看社会		
		学会专注性思维		
		努力向职业人转变		
		努力向社会人转变		
		进一步学会时间管理和财务管理		
		构建职业人脉圈		
		慎选恋爱对象		
	实践规划	参加几次大型专业性全国大会		
		选择几家相关企业实习		
		参加几场招聘会		
		准备几份简历和求职信		

(1)职业素养提升规划(包含职业技能、职业道德、思想和行为方面)：①在加强专业知识学习的同时，考取与目标职业相关的职业资格证书；②参加相关的职业培训，提升有针对性的职业能力；③参加和专业有关的暑期工作，和同学交流求职工作心得体会；④根据自己的发展规划，完成考专升本、出国、创业需要的相关准备，如语言能力证明等；⑤学习写简历、求职信；⑥了解、搜集工作信息的渠道，并积极尝试；⑦加强职业道德理论的学习，提升思想道德修养；⑧学会自觉自省，通过学习，善于认识自己、客观地看待自己，规范自己的行为举止。

(2)完成学业。主要指完成毕业论文，顺利实现毕业。大三的学生要准备毕业论文，准备毕业考试。

(3)根据毕业去向做好相关知识的准备。①选择就业的同学要制作简历、撰写求职信，学习求职技巧，了解面试求职技巧和流程，进行面试预演；②选择考专升本的同学要做好参加考试的相关知识准备；③选择创业的同学要了解学习相关就业创业知识、政策；④选择出国同学要学习了解出国相关知识、政策以及各个国家和学校的最新留学政策。

大学三年级的结束意味着大学生活的结束和职业生涯的正式开始。因此，这一时期学业规划任务围绕顺利毕业（毕业论文、毕业答辩、毕业考试）、实现大学生涯阶段目标来开展，或者成功就业，或者成功考取本科，或者顺利出国，或者开始创业，做最后准备等。

小链接

按毕业目标进行规划

由于大学生各自的专业、志向和发展方向不同，因此每个人的发展道路也不尽相同。

(1)准备考专升本的同学：开始努力“备战”，如选择专业、学校、专业课复习以及政治与英语复习等。

(2)想出国留学的同学：要向不同的留学机构咨询有关留学信息，准备各种资格考试，向相关教育部门索取招生简章以做参考等。

(3)想毕业后立即工作的大学生：则应积极地投入到各种社会实践活动和社团活动之中，培养自己的各种能力和团队合作精神，提高自己的综合素质，考取与就业相关的职业资格证书等。

(4)准备创业的同学：更要积极参加各种创业大赛和创业实践活动，提高创业素质，积累经验，了解创业相关政策与法律法规，明确创业方向等。

(5)准备参军的同学：要了解国家的相关要求，包括对接受范围的考虑，以及对学习成绩的要求和对身体素质等的限制。

(6)准备考公务员的同学：也应该早做准备。提前了解考试的范围、科目，确定自己的报考职位。去图书馆借阅相关书籍，同时也要进行相关的面试训练。

(二)高年级大学生成长规划

高年级的成长规划是在低年级成长规划的基础上进一步学会时间管理和财务管理，扩大人际交往圈，学会专注性思维，学会辩证地看社会，更加慎重地选择恋爱对象，努力实现从学生到社会人的转变和从学生到职业人的转变。

(三)高年级大学生的实践规划

高年级社会实践规划以参加实习、见习为主。

大学生社会实践活动是解决理论脱离实际、知识远离生活等问题的有效途径，它可以帮助大学生实现理论和实践的结合，可以提高高校人才培养与社会实际需求的契合度，努力培养适应时代需求的高素质创新型人才。因此，大学生通过参加社会实践活动，拥有体验的机会，是主动、自主获取知识的过程，而不是由权威从外部来灌输知识的过程。

高年级学生实践内容应该包含：参加大型专业性全国大会的活动，在相关企业参与实习的社会经历，准备简历和求职信的经历，参加过几场社会招聘会等。

【拓展练习】

1. 你现在要解决的问题是什么？

你现在念______年级，你现在面临的学业/就业问题是__________？

你觉得产生问题的内部原因和外部原因是__________？

针对这个问题，你打算怎样解决__________？

老师、朋友或职业生涯顾问给你的建议是__________，

你的具体计划和保证措施是__________。

2. 你的大学时期要实现的愿望是什么？

在大学期间你要实现的三个目标是__________，

这三个目标的阶段性目标是__________，

为完成目标任务，需要提升的知识有__________，

需要提升的能力、技能有__________，

为实现阶段性目标而设计的可量化、可操作的计划有：__________。

第五章

制订实施方案，评估修正

学习目标

1. 掌握制订职业生涯规划实施方案的方法。
2. 掌握职业生涯规划评估与修正的方法。
3. 制订自己完整的职业生涯规划书。

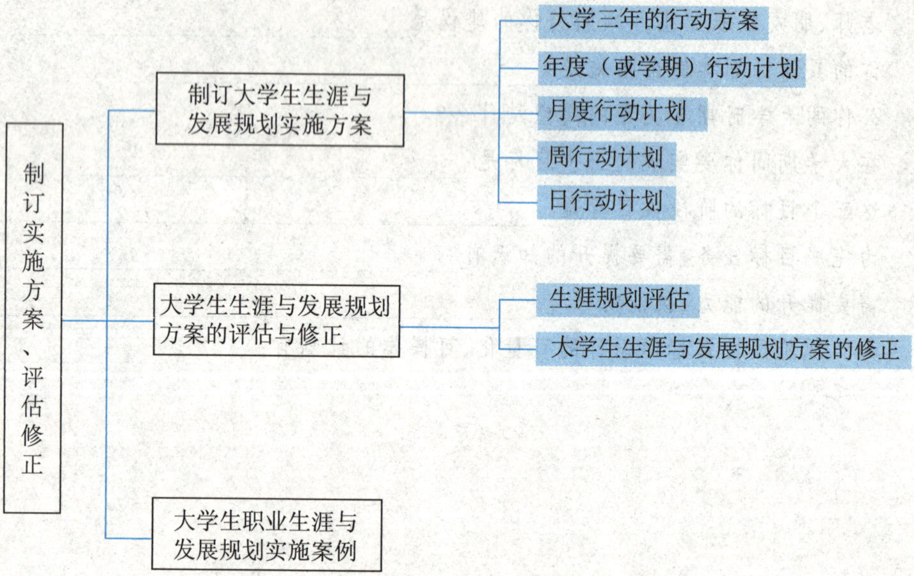

案 例

为梦想行动

新闻系的小沙很小的时候，看电视中的记者风风火火，总是非常羡慕。可以说，“记者”这两个字早就埋藏于她的心中。高考后，她毅然选择了一所高校的新闻学专业。大学期间，她极尽所能寻找报社实习。在实习中，她既锻炼了新闻专业实践能力，同时，也认识到自己的不足。因此，在后期的学习中，更加努力储备专业知识，锻炼新闻实践能力。毕业后，她顺利进入了一家知名报社，实现了记者梦。

专家分析

小沙对职业从小就有朦胧的感知，在学习成长过程中不断探索验证自己的职业选择。她的职业决策科学合理，水到渠成。难能可贵的是，随着年龄的增长，她的职业目标越来越聚焦，不断增加匹配职业目标的相关知识与实践，职业准备恰当而充分。心动不如行动，同学们做出职业决策后，要积极行动起来，为实现自己的梦想而奋斗。

法国著名军事家拿破仑有句名言，非常明了地概况了凡事抓落实的重要性，这就是：“想得好是聪明，计划得好更聪明，做得好是最聪明。”做，即是行动，“立即行动”是一个成功者必须具备的基本素质。唯有行动才能决定你的价值。行动可以让你的梦想和目标从思想领域步入现实。不论是朝向自己心中的圣地，还是那使命的征途，抑或那平凡的不朽，这一切都需要我们现在就迈出行动的步伐，一步一步踏踏实实地走下去。

再伟大的目标，不去执行，也是徒有虚名。大学生生涯目标规划制订好之后，下一步的关键是根据这一规划制订配套的实施方案，并依据实施方案来行动。如果说目标是结果，那么实施方案就是过程，是根据目标所制订的为了达到目标而必须采取的行动措施。

实施方案必须具体，可以分为年度实施方案（年计划）、月实施方案（月计划）、周实施方案（周计划）和日实施方案（日计划），它们相对应地规定了不同实施阶段的行动计划：年度计划从宏观上规定你一年要做的事，所以可以以总体或每月要干什么来做计划；而月计划则应以每周要干什么来计划，四周完成则月度计划完成；周计划则以日为单位来计划，即每天要完成多少事；日计划则必须以小时来计划，从而指导自己一天之中，什么时间应该干什么。

在现实生活中，经常有人做事半途而废。究其原因，有很多是因为目标难度过大，觉得成功离自己很远，没有对目标进行阶段性分解并制订科学、可行的实施方案。因此，我们制订大学生涯目标实施方案时，应该把大学三年的最终目标，分解成一个个阶段性目标，相应地制订出一个个阶段性实施方案。这样的话，只要坚持实施这些阶段性方案，完成这些阶段性目标，自己大学三年的生涯目标就一定能实现。

在制订实施方案时，我们还必须了解的是：生涯规划是一个动态变化过程，规划方案的超前性包含了方案实施过程中的诸多不确定因素。因此，我们在制订职业生涯规划的时候，手里同时要备好一块“橡皮”，也就是说，必须要重视规划方案实施过程中的行动和结果反馈，如可能出现目标制订过高或过低的情况；或者实施方案与目标吻合度偏低；或者尽管方案与目标吻合，而自己在执行中不坚定、放松要求等，这些因素都有可能导致目标与结果之间出现差距。这时，我们就要对出现的差距进行分析，找出原因，重新调整自己的目标，或者修改自己的实施方案，或者改变自己执行不力的习惯。这些内容，将在本章的大学生生涯目标实施方案的反馈与修正中进行介绍。

第一节 制订大学生生涯与发展规划实施方案

进入大学校门，就如同站在了一条从未走过的路上，前方有诸多出口，有不同路面，有上坡下坡，但无论我们选择哪个出口，都要详细地了解出路，制订科学的实施方案，并坚决地执行下去。所谓“知易行难”，在确定了职业生涯目标后，行动便成了关键的环节。没有达成目标的行动，目标就难以实现，也就谈不上事业的成功。制订行动计划应注意以下几个问题：为什么这个目标对我而言是最可能的？我将如何达成这一目标？我将分别在何时进行上述每一项计划？有哪些人将会或应该帮助我共同进行此项计划？目前对我而言还有哪些不能解决的问题？

制订与大学生生涯与发展规划配套的具体行动计划，应与大学生涯的目标一致，如生涯目标有大学三年的去向目标，有在去向目标下制订的学业目标、生活成长目标和社会实践目标等内容目标，也有以年度、学期、月、周、日为规划单位的阶段性目标。根据这些目标，分别定出三年、二年、一年计划，一学期以及一月、一周、一日的计划。计划定好后，再从一日、一周、一月计划实行下去，直至实现自己的一年、二年、三年目标，让自己的大学生活始终处于“有目标、有方案”的“可控、可测、可调”状态下进行。

一、大学三年的行动方案

大学三年的整体规划是根据你的毕业去向总目标制订的行动方案，它可以按照年度为单位来制订行动计划。比如我的毕业去向是大学毕业后出国留学，那我在学业上就要在高质量完成本专业要求的理论和实践课程基础上，特别加强留学要求的外语水平提升：第一年先完成大学四级英语考试；第二年开始，准备 GRE、TOEFL 或者雅思考试；第三年完成这些考试，具体联系相关学校……

为了联系一个好学校，从第一学年开始，我就要努力学习以确保我的每门功课成绩都在 A 或 B+，我还要尽可能地参加社会实践和公益活动；要广泛汲取国外历史人文知识，了解国外的文化和风土人情；要锻炼和培养自己的交际和沟通能力……大学三年的行动方案见表 5-1。

表 5-1　大学三年的行动计划表

实施时间		学业方面		成长方面		实践方面	
		目标	方案	目标	方案	目标	方案
第一学年	上学期						
	下学期						
第二学年	上学期						
	下学期						
第三学年	上学期						
	下学期						

二、年度(或学期)行动计划

年度(或学期)计划是为了完成年度任务而制订的配套实施方案。比如我第一年要考试通过英语四级，那我每月要完成多少单词，或者在考前 3 个月内分配时间与规划学习进度，完成单词准备、语法提升以及阅读听说能力提高等，考前一个月做模拟考试和考试技巧的培训等(表 5-2)。

表 5-2 年度(或学期)行动计划表

实施时间	学业方面		成长方面		实践方面	
	目标	方案	目标	方案	目标	方案
1 月						
2 月						
3 月						
4 月						
5 月						
6 月						
7 月						
8 月						
9 月						
10 月						
11 月						
12 月						

三、月度行动计划

月度计划围绕月度目标来制订,它应以每周为单位来制订,如我计划本月完成3000 个单词的学习,那前两周每周安排 1000 个单词的学习,后两周每周安排 500 个单词的学习等。这些计划都包括对要做的工作、应完成的任务、质和量方面的要求等(表 5-3)。

表 5-3 月度行动计划表

实施时间	学业方面		成长方面		实践方面	
	目标	方案	目标	方案	目标	方案
第一周						
第二周						
第三周						
第四周						

四、周行动计划

周计划围绕周目标来制订。但应以每天的行动方案为单位来制订。还是以英语学习为例，比如一周要完成 1000 个单词的学习，那我每天至少要完成 150～200 个单词的积累（表 5-4）。

表 5-4 一周行动计划表

实施时间	学业方面		成长方面		实践方面	
	目标	方案	目标	方案	目标	方案
星期一						
星期二						
星期三						
星期四						
星期五						
星期六						
星期日						

五、日行动计划

日计划是计划中最细小的单位，它围绕每天的目标来制订，一般计划到每小时的工作安排，非常具体。比如，我每天安排早上 6：00～7：00、晚上 9：00～10：00 两个小时学习英语等。每天晚上进行当日总结和考虑明天的计划，但特别提醒的是，大学生同时也要给年轻的自己留出足够的休息和休闲时间（表 5-5）。

表 5-5 一日行动计划表

实施时间	学业方面		成长方面		实践方面	
	目标	方案	目标	方案	目标	方案
6：00～7：00						
7：00～8：00						
8：00～12：00						
12：00～14：00						
14：00～17：00						
17：00～18：00						
18：00～19：00						
19：00～21：00						
21：00～22：00						
22：00～6：00						

总之，有了科学合理的大学期间职业生涯规划和与之配套的实施方案，就必须根据该方案严格实行，才能使自己的生涯规划目标向着既定目标迈进。

在许多情况下，大学生活中可能出现许多意外或紧急的工作或事情，干扰你的计划，打乱你的安排，这时你就应该加倍地珍惜时间，把耽误的时间抢回来。同时，在制订具体方案时，要留有一定的机动时间处理这些特殊事件。为了保证自己的行动能与努力的目标一致，就需要最大限度地根据所确定的职业生涯发展规划，约束自己的行为。

这里提出几项措施，帮助大学生们更好地实施自己的大学生涯规划实施方案。

保证经常回顾构想和行动规划，保持积极心态和主观努力方向。有些人有计划，但总是不将计划放在心上，只要有事做，就不知道自己努力的方向在哪里，缺乏时间观念，结果贻误职业生涯发展机会。

如果自己的理想蓝图发生变化，职业生涯构想和行动规划也要做出相应的变动，从而目标和策略也应随之改变。计划毕竟是计划，往往需要和现实结合起来，实施动态管理，否则，缺乏灵活性，也会导致计划执行过于僵硬甚至最终落空。

把学业构想和任务方案存入电脑文件或贴在床头等可经常看见的地方。为了避免自己忘记重要的学习目标和时间表，最好将这些内容放在自己经常能看得见的地方，如写在日历上，时刻提醒自己。

当做出一个对学习和生活极其重要的决定时，请考虑一下职业生涯构想和行动规划，并确保正在仔细考虑的决策与自己的本意相符。有的情况下，可能有一些重要的诱因，能获得短期内的收获，但从长期考虑有损失。比如，很多大学生在对待毕业后是考研还是就业的问题上犹豫不决，这时就应拿出自己的规划表好好看一下，明确自己的本意和设想，这样可避免出现随大流的盲目行为。

与亲朋好友讨论自己的职业生涯构想和行动方案，并询问实现该构想的途径。向亲朋公开自己的职业生涯规划，往往能督促自己行动。如果计划只是自己知道，往往在遇到困难时容易退步，而且心理上没有压力。反之，如果事先将自己的设想告诉家人和朋友，先征求别人的意见和建议，再采取行动，一方面可以集中集体的智慧，帮助自己设计最优的策略和方案；另一方面，可对自己进行约束，增加责任心及激励力量。

保证至少每3个月检查一次自己的学习进度。过程监督十分重要，监督可以发现职业生涯规划中存在的问题，可以考察计划的落实情况，可以有针对性地提出解决方案。如果感到生活过于忙乱，那就意味着目标不合理，需要进行调整。适时适当地调高目标，可以使自己的目标难度更合理，使成就水平更高。如果感到自己的生活节奏很慢，效率很低，没有实现原职业生涯规划的目标，首先要考虑自己的动机水平是否足够高。

要有毅力。在大学里，可能朋友交际会比较多些，有时很多人都在娱乐，自己也有兴趣参加，如果没有职业生涯规划观念和自觉性，通常会使计划流产，一旦开始的职业生涯落空，以后也容易放弃，这是同学们一定要注意的地方。

第二节 大学生生涯与发展规划实施方案的评估与修正

影响职业生涯规划的因素有很多，有的因素是可以预测的，而有的因素则是难以预测的。在此情况下，要使生涯实施方案行之有效，就需要不断地对职业生涯规划进行评估与修正。

一、生涯规划评估

生涯规划评估主要是对各阶段的预定目标和实际的结果之间的差距进行分析，找出差距产生的原因。任何一个行动计划在实施之后都可能出现这样几种情况：第一，目标基本完成；第二，目标轻松完成；第三，目标不能完成。基本完成说明目标设定合理、实施方案合适，行动适当；目标轻松完成说明目标设定太低；目标不能完成则可能有以下原因：目标设定太高；目标合适但行动方案不吻合；目标和行动方案都配套，但行动不力。

（一）差距产生的原因

目标和结果出现差距的原因主要有以下几个：

1.目标定的过高或过低

（1）目标过高超过个人能力，再努力也没有用，这时要适当调低自己的目标，否则会伤害自己的自信心；

（2）目标过低自己不需要花费很大的精力就可以达成，这种目标也没有什么价值，这种情况你就要及时调高自己的预期目标，使自己的能力能够充分发挥出来。

2.目标合适而行动方案与之不配

当目标合适而行动方案与之不相配时，会导致目标无法实现。如大一的学业规划目标有考英语四级,但却在实施方案中没有安排足够的英语学习时间。

3.目标和行动方案都合适，但执行不力

比如,目标是考大学英语四级,实施方案中安排了英语学习的具体时间,但由于有其他许多事情耽误了英语学习,导致目标无法实现。这是执行过程中存在的问题。

(二)生涯评估的要点

一般来说,生涯规划的评估都可以归结为自我素质和行为对现实环境的适应性判断,分析自己的现状,特别是针对变化的环境,找出偏差所在,并做出修正。

1.抓住最重要的内容

猎人如果同时瞄准几只兔子,那么他可能一只兔子也打不到。同样,在大学生的职业生涯规划的评估中也不必面面俱到,而是抓住一两个关键的目标和最主要的策略方案进行追踪。在大学生职业生涯的某一阶段,1～2 年内,或者 3～5 年内,总有一个最重要的目标,其他目标都是指向这个核心的,你完全可以通过优先排序,重点评估那些可能达到这个核心目标的主要策略执行效果。

2.分离出最新的需求

针对变化了的内外环境,要善于发掘最新的趋势和影响。俗话说“跟上形势”,对于新的变化和需求,怎样的策略才是最有效而且最有新意的。大学生职业生涯规划过程中,要善于抓住外部环境的最新变化而做出适当的策略,使自己的职业规划不落伍。

3.找到突破方向

有时候,在某一点上取得突破性的进展将使整个局面发生意想不到的改变。想一想,你先前规划中的策略方案,哪一条对于目标的达成应该有突破性的影响？达到了吗？如何寻求新的突破？

4.突出“优势我”

看看目标设定时,是否考虑了你的优势。或者,经过学习和培训,你的优势是否更加突出,突出后则需要重新进行自我认知和职业定位。

小链接

测测你工作效率的高低(仅供参考)

周末了,你邀请三五好友来家里吃饭,最可能出以下哪种状况?

A. 忘记煮米饭,只好出去买面食

B. 为了精益求精地做道你最拿手的菜,误了开饭时间

C. 很快地烧煮一些做法简单的菜,以节省时间

D. 胡萝卜用完了,让第一个到来的客人去买

解释:

选 A

迷糊型。从来搞不清做一件事要花多少时间,经常不能有始有终地完成计划。

温馨建议:买两本台历,一本用于工作,一本用于日常生活,放在显眼处,给每件事订个计划。

选 B

完美主义者。追求尽善尽美,没有时间观念,把大量的时间花在细枝末节上。

温馨建议:按照每件事的重要性程度来分配时间,这是你节省时间,提高工作效率的关键。

选 C

把握时间型。你做得不错。

温馨建议:工作之余尽情放松自己,不要苛求别人同自己一样的高效率。

选 D

紧张刺激型。做事总是慌慌张张,丢三落四。

温馨建议:做每件事都比计划提前一点点开始行动,才能从容应对。

(三)生涯评估的方法

1. 反馈法

许多高校建立了严格的学生活动情况登记制度,班级团支部定期填写活动记载本,团小组活动登记有团小组活动手册,团员个人参与活动登记有大学生素质拓展卡。如果没有活动登记制度,大学生本人可以自己建立自己的活动档案。活动记录本要从思想道德素质、智育素质、体育素质、文化素质和心理素质等方面来记录,形成一个综合素质评价值,并定期检查督促,及时反馈,这样可以使大学生知道自己的哪些能力需要发展提高,从而改进其学习、工作表现和行为。

2. 分析、调查、总结法

每个月或每个学期结束后，要认真总结一下自己这段时间的收获有哪些，这些收获对到达最高目标有无帮助。

有的大学生把专升本当做自己近期最主要的目标；有的大学生想节省时间，学习第二专业成了他们的最好选择；还有的大学生准备毕业后踏入社会，因此为了给自己积累资本，各种职业证书就成了他们要攻克的难关；有的大学生选择加入学生会，并把学生会锻炼当做大学阶段必不可少的一门实践课。大学生可以根据自己的阶段成果获得情况，提供正确的信息反馈，发现合格的大学生标准和条件。

大学生生涯规划在每一个近期目标实现后，对下一步的主(客)观环境和条件要重新进行调查、分析，看看条件是否变化，哪些变好，哪些变坏，总体如何，要心中有数，然后，根据变化了的情况，恰如其分地修改下一步拟定的计划。

3. 对比法

每个人有自己追求的方法，所以在职业生涯与发展规划时应多比、多思、多学，吸取别人科学的方法。对别人职业生涯与发展规划的分析，往往有助于自己对职业生涯与发展规划进行修改。

4. 交流法

这种方式非常简单，就是大学生在日常学习、工作交流中互相提供反馈信息。大学生首先要把自己的职业生涯与发展规划、追求公告于知己学友，让他们关注自己，由老师或同学(朋友)对自己的缺点或错误提出意见。其次要虚心、主动、积极、经常地征求别人对自己计划的看法及修改意见，往往会受益匪浅的。

5. 反思法

对职业生涯与发展规划实践的回顾，职业生涯与发展规划中计划的学习时间达到了没有，学习效率如何，学习有什么收获，还有哪些问题，方法上有何体会，等等。

6. 评价法

全方位反馈，也称360度反馈。在360度评价法中，评价者不仅是被评价者的上级主管，还包括其他与之密切接触的人员(如同事、下属、客户等)，同时也包括自评。可以说，这是一种基于上级、同事、下级和客户等收集信息、评价绩效并提供反馈的方法。

大学生职业生涯与发展规划全方位反馈评价应包含学校领导、老师、学生和被评价者自身等主体。实施大学生职业生涯与发展规划全方位反馈评价要重点做好以下三个环节：

做好同学间评议。同学间提供评价意见可以借助同学们的智慧与经验，让被评价的学生更清醒地认识到自身的优势和不足，明确努力方向。

做深自我评价。自我评价更便于大学生进行自我反思，由被动接受评价转变为主动反省和总结学习工作的得失，同时可以要求大学生用学习成绩作为核心创新点，使大学生评估成为自我认识、自我改进、自我管理、自我完善的有效途径，使评价成为大学生专业发展的“助推器”。

做实评价反馈。大学生全方位反馈评估最后能否改善职业生涯与发展规划状况，在很大程度上取决于评价结果的反馈。因而应通过选择合适的时间、地点和反馈途径，把综合各方面的评估信息经过实际分析反馈给自己，并帮助我们评价和调整职业生涯与发展规划的发展和行动计划，从而增强反馈的效能。

评估可以参照各类短期、中期预定目标和实际结果比照而行。一般来说，任何形式的评估都可以归结为自我素质和行为对现实环境的适应性判断，分析自己现状，特别是针对变化的环境，找出偏差所在，并做出修正。

二、大学生生涯与发展规划方案的修正

人生目标往往是基于特定社会环境和条件而制订或实现的，这样的环境和条件总是在变化的，即使确定了目标也应该及时进行修改和更新。对大学生来说，就业环境的不断变化，使我们必须不断修正和更新自己的职业生涯与发展规划。

在我们对生涯规划实施结果进行阶段性评估之后，就要根据评估的结果进行目标和实施方案的修正。所谓修正是改正、修改，使其正确、优化的意思。职业生涯与发展规划修正的内容包括：职业目标的重新选择、职业生涯路线的重新设定、阶段目标的修正、实施措施与行动计划的变更，等等。

(一)生涯目标实施方案修正的目的

通过评估和修正，应该达到下列目的：

(1)决定放弃或者坚持自己的目标，并进行必要的调整。

(2)明确影响实施效果的关键因素，对实施方案的合理性加以认识。

(3)对需要改进之处制订调整计划，以确定修订后的实施方案能帮自己达成生涯目标。

(二)生涯目标实施方案修正的内容

以上问题的答案将作为修正新的职业生涯与发展规划的参考依据，对职业生涯与发展规划进行修正的内容包括：

(1)生涯目标的重新选择。

(2)生涯发展路线的重新确定。

(3)阶段性生涯目标的调整。

(4)生涯发展目标的调整。

(5)生涯目标实施方案的变更等。

在此过程中,应注意回答以下问题:

(1)你的人生价值是什么?

(2)你有哪些知识、技能和条件?

(3)你最感兴趣的事情是什么?

(4)你的人格特质是什么?

(5)你是否好高骛远?

(6)你建立了自己的就业信息网络吗?

总之,职业生涯规划完成并实施后,我们必须对阶段性的结果进行评估,根据评估的结果找出规划与结果之间的差距,分析出差距产生的原因,并针对性地对计划进行调整,并按新调整的方案有效地围绕目标行动。评估和修正可以按以下模式进行。

(三)修正行动计划

实施生涯规划时,必须为日后可能的计划修改预留余地,修正的依据是每次评估后反馈回来的信息。至于计划修正的时机,必须考虑下列四点:

(1)以周、月或学期为单位,定期检查预定目标的达成进度及取得的效果。

(2)每一阶段目标达成之时,要依据实际效果,修订未来阶段目标可采用的策略。

(3)主观因素、客观环境改变影响到计划的执行。

(4)有效的生涯设计还要不断地反省修正,反省策略方案是否恰当,能否适应环境的改变。

(四)修正应考虑的因素

1.环境因素

包括社会环境、政治环境、经济环境、科技环境、自然环境、法律环境等。从宏观层面认识到职业生涯发展的局限和可能,个人只能适应而不可改变。

2.组织因素

包括组织规模、组织结构、组织文化、组织发展状况、人力资源规划、人力资源管理系统类型、晋升政策、人际关系等,一切与职业生涯发展有关的组织因素。要改变组织因素非常困难,但个人可以选择,到最适合自己发展的组织中工作。

3.个人因素

年龄、性别、学历、工作经历、家庭背景、人格,等等。一方面你要正确认识自己，另一方面要不断完善自己。组织和个人只能适应第一因素，正确认识和分析第二、第三因素，寻求个人发展和组织发展的最佳匹配。

总之，生涯目标实施方案的评估和修正可以按表 5-6 模式进行。

表 5-6　评估和修正表

阶段目标	
实施结果	
存在的差距	
差距产生的原因	
修正措施	

小知识贴士

专业不对口怎么办

这是一个我国大学生遇到的一个较为普遍的问题。前面我们也已经做了一些介绍。我国现行的高校招生制度本身对学生的专业选择就具有一定局限性，加之职业生涯概念引入我国较晚，上大学时很多人没有考虑自己的兴趣爱好、性格特点等因素，而是根据什么专业热门就报考什么专业。经常出现学生入学后发现所学的专业不是自己喜欢的专业，或者不是为自己未来的职业理想做准备的专业。虽然目前我国高校正在进行教育教学改革，逐步拓宽专业口径，但转专业仍不是一件容易的事。大学生可以从以下几个方面来着力解决专业不对口的问题：

(1)辅修第二学位。随着学分制在高校的发展，很多同学有机会辅修自己喜欢的专业，为自己的职业生涯做准备。

(2)通过跨专业考研或者修读双学位，攻读意向专业的研究生或者第二学位。

(3)还有一个最有效的方法就是通过“考证”获取职业资格证。这样等到毕业时，就比别人多了可供选择的资本。

(4)通过社会实践提高自己的综合素质。

因此只要自己努力，机会总会朝你招手的。莎士比亚说：“聪明的人永远不会坐在那里为他们的过错而悲伤，却会很高兴的找出办法来弥补过错。”

第三节 大学生生涯与发展规划实施案例

我是英语专业的学生。大学英语教学的目的是培养学生具有较强的阅读能力、一定的听力能力(理工科适用的大纲还规定一定的翻译能力)以及初步的写和说的能力,使学生能以英语为工具,获取专业所需要的信息,并为进一步提高英语水平打下较好的基础。为此,本考试主要考核学生运用语言的能力,同时也考核学生对语法结构和词语用法的掌握程度。考试范围主要是教学大纲所规定的全部内容(说与译的内容除外)。

本考试于每学期结束前后举行,由大学英语标准考试设计组负责和实施。每年举行两次。

以下是我大一期间英语学习计划(学习实施方案)。

实施时间	英语学习				
	词汇(4000)	阅读	听力	语法	写作
10月	1000	10篇文章	听英语短句	按书本安排控制语法学习进度	写句记
11月	800	20篇文章	听 special english		写日记
12月	700	30篇文章	听中级美国英语		写日记加评语
1月	600	30篇文章	听中级美国英语		写短文
2月	500	30篇文章	听中级美国英语		写短文
3月	400	30篇文章	听中级美国英语		对时事加评语

为此,我每天的英语学习时间安排如下:

实施时间	词汇	阅读	听力	写作
6:30~7:00	背词汇			
7:00~7:30			练听力	
21:00~21:40		阅读课文		
21:40~22:00				写英语日记

3个月后,我对这一学习方案实施结果进行了总结和评估,找到了存在的差距,分析了差距产生的原因,并针对此原因对原实施方案进行了修正。

阶段目标	词汇	阅读	听力	语法	写作
	2500	60	能听中级美国英语		写日记加评语
实施结果	3000	40	能		还不能做到每天写日记
存在的差距	＋500	－20	基本达到		未达到
差距产生的原因	用的时间多	时间不够	基本做到		时间安排不够
修正措施	每天缩短10分钟	每天增加阅读时间	维持原计划	适当减少语法练习时间	每天增加10分钟

实施后，我如期完成第一学年英语学习实施方案，顺利通过考试，学习计划让我轻松度过了一道门槛。

【拓展练习】

评估你的行动计划。

你当前要实现的目标是＿＿＿＿＿＿＿＿＿＿＿＿＿＿＿＿，

这个月的行动计划是＿＿＿＿＿＿＿＿＿＿＿＿＿＿＿＿，

根据事件的轻重缓急具体安排是＿＿＿＿＿＿＿＿＿＿＿＿＿＿＿＿，

你在实施中发现的问题是＿＿＿＿＿＿＿＿＿＿＿＿＿＿＿＿，

你的修正计划是＿＿＿＿＿＿＿＿＿＿＿＿＿＿＿＿，

迄今为止我实现的阶段目标是＿＿＿＿＿＿＿＿＿＿＿＿＿＿＿＿，

这次反馈、调整的总结是＿＿＿＿＿＿＿＿＿＿＿＿＿＿＿＿。

第二篇

就业指导篇

JIU YE ZHI DAO PIAN

- 大学生就业指导
  - 审时度势，把握机遇
    - 大学生就业现状分析
    - “十三五”规划给大学生就业带来的机遇和挑战
  - 乐观向上，积极准备
    - 搜集求职信息
    - 培养健康的求职心态
  - 求职材料，全面翔实
    - 简历
    - 求职信
    - 相关的证书与材料
  - 了解应聘流程，掌握面试礼仪
    - 熟悉应聘流程
    - 面试礼仪
  - 面试与笔试
    - 面试
    - 笔试
  - 诚信就业、守法履约
    - 毕业离校、报到的规定与流程
    - 依法保护自已的就业权
    - 遵守法纪法规，承担违法责任
  - 职业适应和职业索养，助力职业发展
    - 职业适应的意义
    - 大学生如何完成角色转换
    - 大学生提升职业索养的方法

第六章

审时度势，把握机遇

学习目标

1. 了解当前大学生就业环境。
2. 了解经济新常态给大学生就业带来的机遇与挑战。
3. 根据当前就业现状，了解“十三五规划”给大学生就业带来的机遇和挑战。

- 审时度势，把握机遇
  - 大学生就业现状分析
    - 了解大学生就业形势
    - 新常态下的就业机遇和挑战
    - 正确认识大学生“最难就业季”
    - 响应政策，规划发展
  - “十三五”规划给大学生就业带来的机遇和挑战
    - “十三五”期间国家的经济发展规模和速度
    - “十三五”期间三大战略引领的区域发展给大学生带来的机遇和挑战
    - “十三五”期间产业优化给大学生带来的机遇和挑战
    - “十三五”期间互联网发展给大学生带来的机遇和挑战

清晰认知所面临的复杂就业环境对于即将毕业的大学生而言意义非凡。大学生可以通过对经济发展、产业发展和区域发展等相关政策和形势的分析了解，明确自己的方向，找到适合自己的位置。在求职的路上，做到审时度势，把握机遇。

第一节 大学生就业现状分析

知己知彼是我们赢得每一场战役的前提。所以，在激烈的竞争面前，我们应该了解当前全国的就业现状，尤其是与自己专业和兴趣相关的产业和行业的就业形势。

一、了解大学生就业形势

我国是一个劳动力大国，一直以来都被认为是一个劳动力无限供给的国家。近年来，伴随着经济发展，中国劳动力市场的总体态势正向好的方向发展，不仅消化了城市经济重组带来的就业和再就业压力，而且实现了就业总量的持续增加。

以高校毕业生为主的青年就业群体数量持续增加，中国整体经济下行，劳动力结构性矛盾依然凸出，在此三大因素作用下，当前大学毕业生就业形势依旧严峻。

1.青年就业群体数量大

扩招16年来，全国高校毕业生总数已从1999年时的85万人，飙升至2016年的765万人；加上职业学校毕业生、初高中后不再继续升学的学生大约有700万，总计下来2016年城镇新增青年劳动力约1500万。以高校毕业生为主的青年群体就业压力依然较大。

2.中国经济下行

中国经济整体仍处下滑周期中，经济发展速度的放缓和结构的调整，客观上会对劳动者就业结构产生影响，同时也会对就业总体规模产生挤压效应，对劳动者就业产生影响。尤其是传统支柱产业企业改革的重组加快、淘汰落后产能、部分行业持续低迷及产能过剩将造成结构性失业和转型性失业，部分相关专业毕业生就业难度加大。

3.劳动力结构性矛盾依然存在

高校毕业生的总体供给与社会需求的矛盾，实质是高等教育的快速发展与社会发展和经济发展所处的转型阶段不配置的矛盾。高等教育日益大众化，但是当代大学生还是精英心态。社会人才要求与大学生素质不匹配。

尽管就业形势严峻，同学们应该积极通过各种途径（如对本专业的师兄师姐们进行访谈，或者找自己的专业老师了解本专业师兄师姐们近几年的毕业去向）关注本专业所对应的各相关行业的就业形势以及发展趋势。这对自己在毕业前夕做出就业选择有很大帮助。

此外，我们要特别注意各地的人才发展规划，了解各地所需的紧缺人才类别，才能在不同地区的发展中寻找机会。

小知识贴士

《2015 年中国高职高专生就业报告》节选

一、专业分析

1.2014 届高职高专生毕业半年后就业率最高的专业大类是材料与能源大类（92.7%），最低的是资源开发与测绘大类（87.3%）。2014 届高职高专生毕业半年后就业率最高的专业类是城市轨道运输类（94.2%），最低的是畜牧兽医类（86.6%）。从三届（2012、2013、2014）的对比的就业率变化趋势可以看出，高职高专专业大类中的材料与能源大类、制造大类、财经大类、土建大类、电子信息大类、文化教育大类、医药卫生大类、艺术设计传媒大类毕业生毕业半年后就业率持续上升。

2.2014 届高职高专生毕业半年后就业率前三位的专业是电气化铁道技术（98.4%）、铁道工程技术（98.0%）、医学检验技术（96.7%）。

二、职业分析

1.2014 届高职高专生毕业半年后从事最多的职业类是“销售”，就业比例为 11.0%，其次是“财务/审计/税务/统计”（10.8%）。与 2012 届相比，2014 届高职高专毕业生就业比例增加最多的职业类为“医疗保健/紧急救助”，增加了 4.3 个百分点；就业比例降低最多的职业类为“计算机与数据处理”，降低了 1.5 个百分点。

2.从三届（2012、2013、2014）的就业趋势中可以看出，在就业比例排名前五位的职业类中，高职高专毕业生从事“医疗保健/紧急救助”职业类的比例逐届增加，从事“财务/审计/税务/统计”职业类的比例与往届相比有所降低。

小知识贴士

三、行业分析

1. 2014届高职高专生毕业半年后就业最多的行业类是“建筑业”(12.8%)，其次是“医疗和社会护理服务业”(7.6%)和“零售商业”(6.5%)等。与2012届相比，2014届高职高专毕业生就业比例增加最多的行业类为“医疗和社会护理服务业”，增加了4.4个百分点；就业比例降低最多的行业类是“媒体、信息及通信产业”，降低了1.5个百分点。

2. 从三届(2012、2013、2014)的就业趋势可以看出，在就业比例排名前五位的行业类中，高职高专毕业生在“医疗和社会护理服务业”、“金融(银行/保险/证券业)”行业类就业的比例逐届增加，在“电子电气仪器设备及电脑制造业”行业类就业的比例逐届降低。

二、新常态下的就业机遇和挑战

当前我国经济发展进入新常态，正从高速增长转向中高速增长，经济发展方式正从规模速度型粗放增长转向质量效率型集约增长，经济结构正从增量扩能为主转向调整存量、做优增量并存的深度调整，经济发展动力正从传统增长点转向新的增长点。

小知识贴士

九个方面把握经济发展新常态

1. 从消费需求看，模仿型排浪式消费阶段基本结束，个性化、多样化消费成为趋势；

2. 从投资需求看，传统产业相对饱和，但基础设施互联互通和一些新技术、新产品、新业态、新商业模式的投资机会大量涌现；

3. 从出口和国际收支看，出口竞争优势已然存在，高水平引进来、规模走出去正在同步发生；

4. 从生产能力和产业组织方式看，新兴产业、服务业、小微企业作用更加凸显，生产小型化、智能化、专业化将成为组织特征；

小知识贴士

5.从生产要素相对优势看，人口老龄化日趋发展，经济增长将更多依靠人力资本质量和技术进步；

6.从市场竞争特点看，过去主要是数量扩张和价格竞争，现在正逐步转向质量型、差异化为主的竞争；

7.从资源环境约束来看，环境承载能力已经达到或接近上限，必须推动形成绿色低碳循环发展新方式；

8.从经济风险积累和化解看，风险总体可控，但化解以高杠杆和泡沫化为主要特征的各类风险会持续一段时间；

9.从资源配置模式和宏观调控模式看，全面激励政策的边际效果明显递减，既要全面化解产能过剩，也要通过发挥市场机制作用，探索未来产业发展方向。

面对当前就业环境，大学生要正视就业所面临的挑战，并以积极的眼光分析新常态下就业所孕育的一些新的积极因素。

(一)经济新常态下大学生就业面临的挑战

我国经济正经历着由高速增长向中高速增长转换的过程，就业局势保持基本稳定，经济结构与就业结构仍然面临着结构调整的艰巨任务。产业转型升级还不到位，所能提供的契合大学生预期的就业岗位相对不足，供求比例失调。

随着产业转型升级，意味着一部分企业要关停甚至破产、退出市场，也就意味着一部分劳动者要从传统产业转入新兴产业。从传统行业转入新领域，对新知识、新技能的要求更高。这个过程不仅伴随着结构性失业，甚至会伴随一些其他性质的失业。

就业的结构性矛盾在经济增速下行中进一步凸显，高等教育结构与劳动力市场需求结构之间的不匹配仍然存在，并且随着经济增速下行中经济结构的调整而更加明显。

(二)经济新常态下大学生就业面临的新机遇

1.国家重视大学生就业

党中央、国务院高度重视高校毕业生就业工作，中央领导同志多次作出重要指示，对做好高校毕业生就业创业工作提出明确要求。李克强总理在批示中强调：当前，我国经济发展进入新常态，处于动能转换“衔接期”，确保就业局势稳定面临新的机遇和挑战。要坚持实施更加积极的就业政策，突出抓好高校毕业生、就业困难人员等重点群体就业。国务院印发了《关于进一步做好新形势下就业创业工作的意见》，把高校毕业生就业摆在就业工作首位，制订出台了十多项政策措施，鼓励毕业生到乡镇特别是困难乡镇机关事业单位工作，促进高校毕业生多渠道就业。

2.就业需求结构性变化

经济新常态下，就业需求在结构性方面有变化，民营中小企业、二三线城市需求明显上升。此外，随着国家最近推出的国际经济发展战略，如“一带一路”、“互联互通”、亚太自由贸易区等，外语外贸类专业需求可能会有所增长。

3.产业进入中高端发展带来机会

产业结构从中低端转向中高端，也契合了劳动力供给结构的变化。新常态下，产业进入中高端，最能够带来的就是高端、高技能、高质量就业岗位的增加。随着经济向形态更高级、分工更清晰、结构更合理的阶段迈进，必然有大量新职业、新工种诞生，这将为大学生就业提供有利时机。

4.战略性新兴产业加快发展的机会

七大新兴产业——“节能环保、新兴信息产业、生物产业、新能源、新能源汽车、高端装备制造业和新材料”。比如节能环保产业，未来5年内的投资需求，据统计超过3万亿元，其中仅固废处理投资就有望达到7000亿元，城市污水和垃圾处理投资超过8千亿人民币，而未来7年内，新能源的投资将达到5万亿人民币。因此，关注新兴产业及相关配套，未来将会有较大的发展。

5.服务业的跨越性发展和机会

李克强总理指出，服务业是就业最大的容器。服务业及第三产业，在国内发展一直都比较落后，虽然近几年也得到了相应的发展，但上升空间还是很大。未来几年第三产业占GDP的比重就要达到50%，就是说第三产业等于第一产业加上第二产业之和。因此，服务业将有很大的发展潜力。

此外，新常态下，在“大众创业，万众创新”的理念下，将有一大批新的小微企业诞生，这些新生企业在初创阶段需要高技能人才，给大学生就业带来一定机遇。

三、正确认识大学生“最难就业季”

随着近年来大学毕业生人数不断创新高，社会上也出现了“最难就业季”的说法；到了 2015 年毕业生人数高达 749 万，更被冠以“更难就业季”，2016 年近 770 万的高校生毕业，这更被称为了“更更难就业季”。

目前，大学生人数快速增长，一方面，很多的大学毕业生找不到与自己专业对口的工作，对于相对比较冷门的专业，想找到与专业匹配的工作更是难上加难；另一方面，很多大学生虽然读了自己不喜欢的专业，最后却找到了自己有兴趣的工作。因此，对于即将毕业的大学生来说，没找到专业对口的工作，不妨根据兴趣找到一个自己喜欢的行业。

其实，求职难并非工作少，难的是找到符合自己期望值的工作，也就是高质量求职难和就业难。大学生虽然有文凭，掌握了一定的知识和技能，但从整体来说，毕业时多数同学缺乏职业体验，对即将从事的工作往往没有经验，因此，工作经历是大学生短期内首先要考虑的。

大学生在学校阶段，要稳扎稳打专业知识，如果有机会，一定要争取更多的机会参加社会实践。试想，如果一个刚毕业参加工作的大学生，手头却有精彩纷呈的实践成果、案例、经验，自然可以在求职时得到企业更多的加分，就业也就不成问题。

此外，大学生在求职前，要保持合理的心态。消除职业偏见，树立正确的求职就业观念，并根据自身条件及社会就业环境为自己合理定位。可以先选择较低职位或者福利并不如自己所想的那些职位，作为自己人生的第一份工作，等到有足够的历练和经验后，再考虑更好的职位。先从学生身份平稳转移到职员身份后，再谋求发展，这样，就业自然也不成问题。

相信每一位大学生只要保持好积极心态，在大学期间为就业做好心理和技能的准备，都能找到一份适合自己的工作。

案例

专业对不对口真的那么重要吗？

雯雯是一名普通大学生，一个女孩在父母的安排下学了不喜欢的冶金专业，那年毕业刚好赶上钢铁行业萧条，很多同学毕业就失业在家。然而这些并没影响她的择业、就业和职业发展。雯雯从小就喜欢画画，她凭借自己的兴趣和对自己的认知及对行业的清晰分析，成功应聘了一家儿童绘画馆的绘画老师。因为兴趣，所以钻研，因为钻研，所以专业，雯雯不但成功就业，而且在自己的努力下很快得到孩子和家长的认可。自己的职业发展也一帆风顺，很快就成为主管，后又升职为技术总监。

四、响应政策，规划发展

近几年来，国家采取了许多政策，帮助大学生就业，特别是针对国家发展需要的相关政策。为了平衡区域经济的发展，缩小东西部及城乡差距，建设现代化国防和现代化农村，国家推出了选调生、支援西部、支援农村（三支一扶）及大学生村官政策。这些政策得到了广大大学生的响应，也涌现出一大批优秀人物。

当然，广大青年学生在选择这些出路之前，必须端正自己的态度，正确认识选调生、去西部、去农村的目的和意义，了解这些生活与大学生活的差异，学习相关的工作方法，提升工作技能和对政策的理解的水平，做好阶段性生涯规划，这样才能保证自己在选择的道路上一帆风顺！

第二节　“十三五”规划给大学生就业带来的机遇和挑战

我们所处的时代正值国民经济发展的“十三五”规划期间，国家建设给大学生们提供了无限的机会和发展空间。因此，大学生们应该从国家的发展规划中找到自己的位置和机会，努力投身到祖国的建设大潮中去，把自己在校期间学习的知识和技能用于祖国建设，为社会主义建设添砖加瓦。我们建议大学毕业生可以从国民经济的发展规模和速度、区域发展规划以及产业结构调整等规划中去发现机会和挑战。

一、“十三五”期间国家的经济发展规模和速度

“十三五”时期是全面建成小康社会决胜阶段。我国将全面推进创新发展、协调发展、绿色发展、开放发展、共享发展，确保全面建成小康社会。

“十三五”时期经济保持中高速增长。在提高发展平衡性、包容性、可持续性基础上，到2020年国内生产总值和城乡居民人均收入比2010年翻一番，经济年均增长目标设定在6.5%以上，主要经济指标平衡协调，发展质量和效益明显提高。产业迈向中高端水平，农业现代化进展明显，工业化和信息化融合发展水平进一步提高，先进制造业和战略性新兴产业加快发展，新产业新业态不断成长，服务业比重进一步提高。

二、"十三五"期间三大战略引领的区域发展给大学生带来的机遇和挑战

"十三五"期间，我国将以区域发展总体战略为基础，以"一带一路"建设、京津冀协同发展、长江经济带三大战略发展为引领，形成沿海沿江沿线经济带为主的纵向横向经济轴带，塑造要素有序自由流动、主体功能约束有效、基本公共服务均等、资源环境可承载的区域协调发展新格局。

深入实施西部开发、东北振兴、中部崛起和东部率先的区域发展总体战略，创新区域发展政策，完善区域发展机制，促进区域协调、协同、共同发展，努力缩小区域发展差距。

(一)推进"一带一路"建设

以"一带一路"建设为统领，丰富对外开放内涵，提高对外开放水平，协同推进战略互信、投资经贸合作、人文交流，努力形成深度融合的互利合作格局，开创对外开放新局面。

加强内陆沿边地区口岸和基础设施建设，开辟跨境多式联运交通走廊。发展外向型产业集群，形成各有侧重的对外开放基地。加快海关特殊监管区域整合优化升级，提高边境经济合作区、跨境经济合作区发展水平。提升经济技术开发区的对外合作水平。以内陆中心城市和城市群为依托，建设内陆开放战略支撑带。支持沿海地区全面参与全球经济合作和竞争，发挥环渤海、长三角、珠三角地区的对外开放门户作用，率先对接国际高标准投资和贸易规则体系，培育具有全球竞争力的经济区。支持宁夏等内陆开放型经济试验区建设。支持中新(重庆)战略性互联互通示范项目。推进双边国际合作产业园建设。探索建立舟山自由贸易港区。

"一带一路"战略将使六类产业将从中获利：

第一，油气产业链，中国与中亚油气合作；

第二，旅游业，丝绸之路经济带会带动西部旅游业发展；

第三，电网设备类，对外实施扩张；

第四，交通物流业；

第五，基建业，给基础设施建设带来庞大的市场机会；

第六，金融业，助推经济转型升级。

(二)推动京津冀协同发展

强调实现京津冀协同发展，面向未来打造新的首都经济圈、推进区域发展体制机制创新的需要，是探索完善城市群布局和形态、为优化开发区域发展提供示范和样板的需要，是探索生态文明建设有效路径、促进人口经济资源环境相协调的需要，是实现京津冀优势互补、促进环渤海经济区发展、带动北方腹地发展。

(1)积极稳妥推进北京非首都功能疏解，降低主城区人口密度。

(2)构建“一核双城三轴四区多节点”的空间格局。优化产业布局，推进建设京津冀协同创新共同体。北京重点发展知识经济、服务经济、绿色经济，加快构建高精尖产业结构。天津优化发展先进制造业、战略性新兴产业和现代服务业，建设全国先进制造研发基地和金融创新运营示范区。河北积极承接北京非首都功能转移和京津科技成果转化，重点建设全国现代商贸物流重要基地、新型工业化基地和产业转型升级试验区。

(3)建设高效密集轨道交通网，强化干线铁路建设，加快建设城际铁路、市域(郊)铁路并逐步成网，充分利用现有能力开行城际、市域(郊)列车，客运专线覆盖所有地级及以上城市。

(4)构建区域生态环境监测网络、预警体系和协调联动机制，削减区域污染物排放总量。加强大气污染联防联控，实施大气污染防治重点地区气化工程，细颗粒物浓度下降25%以上。加强饮用水源地保护，联合开展河流、湖泊、海域污染治理。划定生态保护红线，实施分区管理，建设永定河等生态廊道。

(5)建设区域人力资源信息共享与服务平台，衔接区域间劳动用工和人才政策。

“京津冀一体化”为交通业、生态环保业和产业转移提供了更多发展机会。要加快京沈客专、京张铁路、京台高速等跨区域交通干线建设，打通三地之间断头路(2300公里)，促进交通服务管理一体化；要协同推进张承生态功能区建设，实施水源保护林等合作项目，推动京津保中心区生态过渡带建设；要以现有项目为基础，集中力量打造曹妃甸“产城融合”发展示范区。加快北京新机场征地拆迁和外围设施建设，推进临空经济区规划编制和启动实施。

(三)推进长江经济带发展

坚持生态优先、绿色发展的战略定位，把修复长江生态环境放在首要位置，推动长江上中下游协同发展、东中西部互动合作，建设成为我国生态文明建设的先行示范带、创新驱动带、协调发展带。

(1)推进全流域水资源保护和水污染治理，长江干流水质达到或好于Ⅲ类水平，建设沿江绿色生态廊道。

(2)依托长江黄金水道，统筹发展多种交通方式。

(3)优化沿江城镇和产业布局，提升长三角、长江中游、成渝三大城市群功能，发挥上海“四个中心”引领作用，发挥重庆战略支点和联接点的重要作用，构建中心城市带动、中小城市支撑的网络化、组团式格局。根据资源环境承载力，引导产业合理布局和有序转移，打造特色优势产业集群，培育壮大战略性新兴产业，建设集聚度高、竞争力强、绿色低碳的现代产业走廊。加快建设国际黄金旅游带。

小知识贴士

浅析“一带一路”战略对大学生就业新机遇的影响

2013年9月和10月，中国国家主席习近平在出访中亚和东南亚国家期间，先后提出共建“丝绸之路经济带”和“21世纪海上丝绸之路”(简称“一带一路”)的重大倡议，这是扩大和深化对外开放的重大举措。“一带一路”几乎是世界上跨度最长的经济大走廊。其沿线涵盖了中亚、西亚、中东、东南亚、南亚、北非、东非等超过40个国家和地区，并辐射东亚以及西欧。在一带一路合作倡议下，中国企业将更多地到“一带一路”国家投资。

在此战略载体上，我们可以预测到这对国内相关行业发展有巨大促进作用，“一带一路”经济带的建设是多方面的，其包括基础设施建设、能源资源合作、产业投资、商贸易及其成套设备出口等。而这些“一带一路”侧重的行业都是当代大学生不错的就业新机遇。

同时，在构建“一带一路”战略建设中，交通运输是优先发展的产业，只有优先发展我国与沿线国家基础交通设施的建设，形成国与国之间交通运输一体化，才能为接下来“一带一路”战略全方位推进铺好道路。交通运输业包含了港口、公路、铁路、物流等细分方向，而其中所蕴含的就业岗位(服务业)将不可估量。其次，长期来看，道路连通也意味着贸易连通、文化沟通 ，“丝绸之路”交流合作的内容也涵盖了商贸、文化交流活动。积极推进特色服务贸易，发展现代服务贸易，语言与外交人才显得不可或缺，在一带一路的战略构建中，需要大量接触到当地的人和项目，因此我们亟需当地市场环境的人才，同时也要具备良好语言能力、外交能力。

“一带一路”的互联互通项目将推动沿线各国发展战略的对接与耦合，发掘区域内市场的潜力，促进投资和消费，创造需求和就业，增进沿线各国人民的人文交流与文明互鉴。每一个环节都有无数的就业新机遇，而对于当代大学生，我们应该学会主动出击去抓住机遇，结合国家构建的战略目标，抓住国际形势的有利时机，适时调整自己，有选择性的培养自己，投身国家的社会经济建设当中去。

（四）深入推进西部大开发

实施西部大开发战略，更好发挥“一带一路”建设对西部大开发的带动作用。加快内外联通通道和区域性枢纽建设，进一步提高基础设施水平，明显改善落后边远地区对外通行条件。大力发展绿色农产品加工、文化旅游等特色优势产业。设立一批国家级产业转移示范区，发展产业集群。依托资源环境承载力较强地区，提高资源就地加工转化比重。加强水资源科学开发和高效利用。强化生态环境保护，提升生态安全屏障功能。健全长期稳定资金渠道，继续加大转移支付和政府投资力度。加快基本公共服务均等化。加大门户城市开放力度，提升开放型经济水平。

（五）大力推动东北地区等老工业基地振兴

加快市场取向的体制机制改革，积极推动结构调整，加大支持力度，提升东北地区等老工业基地发展活力、内生动力和整体竞争力。加快服务型政府建设，改善营商环境，加快发展民营经济。大力开展和积极鼓励创业创新，支持建设技术和产业创新中心，吸引人才等各类创新要素集聚，使创新真正成为东北地区发展的强大动力。加快发展现代化大农业，促进传统优势产业提质增效，建设产业转型升级示范区，推进先进装备制造业基地和重大技术装备战略基地建设。支持资源型城市转型发展，组织实施好老旧城区改造、沉陷区治理等重大民生工程。加快建设快速铁路网和电力外送通道。深入推进国资国企改革，加快解决厂办大集体等问题。支持建设面向俄日韩等国家的合作平台。

（六）促进中部地区崛起

制定实施新时期促进中部地区崛起规划，完善支持政策体系，推动城镇化与产业支撑、人口集聚有机结合，形成重要战略支撑区。支持中部地区加快建设贯通南北、连接东西的现代立体交通体系和现代物流体系，培育壮大沿江沿线城市群和都市圈增长极。有序承接产业转移，加快发展现代农业和先进制造业，支持能源产业转型发展，建设一批战略性新兴产业和高技术产业基地，培育一批产业集群。加强水环境保护和治理，推进鄱阳湖、洞庭湖生态经济区和汉江、淮河生态经济带建设。加快郑州航空港经济综合实验区建设。支持发展内陆开放型经济。

（七）支持东部地区率先发展

支持东部地区更好发挥对全国发展的支撑引领作用，增强辐射带动能力。加快实现创新驱动发展转型，打造具有国际影响力的创新高地。加快推动产业升级，引领新兴产业和现代服务业发展，打造全球先进制造业基地。加快建立全方位开放型经济体系，更高层次参与国际合作与竞争。在公共服务均等化、社会文明程度提高、生态环境质量改善等方面走在前列。推进环渤海地区合作协调发展。支持珠三角地区建设开放创新转型升级新高地，加快深圳科技、产业创新中心建设。深化泛珠三角区域合作，促进珠江—西江经济带加快发展。

(八)加大对革命老区、民族地区、边疆地区和困难地区的支持力度

(1)完善革命老区振兴发展支持政策，大力推动赣闽粤原中央苏区、陕甘宁、大别山、左右江、川陕等重点贫困革命老区振兴发展，积极支持沂蒙、湘鄂赣、太行、海陆丰等欠发达革命老区加快发展。加快交通、水利、能源、通信等基础设施建设，大幅提升基本公共服务水平，加大生态建设和保护力度。

(2)把加快少数民族和民族地区发展摆到更加突出的战略位置，加大财政投入和金融支持，改善基础设施条件，提高基本公共服务能力。

(3)推进边境城市和重点开发开放试验区等建设。加强基础设施互联互通，加快建设对外骨干通道。推进新疆建成向西开放的重要窗口、西藏建成面向南亚开放的重要通道、云南建成面向南亚东南亚的辐射中心、广西建成面向东盟的国际大通道。支持黑龙江、吉林、辽宁、内蒙古建成向北开放的重要窗口和东北亚区域合作的中心枢纽。加快建设面向东北亚的长吉图开发开放先导区。大力推进兴边富民行动，加大边民扶持力度。

(4)促进困难地区转型发展。加强政策支持，促进资源枯竭、产业衰退、生态严重退化等困难地区发展接续替代产业，促进资源型地区转型创新，形成多点支撑、多业并举、多元发展新格局。

(九)拓展蓝色经济空间

坚持陆海统筹，发展海洋经济，科学开发海洋资源，保护海洋生态环境，维护海洋权益，建设海洋强国。深入推进山东、浙江、广东、福建、天津等全国海洋经济发展试点区建设，支持海南利用南海资源优势发展特色海洋经济，建设青岛蓝谷等海洋经济发展示范区。

从国家区域性经济布局中，各地大学生们可以找到适合自己的定位。改变过去毕业生单一向“北上广”聚集的局面。

三、"十三五"期间产业优化给大学生带来的机遇和挑战

"十三五"期间，我国将围绕结构深度调整、振兴实体经济，推进供给侧结构性改革，培育壮大新兴产业，改造提升传统产业，加快构建创新能力强、品质服务优、协作紧密、环境友好的现代产业新体系。

大学毕业生应该了解"十三五"产业优化发展趋势，结合自身情况，积极寻找自己的职业定位。

小知识贴士

供给侧结构性改革

所谓供给侧结构性改革，就是从供给侧入手，针对经济结构性问题而推进的改革。

过去多年来，我们强调从需求侧进行政府宏观调控。不过，当前出口、投资、消费这"三驾马车"都面临着不小压力，必须更多地从供给侧寻找经济增长新动力，将供给主体创造财富的能力提升起来，将其积极性和创造性调动起来，才能提高全要素生产率，促进经济增长。

供给侧结构性改革与需求管理政策相比有三个显著特点：一是前者强调发挥企业和创业者作为市场主体的作用，后者强调政府宏观调控的作用；二是前者强调解决中长期健康和可持续发展问题，后者强调解决短期经济波动问题；三是前者强调制度变革与完善，后者强调短期的政策调整。

推进供给侧结构性改革并非简单增加商品或劳务供给，而是要解决好存量和增量问题。从存量角度看，目前有一些没有发展前景、缺乏市场竞争力的僵尸企业该淘汰的要坚决淘汰；一些附加值低、高消耗、高污染、高排放，产能严重过剩的产业必须加快调整；一些环境恶化的区域不能再硬着头皮搞发展，而要对其功能进行调整，把人从这些区域中迁移出来。从增量角度看，要加速培育有国际竞争力的市场主体，加快发展附加值高、符合消费结构升级方向、具有国际竞争力的新兴产业，积极打造有发展活力、绿色低碳的区域。

（一）农业领域

农业是全面建成小康社会和实现现代化的基础，推进农业现代化建设转变农业发展方式，包括提高粮食生产能力保障水平、加快推进农业结构调整、推进农村

一二三产业融合发展、确保农产品质量安全、促进农业可持续发展、开展农业国际合作、发展适度规模经营、培育新型农业经营主体、健全农业社会化服务体系、提升农业技术装备水平、推进农业信息化建设、持续增加农业投入、完善农产品价格和收储制度、创新农村金融服务等。

具体措施有：推动粮经饲统筹、农林牧渔结合、种养加一体发展。积极引导调整农业种植结构，支持优势产区加强棉花、油料、糖料、大豆、林果等生产基地建设。统筹考虑种养规模和资源环境承载力，推广粮改饲和种养结合模式，发展农区畜牧业。分区域推进现代草业和草食畜牧业发展。提高畜禽、水产标准化规模化养殖水平。促进奶业优质安全发展。实施园艺产品提质增效工程。

大力发展生态友好型农业。实施化肥农药使用量零增长行动，全面推广测土配方施肥、农药精准高效施用。实施种养结合循环农业示范工程，推动种养业废弃物资源化利用、无害化处理。开展农业面源污染综合防治。开展耕地质量保护与提升行动，推进农产品主产区深耕深松整地，加强东北黑土地保护。

加强农业科技自主创新，加快生物育种、农机装备、绿色增产等技术攻关，推广高产优质适宜机械化品种和区域性标准化高产高效栽培模式，改善农业重点实验室创新条件。发展现代种业，开展良种重大科技攻关，实施新一轮品种更新换代行动计划，建设国家级育制种基地，培育壮大育繁推一体化的种业龙头企业。推进主要作物生产全程机械化，促进农机农艺融合。健全和激活基层农业技术推广网络。

发挥各类金融机构支农作用，发展农村普惠金融。完善开发性金融、政策性金融支持农业发展和农村基础设施建设的制度。推进农村信用社改革，增强省级联社服务功能。积极发展村镇银行等多形式农村金融机构。稳妥开展农民合作社内部资金互助试点。建立健全农业政策性信贷担保体系。完善农业保险制度，稳步扩大“保险＋期货”试点，扩大保险覆盖面，提高保障水平，完善农业保险大灾风险分散机制。

这些规划目标给我们相关专业的同学带来了无限的发展机遇。生物专业、动物医学专业、建筑专业、水电专业、机械专业、电子商务专业、环保专业、交通专业、金融等专业的大学生都能从中找到就业和创业的机会。

（二）工业领域

深入实施《中国制造 2025》，以提高制造业创新能力和基础能力为重点，推进信息技术与制造技术深度融合，促进制造业朝高端、智能、绿色、服务方向发展，培育制造业竞争新优势。

1.全面提升工业基础能力

实施工业强基工程，重点突破关键基础材料、核心基础零部件（元器件）、先进基础工艺、产业技术基础等“四基”瓶颈。引导整机企业与“四基”企业、高校、科研院所产需对接。支持全产业链协同创新和联合攻关，系统解决“四基”工程化和产业化关键问题。强化基础领域标准、计量、认证认可、检验检测体系建设。实施制造业创新中心建设工程，支持工业设计中心建设。

2.加快发展新型制造业

实施高端装备创新发展工程，明显提升自主设计水平和系统集成能力。实施智能制造工程，加快发展智能制造关键技术装备，强化智能制造标准、工业电子设备、核心支撑软件等基础。加强工业互联网设施建设、技术验证和示范推广，推动“中国制造＋互联网”取得实质性突破。培育推广新型智能制造模式，推动生产方式向柔性、智能、精细化转变。鼓励建立智能制造产业联盟。实施绿色制造工程，推进产品全生命周期绿色管理，构建绿色制造体系。推动制造业由生产型向生产服务型转变，引导制造企业延伸服务链条、促进服务增值。制造工程专业的大学生可以根据新型制造业的发展趋势寻找自己的就业机会。

3.推动传统产业改造升级

实施制造业重大技术改造升级工程，完善政策体系，支持企业瞄准国际同行业标杆全面提高产品技术、工艺装备、能效环保等水平，实现重点领域向中高端的群体性突破。开展改善消费品供给专项行动。鼓励企业并购，形成以大企业集团为核心，集中度高、分工细化、协作高效的产业组织形态。支持专业化中小企业发展。

4.加强质量品牌建设

实施质量强国战略，全面强化企业质量管理，开展质量品牌提升行动，解决一批影响产品质量提升的关键共性技术问题，加强商标品牌法律保护，打造一批有竞争力的知名品牌。建立企业产品和服务标准自我声明公开和监督制度，支持企业提高质量在线检测控制和产品全生命周期质量追溯能力。完善质量监管体系，加强国家级检测与评定中心、检验检测认证公共服务平台建设。建立商品质量惩罚性赔偿制度。

5.积极稳妥化解产能过剩

综合运用市场机制、经济手段、法治办法和必要的行政手段，加大政策引导力度，实现市场出清。建立以工艺、技术、能耗、环保、质量、安全等为约束条件的推进机制，强化行业规范和准入管理，坚决淘汰落后产能。设立工业企业结构调整专项奖补资金，通过兼并重组、债务重组、破产清算、盘活资产，加快钢铁、煤炭等行业过剩产能退出，分类有序、积极稳妥处置退出企业，妥善做好人员安置等工作。

6.降低实体经济企业成本

开展降低实体经济企业成本行动。进一步简政放权，精简规范行政审批前置中介服务，清理规范中介服务收费，降低制度性交易成本。合理确定最低工资标准，精简归并“五险一金”，适当降低缴费比例，降低企业人工成本。降低增值税税负和流转税比重，清理规范涉企基金，清理不合理涉企收费，降低企业税费负担。保持合理流动性和利率水平，创新符合企业需要的直接融资产品，设立国家融资担保基金，降低企业财务成本。完善国际国内能源价格联动和煤电价格联动机制，降低企业能源成本。提高物流组织管理水平，规范公路收费行为，降低企业物流成本。鼓励和引导企业创新管理、改进工艺、节能节材。

(三)战略性新兴产业

1.提升新兴产业支撑作用

支持新一代信息技术、新能源汽车、生物技术、绿色低碳、高端装备与材料、数字创意等领域的产业发展壮大。大力推进先进半导体、机器人、增材制造、智能系统、新一代航空装备、空间技术综合服务系统、智能交通、精准医疗、高效储能与分布式能源系统、智能材料、高效节能环保、虚拟现实与互动影视等新兴前沿领域创新和产业化，形成一批新增长点。

2.培育发展战略性产业

加强前瞻布局，在空天海洋、信息网络、生命科学、核技术等领域，培育一批战略性产业。大力发展新型飞行器及航行器、新一代作业平台和空天一体化观测系统，着力构建量子通信和泛在安全物联网，加快发展合成生物和再生医学技术，加速开发新一代核电装备和小型核动力系统、民用核分析与成像，打造未来发展新优势。

3.构建新兴产业发展新格局

支持产业创新中心、新技术推广应用中心建设，支持创新资源密集度高的城市发展成为新兴产业创新发展策源地。推动新兴产业链创新链快速发展，加速形成特色新兴产业集群。实施新兴产业全球创新发展网络计划，鼓励企业全球配置创新资源，支持建立一批海外研发中心。

4.完善新兴产业发展环境

发挥产业政策导向和促进竞争功能，构建有利于新技术、新产品、新业态、新模式发展的准入条件、监管规则和标准体系。鼓励民生和基础设施重大工程采用创新产品和服务。设立国家战略性产业发展基金，充分发挥新兴产业创业投资引导基金作用，重点支持新兴产业领域初创期创新型企业。

“十三五”规划期间，战略性新兴产业进一步发展，将会带来很多机遇。比如以生物、信息、新材料技术、新能源技术为核心的产业技术革命将会催生新的经济增长点。随着产业转型升级，同样这些新的经济增长点也会给大学生带来新的就业机遇。

小知识贴士

中国制造 2025：从工业大国到工业强国

《中国制造 2025》是我国实施制造强国战略第一个十年的行动纲领。它包含 3 个阶段、9 大任务、10 大重点领域和 5 项重大工程。

1. 3 个阶段

我国制造业强国进程可分为三个阶段：2025 年中国制造业可进入世界第二方阵，迈入制造强国行列；2035 年中国制造业将位居第二方阵前列，成为名副其实的制造强国；2045 年中国制造业可望进入第一方阵，成为具有全球引领影响力的制造强国。

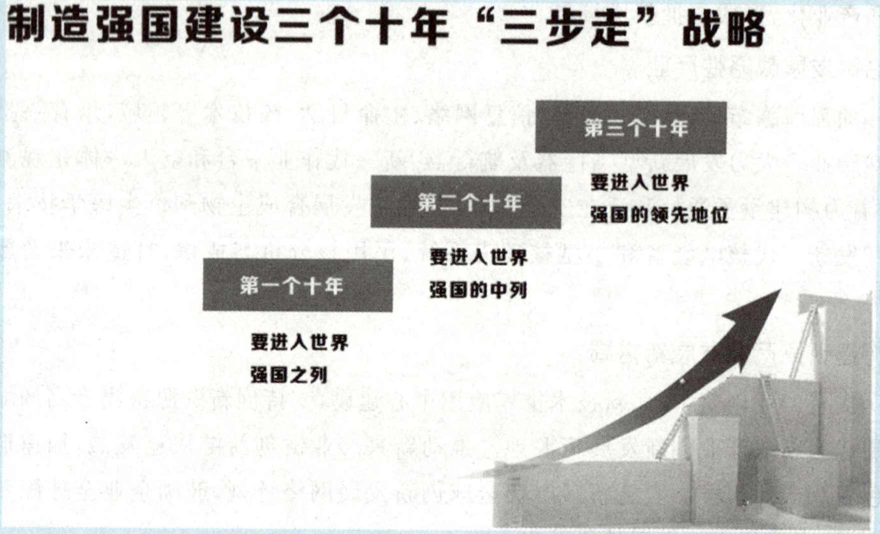

小知识贴士

2.9 大任务

9 大任务包括提高国家制造业创新能力、推进信息化与工业化深度融合、强化工业基础能力、加强质量品牌建设、全面推行绿色制造、大力推动重点领域突破发展、深入推进制造业结构调整、积极发展服务型制造和生产性服务业、提高制造业国际化发展水平。

新一轮工业革命的主要特征是信息技术与制造技术的深度融合，以实现国家制造业创新能力的提升。在深度融合的过程中，一方面从工业自身来说，要强化工业基础能力、加强质量品牌建设、大力推动重点领域突破发展；另一方面，从工业环境来说，需要全面推行绿色制造、深入推进制造业结构调整、积极发展服务型制造和生产性服务业、提高制造业国际化发展水平。

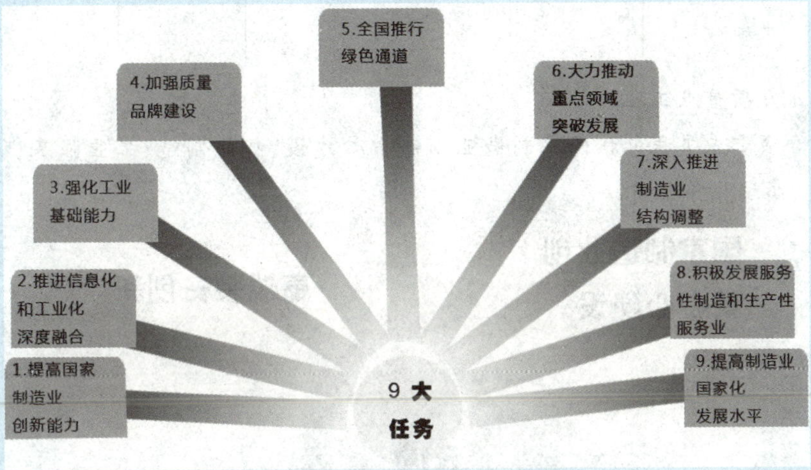

3.10 大重点领域

10 大重点领域则为新一代信息通信技术产业、高档数控机床和机器人、航空航天装备、海洋工程装备及高技术船舶、轨道交通装备、节能与新能源汽车、电力装备、新材料、生物医药及高性能医疗器械、农业机械装备。

小知识贴士

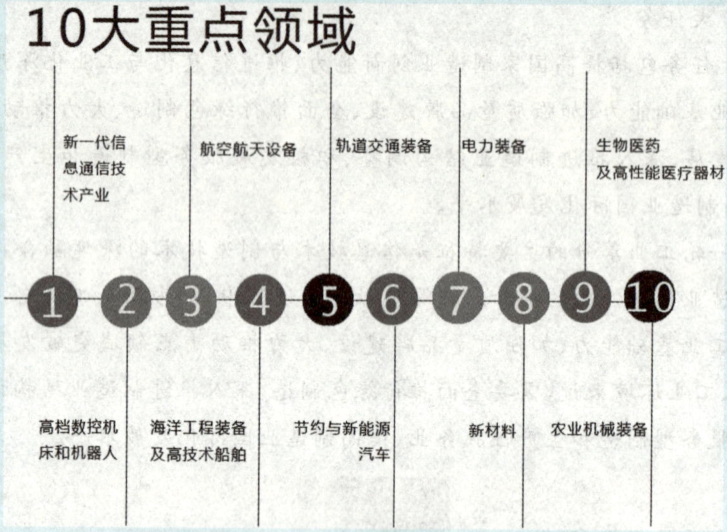

4.5 项重点工程

5 项重点工程包括国家制造业创新中心建设、智能制造、工业强基、绿色制造、高端装备创新。

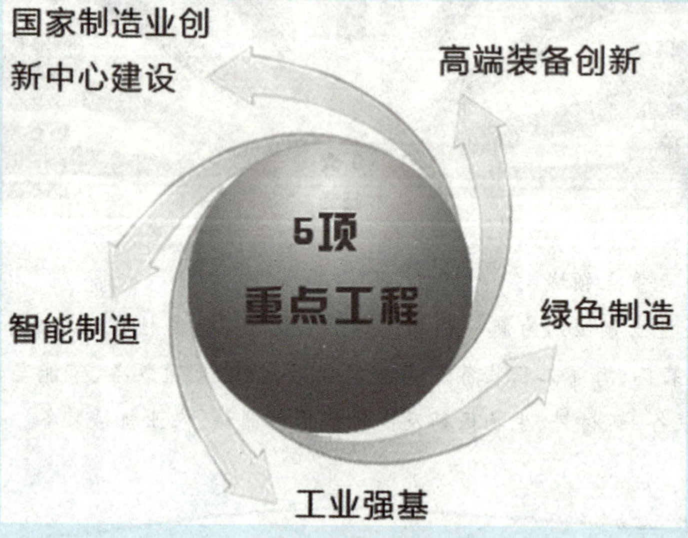

小知识贴士

建设国家制造业创新中心主要是指，面向未来的 10 大重点领域的基础研究和产业化的工程，建设一批产学研用相结合的制造业创新中心。

智能制造是新一轮工业革命的核心，只有通过智能制造，才能带动各个产业的数字化水平和智能化水平的提升。

实施工业强基主要是为了解决基础零部件、基础工艺、基础材料落后问题。

实施绿色制造工程则是要努力解决我国经济发展的环境和资源的制约问题。

最后就是，实施互联网、数控机床、大飞机等专项的基础上，推进新的高端装备创新专项。

(四)服务业领域

“十三五”期间加快发展现代服务业，扩大服务业对外开放，优化服务业发展环境，推动生产性服务业向专业化和价值链高端延伸、生活性服务业向精细和高品质转变。牢牢把握信息技术变革趋势，实施网络强国战略，加快建设数字中国，推动信息技术与经济社会发展深度融合，加快推动信息经济发展壮大。

以产业升级和提高效率为导向，发展工业设计和创意、工程咨询、商务咨询、法律会计、现代保险、信用评级、售后服务、检验检测认证、人力资源服务等产业。

加快教育培训、健康养老、文化娱乐、体育健身等领域发展。大力发展旅游业，深入实施旅游业提质增效工程，加快海南国际旅游岛建设，支持发展生态旅游、文化旅游、休闲旅游、山地旅游等。积极发展家庭服务业，促进专业化、规模化和网络化发展。推动生活性服务业融合发展，鼓励发展针对个性化需求的定制服务。支持从业人员参加职业培训和技能鉴定考核，推进从业者职业化、专业化。

面向社会资本扩大市场准入，加快开放电力、民航、铁路、石油、天然气、邮政、市政公用等行业的竞争性业务，扩大金融、教育、医疗、文化、互联网、商贸物流等领域开放，开展服务业扩大开放综合试点。

四、“十三五”期间互联网发展给大学生带来的机遇和挑战

牢牢把握信息技术变革趋势，实施网络强国战略，加快建设数字中国，推动信

息技术与经济社会发展深度融合，加快推动信息经济发展壮大。

加快构建高速、移动、安全、泛在的新一代信息基础设施，推进信息网络技术广泛运用，形成万物互联、人机交互、天地一体的网络空间。

(一)拓展网络空间

构建现代化通信骨干网络，提升高速传送、灵活调度和智能适配能力。推进宽带接入光纤化进程，城镇地区实现光网覆盖，提供1000兆比特每秒以上接入服务能力，大中城市家庭用户带宽实现100兆比特以上灵活选择；98%的行政村实现光纤通达，有条件地区提供100兆比特每秒以上接入服务能力，半数以上农村家庭用户带宽实现50兆比特以上灵活选择。建立畅通的国际通信设施，优化国际通信网络布局，完善跨境陆海缆基础设施。建设中国－阿拉伯国家等网上丝绸之路，加快建设中国－东盟信息港。

深入普及高速无线宽带。加快第四代移动通信(4G)网络建设，实现乡镇及人口密集的行政村全面深度覆盖，在城镇热点公共区域推广免费高速无线局域网(WLAN)接入。

积极推进第五代移动通信(5G)和超宽带关键技术研究，启动5G商用。超前布局下一代互联网，全面向互联网协议第6版(IPv6)演进升级。布局未来网络架构、技术体系和安全保障体系。

开放民间资本进入基础电信领域竞争性业务，形成基础设施共建共享、业务服务相互竞争的市场格局。深入推进“三网融合”。

(二)实施“互联网＋”行动计划，发展现代互联网产业体系

实施“互联网＋”行动计划，促进互联网深度广泛应用，带动生产模式和组织方式变革，形成网络化、智能化、服务化、协同化的产业发展新形态。

积极推进云计算和物联网发展。鼓励互联网骨干企业开放平台资源，加强行业云服务平台建设，支持行业信息系统向云平台迁移。推进物联网感知设施规划布局，发展物联网开环应用。推进信息物理系统关键技术研发和应用。建立“互联网＋”标准体系，组织实施“互联网＋”重大工程，加快推进基于互联网的商业模式、服务模式、管理模式及供应链、物流链等各类创新，培育“互联网＋”生态体系，形成网络化协同分工新格局。引导大型互联网企业向小微企业和创业团队开放创新资源，鼓励建立基于互联网的开放式创新联盟。促进“互联网＋”新业态创新，鼓励搭建资源开放共享平台，探索建立国家信息经济试点示范区，积极发展分享经济。推动互联网医疗、互联网教育、线上线下结合等新兴业态快速发展。

(三)实施国家大数据战略

统筹布局建设国家大数据平台、数据中心等基础设施。研究制定数据开放、保护等法律法规，制定政府信息资源管理办法。促进大数据软硬件产品发展。完善大数据产业公共服务支撑体系和生态体系，加强标准体系和质量技术基础建设。

(四)强化信息安全保障

建立大数据安全管理制度，实行数据资源分类分级管理，保障安全高效可信应用。实施大数据安全保障工程，加强数据资源在采集、存储、应用和开放等环节的安全保护，加强各类公共数据资源在公开共享等环节的安全评估与保护，建立互联网企业数据资源资产化和利用授信机制。加强个人数据保护，严厉打击非法泄露和出卖个人数据行为。

完善网络空间治理，营造安全文明的网络环境。建立网络空间治理基础保障体系，完善网络安全法律法规，完善网络信息有效登记和网络实名认证。

完善重要信息系统等级保护制度。健全重点行业、重点地区、重要信息系统条块融合的联动安全保障机制。积极发展信息安全产业。

总之，“十三五”发展蓝图描绘了国家的发展方向，预示了产业、区域的发展规模和速度。在实现这一规划的过程中，需要全国劳动者的共同参与，更要求掌握了一定知识和技能的新一代大学生们踊跃参加。各个专业的大学生要审时度势，充分认识自我，充分发挥自己专业优势以及其他各种优势，就一定能在祖国的建设大潮中找准自己的定位。

【拓展练习】

通过对“十三五”规划内容的学习了解，你学会审时度势了吗？你从中发现自己面临的机遇和挑战吗？请每位同学都再次梳理自己的职业定位，并回答如下问题：

1.你有自己的明确就业方向了吗？

2.你选择的工作地点会是哪里？

3.你从“十三五”规划中发现了哪些适合自己的产业？

4.你从“十三五”规划中发现了哪些有兴趣的行业？

5.你从规划中看到了你的职业方向会有哪些发展？你又能从中把握怎样的机会？

6.互联网十给你带来哪些思索？

第七章

乐观向上，积极准备

学习目标

1. 学会如何培养健康的心态。
2. 掌握搜集求职信息的各种方法。
3. 学会甄别各种信息的真伪。

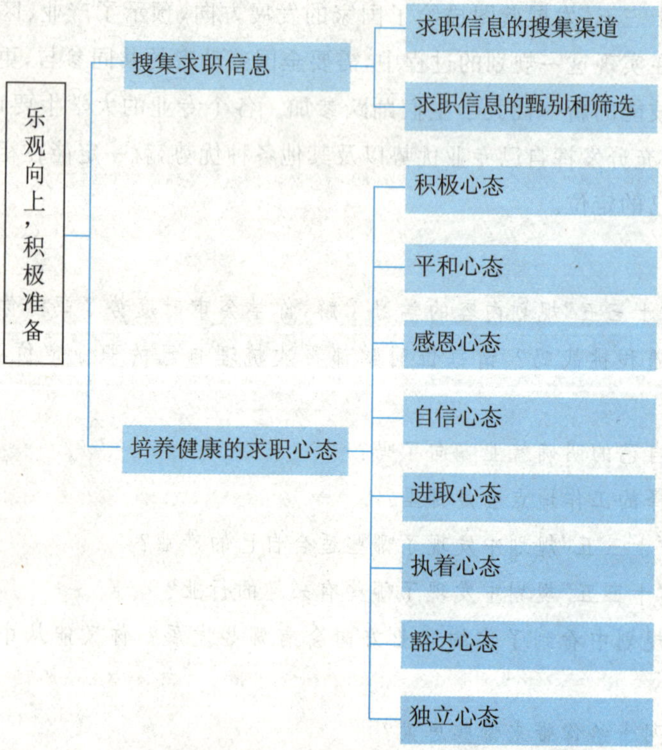

在了解了产业、行业、企业分类，了解了大学生就业形势和“十二五”规划给大学生创造的机会的前提下，我们不仅要初步锁定未来的毕业目标，还必须对自己的未来做好准备。对那些准备就业或者创业的同学们来说，乐观向上、积极准备是帮助我们顺利求职、成功就业的行动方针。

小知识贴士

往下扎根的启示

近日，连下了几场大雨。我在田边遇到一位正在种树的老农。我说：“雨水足，树一定能长好吧？”老农却说：“不对！风调雨顺的天气，树根就长得浅，大风一刮就倒。”我听了很吃惊。老农又说：“相反，如果天气有些旱，树就会将根扎深，去吸收水分。这样即使将来风再大，天再旱，他们也能活。”

为了生存，往下扎根，去适应恶劣的气候，农民种树的经验给了我们些许启示。

俗话说：根基不牢，地动山摇。

【分析】

就业难的现实也极大地提升了当代大学生的就业适应能力和生存能力。只要自己有思想准备，再大的困难也能克服。当代大学生的就业能力在一定程度上远远高于他们的老师。

第一节 搜集求职信息

大学生往往花几年的时间学习怎样从图书馆或者其他地方查阅资料，却很少想到用同样的查询技巧为自己造福——搜索公司信息、职业种类及这个国家中存在的你可能感兴趣的部门。

艾伯特·夏皮罗，美国俄亥俄州立大学教授

在毕业前夕，在我们锁定所适应的产业、行业目标之后，就应该尽量搜集目标用人单位的相关信息。搜集信息要掌握几个原则：第一，注意信息来源，以确保信息的真实性；第二，要注意多搜集几个相关目标单位，不要过早集中在一两个目标企业；第三，对所搜集的信息要注意甄别、筛选。

一、求职信息的搜集渠道

(一)学校就业办

学校就业办是专门从事学生就业服务的部门,对本校学生的特点和相应的用人单位有比较清楚的了解,是学生最可以信赖的求职信息来源之一。学校就业办的信息来源主要是:各用人单位、各地方人事部门发来的就业信息;各类供需见面会的就业信息;直接到学校招聘毕业生的用人单位的就业信息。就业办一般会在学校就业网站上和宣传栏中对这些信息进行发布。

(二)校园招聘会

校园招聘会是学校就业办为学生求职所举办的专场招聘会,一般来说,每个学校都有固定的用人单位来源,特别是有的学校目前实行了校企合作,对本校学生就业很有帮助。

(三)老师和学长

老师对本地区与本专业相关的用人单位有更多的了解,特别是对上几届学生的毕业去向比较清楚,从老师处可以获得这些企业或者学长的信息,这样你可以更方便快捷地建立自己的求职人脉,并了解用人单位的信息,甚至岗位要求和职业满意度。学长们有时甚至可以在你求职过程中可以提供决定性的帮助。

(四)互联网

(1)国家公务员考试——国家公务员考试的信息多从人力资源与社会保障部的官方网站上公布。

(2)地方公务员考试——由各地人力资源与社会保障部门的网站公布。

(3)选调生考试——由各地党委组织部门负责发布信息,请及时关注。

(4)教育部相关网站——教育部相关网站每年提供近240万个岗位信息。这些信息都是一些大型企业的用工信息,资料来源可靠。但有时会与地方的信息重叠,需注意。

(5)社会招聘网站——社会上有一些专业招聘网站,也发布相关招聘信息,如51job、智联招聘和中华英才网。许多网站发布的招聘信息更新不及时,有的岗位已经招聘完成,但网站上的内容没有删除。

(6)企业网站——有的企业就在自己的网站上发布招聘广告,所以目标企业确定之后,直接通过企业网站去了解该企业信息是最应该做的事情。有时自己的简历也可以通过企业网站直接递交。

(五)人脉关系网

自己的亲属、朋友、同学是自己求职信息的重要来源之一。我们在初步确定相关毕业目标后，应该把自己的目标尽早通知他们，获得他们的帮助。因为一个人的人脉有限，但一个人的人脉圈的人脉是无限的。我们在求职过程中一定要用到这个优势。

(六)各种招聘会

(1)各地人力资源与社会保障部门举办的招聘会。

(2)各地教育部门就业指导中心举办的专场招聘会。

(3)各行业、各企业举办的专场招聘会。

(4)社会中介机构举办的招聘会。

(七)报纸、杂志、电视等媒体

报纸、杂志和电视等媒体上的招聘广告。

(八)电话号码簿

从本地的电话号码簿上去查自己感兴趣的单位，并主动去联系，也许会给你带来意想不到的收获。

(九)义工

义工和社会活动有助于你接触社会，或者说让社会人认识你，也许这是你获得工作机会的好方法。

(十)见习、实习单位

从见习和实习单位搜集招聘信息是最简便、最直接、最可靠的途径之一。如能在这里就业那是最好不过的。一方面，在见习和实习期间，自己对该用人单位的工作内容、性质、企业文化、绩效考核制度都有所了解，同事也较熟悉；另一方面，用人单位对你的表现也较了解，在这种环境里，你更容易成长和适应，能够更快地度过适应期。

二、求职信息的甄别和筛选

求职信息的发布途径很多，求职信息也铺天盖地，有时，容易被一些虚假信息所迷惑。因此，信息的甄别和筛选十分重要。

(一)分析信息来源

获得就业信息应把握四个原则，一是便捷，二是权威，三是适合，四是时效。最可靠和有效的信息来源是见习或者实习单位的招聘信息、自己的亲友们提供的招聘信息、学校就业办提供的信息和校园招聘会的招聘信息。对这些信息应及时登记并进行分析处理，排列重点，计划好联系的时间，记录联系结果，以便最终判断最后的目标（表 7-1）。

表 7-1　信息搜集登记表

时间	信息来源	内容	可靠性	自我分析	重点排序	联系记录	结果

（二）直接印证相关信息

对感兴趣的招聘信息，我们应该直接去印证信息的真伪。即可以直接打电话，有时如果该用人单位在同一城市，也可以直接上门拜访，这样可以直接了解招聘情况，尤其是用人单位的其他信息，分析它是否是自己想去的地方，是否符合自己的发展方向。

（三）做出选择

目前，大学毕业生就业呈现出一种“有业不就”的怪现象。一方面，每年都有数十万学生无法就业；另一方面用人单位又找不到合适的人，这种结构性矛盾的产生充分反映了一种现象，那就是大学生面对岗位信息无法做出判断，也就是俗话说的“信息多的挑花了眼”。有时候，选择是一件艰难的事，有人说，如果全国只有三个岗位，你可能就不失业了。因为你会拼命去争取；现在就业的信息多了，你反而挑三拣四了。所以，我们要善于把握机会，尽快做出合理的选择。

表 7-2 为求职信息汇总分析表，大学生可以对照此表来分析汇总各种求职信息。

表 7-2　求职信息汇总分析表

搜集的信息	全部信息	可用信息
招聘会信息		
网站招聘信息		
行业招聘信息		
区域企业招聘信息		
事业单位公开招聘信息		

第二节 培养健康的求职心态

在众多的人才公式中，有这样一个公式，即：人才指数＝（知识＋技能＋心态）×天赋参数（其中，知识占15％，技能占35％，心态占50％，天赋的参数值从0.1～1.2）。也就是说，影响一个人职业发展的后天因素中，除了知识和技能之外，心态尤其重要。而对求职的大学生来说，求职的心态直接影响到求职者的行为表现，并进而影响到求职者能否顺利地找到自己所适应的职业和岗位。《人人都能成功》一书中，明确告诉大家，每个人都有一个法宝，法宝的正面是积极心态，反面是消极心态，积极心态带领自己从低谷走向成功的山峰，消极心态导致自己走向失败。所以，我们鼓励大家树立积极的心态，勇敢面对求职过程中可能遇见的一切困难和挫折。

一、积极心态

所谓积极心态，就是指在面对工作、问题、困难、挫折、挑战和责任时，要从正面去想，从积极的一面去想，从可能成功的一面去想，积极采取行动的一种心态。大学毕业生要保持积极的心态，积极收集就业信息，了解就业政策、行业发展趋势，并认真分析自我，找出自己的优势和兴趣所在，准备求职材料，提高应聘技巧，勇敢地面对求职过程中可能遇见的挫折和困难，百折不挠。

积极心态的人在遇事时的十种态度：

(1)执着：对个人、企业和团队目标、价值观持有坚定不移的信念。

(2)挑战：勇敢地挺身而出，积极地迎接变化和新的任务。

(3)热情：对自己的工作及公司的产品、服务、品牌和形象具有强烈的感情和浓厚的兴趣。

(4)奉献：全心全意完成工作或处理事务。

(5)激情：始终对未来充满憧憬和希望，对现在全力以赴地投入。

(6)愉快：乐于接受微笑、乐趣，并分享成功。

(7)爱心：助人为乐，感恩心态。

(8)自豪：因为自身价值或团队成绩而深感荣耀。

(9)渴望：强烈的成功欲望。

(10)信赖：相信他人和集体的素质、价值和可靠性。

小链接

健康心态

健康心态=阳光心态+积极心态。

什么是阳光心态？阳光心态就是：把别人的批评、责骂、指出不足、建议等负面的东西，看成是善意的，看成是“关爱、帮助和造就”自己，以感恩和学习的心态，虚心听取，思考，分析，反省，从中吸收有利于自己进步成长的营养，促进自己进步成长。阳光心态主要是指做人方面。

什么是积极心态？就是：面对工作、问题、困难、挫折、挑战和责任，从正面去想，从积极的一面去想，从可能成功的一面去想，积极采取行动，努力去做。主要是做事方面。

积极心态是一种主动的生活态度，对任何事都有足够的控制能力，反映了一个人胸襟、魄力。积极的心态会感染人，给人以力量。

案　例

某杂志社登出一份招聘广告，招聘条件中有三点：第一，报名截止时间为某年某月20日；第二，要求年龄在35岁以下；第三，要求学农或学文的大学生。年届40岁、学医的某人于25日前往报名。负责报名的某工作人员拒绝接待他。该工作人员说：“我不可能让你报名，因为报名时间已经截止，而且你不论从年龄还是专业都不符合我们的招聘要求。”

在招聘过程中，这种现象是经常可以见到的。你们说，如果应聘者是你，你会怎么办？这名应聘者后来是如何处理这个问题的呢？他采取积极的心态，指出了报名虽然截止，但并没有开始考试；年龄在35岁和40岁之间没有本质区别；专业能力可以转化，而且医学知识可以提升杂志为民服务的质量，正面回答了接待人员的拒绝。他的这种解释和积极的心态也感染了这名工作人员。这名工作人员经请示领导后，破例让这名应聘者报名，而这名应聘者也凭着自身的能力成功应聘该杂志的编辑。

二、平和心态

平和心态是指“胜不骄，败不馁”一切向前看的心态。在我们求职过程中，有的同学可能拿到了著名企业的offer，有的同学甚至同时被多家单位录取；但也有不少同学在毕业时投出数十份简历都无人问津，这都是很正常的事情。平和的心态要求大家在成功的时候，要注意保持冷静，特别是在高兴之余，要注意周围其他没有找到工作的同学的感受。尽可能地帮助和安慰他们，协助他们找出失败的原因以利再战。这种心态会让你在同学们心中的形象更加高大，赢得更多同学的尊重。暂时没有找到工作的同学，也不必气馁。要积极找出原因，找准求职对象，不达目的不罢休。

案 例

胡某，2011 届毕业生。她的毕业去向是首先参加公务员考试。为此做了一定的准备。但国家公务员考试过后，成绩不理想，未能通过笔试。性格乐观的她没有沉沦，在同学的鼓励下，她又投入省市公务员的考试复习之中，经过 1 个月的复习，顺利通过首轮笔试，进入面试阶段。

三、感恩心态

感恩心态是要求大家对一切都要有感恩之心。首先要感谢父母的养育之恩，感谢老师的教导之恩，感谢国家的培养之恩，感谢老板的岗位之恩，感谢同学的帮助之恩，感谢……

心存感激的人，特别容易培养自己的爱心和责任心，容易树立起宽宏大量的胸怀。

同学们应该看到国家发展给我们提供的机遇，国家对大学毕业生双选政策的调整赋予我们选择自身前途的权力。

同学们应该看到我们的老师在知识、技能和个人成长中对我们的帮助，看到我们的专业老师和就业指导中心老师为了我们的成功就业所做的工作(就业知识辅导、工作岗位信息的提供等)。

感谢父母十余年来对自己的培养，我们要用心回报父母。

案例

在浙江衢州，某大学有这样一位毕业生。他觉得，他要用感恩的心来感恩社会、回报社会，于是他毕业时选择了到西部去支教的工作。响应党的号召，来到四川某藏族州，为西部儿童的教育出力。在工作中，他不仅兢兢业业地为学生做好教学工作，而且还主动为西部儿童联系到浙江学习牵线搭桥。在他的努力下，衢州教育局与他任教的农村建立了共建关系，每年都有两个班的学生从西部来到发达的浙江学习。他也因此受到浙江省团委的表彰。

四、自信心态

自信心来源于自我内心对自己的肯定和接受，来源于既往成功的经历，来源于对某一问题的深入了解和剖析。这是人们迈向成功最重要的心态之一。即将毕业的大学生要通过自己在见习、实习过程中进行的职业体验，通过对就业政策和就业形势的分析，结合对自己的认知，树立自己的信心。这将有助于你顺利通过面试，成功就业。

案例

某卫生学校的一名毕业生，毕业前夕自己参与了速录班培训，每分钟的打字速度达到250字以上。带着这份自信，她参与了一所著名的三甲医院的招聘。护理专业成绩不是太好的她，应聘之前不被老师和同学看好。有的同学还说，你这种成绩最好别去应聘，否则肯定是陪考。不料，在投档之后，她的简历被院领导看重，作为特殊人才为院办公室新增一个编制，成为该院在该校录取的三名同学之一。这个结果大大出乎同学和老师的意料。事后她在班上介绍成功就业经验时总结到："速录特长给了我自信，我相信我能够通过面试，成功就业。"

五、进取心态

新一代的大学生应该充满进取心。在经过大学数年学习之后，应该用自己所学的知识和技能来报效国家、报效社会、报效父母，为我们伟大祖国的建设贡献力量，在工作中取得合理报酬来赡养自己的父母。当然，我们在学校学习的知识和技能与社会所要求的还有差异，因此，我们还必须在工作中不断学习，特别是要积极地转变角色，使自己尽快适应职业生活，尽快熟悉业务知识。保持永不服输、不怕困难的进取心是我们取得事业成功的保证。

案 例

高向丽:"两万根接线无差错"第一人

高向丽2007年毕业于河北省能源职业学院。2007年11月进入唐山轨道客车股份有限公司并开始接受德国技术人员的培训,走上了接线岗位。很快,她在捋线、核线、接线、剥线流水线一般的节奏中,创造了历史纪录。

简单的流程、单调的节奏是她的工作旋律。可在这单调的背后,却是整个动车组列车的中枢神经,任何一根线出现问题,带来的都是不简单的后果。"当时感受时速350公里的列车就是个神话,我能亲手为创造神话出力,打心眼里觉得自豪。"高向丽说。

看过她接的开关柜,你就会明白什么叫做"既然干了就干得最好"。根根不同颜色、不同粗细的电缆温顺乖巧地排列一致,弯曲的弧度、绑扎的间隔相同,整个接线构思、布局犹如艺术品那样美观整齐。

每天,完成一天工作的接线工都必须把写有自己名字的作业牌捆扎在绑好的线缆上,"记名作业牌放上去,就再也不会取下来了。"到2013年3月1日,她累计完成20112根接线无差错,成为唐山轨道客车股份有限公司两万根接线无差错第一人。高向丽的名字已经与48列不同型号的动车组列车融合在一起。

专家分析

平凡的岗位上可以做出不平凡的事业。高向丽的事迹说明只要勤奋努力,富有责任心,我们新一代的大学生一定能够在各种岗位上做得很好。

六、执着心态

这里说的"执着心态"主要是指在追求目标的过程中,克服各种困难和挫折,在困难和失败中积累成功的要素,直到达成目标的心态。

有些同学,遇见困难容易退缩,喜欢逃避,还美其名曰"识时务"。但是,很多情况下,挫折是正常的,失败是常见的。因此,执着也是必需的。

案　例

某位同学看中了一家公司，但HR对他的简历看不中，没有安排他面试。在面试的那天，他虽然早早来到招聘现场，但HR始终没有让他进去。看到应聘者一个个地进去、出来，他不为所动，坚持等待。当最后一位应聘者出来后，主考官还在讨论录取名单时，他自己主动地走了进去。看到他进来，主考官们觉得很纳闷，面试的人员不是已经全部结束了吗？于是他解释道他对该公司的敬仰，说明他从早上一直等到结束的经过，恳请主考官们给他一个面试的机会。

看到他的执着，主考官们答应了他的面试请求，破例让他面试。他抓住这个机会，努力展示自己的知识和能力，并赢得了想要的岗位。

七、豁达心态

豁达指心胸开阔、性格开朗，能容人容事。豁达是一种大度和宽容，是一种品格和美德，是一种乐观的豪爽。它可以帮助人们接受失败、承受挫折，渡过难关。

案　例

有一次，有位同学去参加某企业的招聘。在面试时，HR告诉他此岗位只剩下最后一个名额，要在他和另外一个家庭境况比较差的同学之间选择。问他的意见时，他豁达地说，“尽管我十分愿意得到这个岗位，但是如果另外这名同学比我更需要它，我愿意把这个机会让给他，我再去找。”HR很欣赏他的豁达，跟他说你回去等消息，我会努力地去争取。两天后，HR打来电话，通知他被录用。事后他才知道，正是由于他的豁达感动了HR，HR主动向领导做了汇报，领导决定增加一个名额给这名心胸豁达的同学。

八、独立心态

我国的经济发展取得了巨大的成就，也诞生了许多中产阶层。不少同学的家庭条件都不错，造成有些同学有业不就，贪图享受、害怕吃苦，不仅不主动找工作，而且学校给他提供工作信息他也不接受。某校有位同学，学校先后三次给他提供就业信息，第三次好不容易去上班了，但仅仅上了一天，就被家长领回去了。家长的话是“我们家不缺钱，我家小孩不需要这么辛苦。”家长的这种做法实际上助长和滋生了学生的“啃老”现象。从个人的发展来说，同学们应该注意保持自己的独立，保持参与社会建设的权利，从工作中去找到自我，克服对家庭的依赖。

表 7-3 为自我心态总结表，大学生可以对照此表来客观分析自己的心理状态。

表 7-3 自我心态总结表

心态类型	应具备的状态	现在达到的水平
积极心态		
平和心态		
感恩心态		
自信心态		
进取心态		
执着心态		
豁达心态		
独立心态		

【拓展练习】

1. 你是如何搜集求职信息的？在搜集过程中遇到了哪些困难？
2. 请检测一下自己的求职心态是否符合积极心态的要求。

第八章

求职材料，全面翔实

学习目标

1. 学会根据求职目标编写相应的求职信。
2. 学会根据求职目标编写相应的简历。
3. 了解建立大学生职业信用档案的意义。

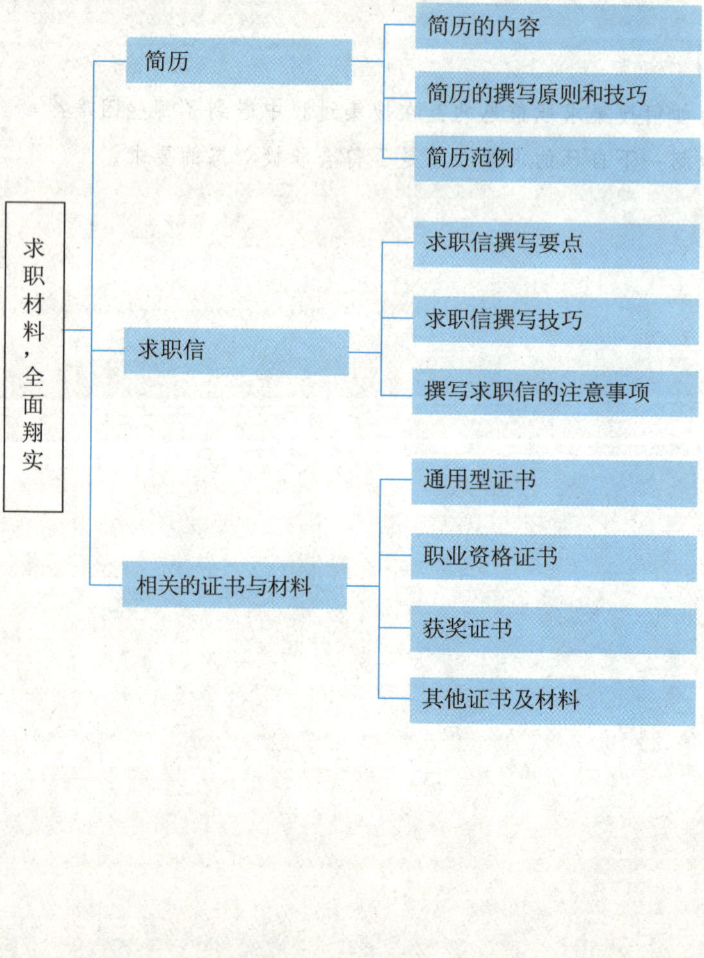

在确定好自己的毕业去向，搜集好用人单位的相关信息之后，我们要积极地准备必要的求职材料。求职材料一般包括简历、求职信、相关证书、自己的成果等。鉴于大学生就业后，跳槽率较高，目前有关方面正在强化诚信就业的措施，强调员工的职业信用，要求大学毕业生在提交求职材料时，必须出具大学生职业信用档案，该档案记录了大学生在校期间的表现、奖惩情况、参加社团活动及社会活动的表现、见习实习期间的表现。在当今社会信用体系正处于建设阶段的时候，如果能够提供一份个人职业信用档案，那无疑会增加求职者的面试机会。

第一节 简　历

简历是自我推销的工具，是一种个人广告，更像是一张业务名片，用来向招聘单位展示求职者的工作经历和技能以及它们对于未来雇主的价值。简历的目的是帮助求职者获得面试机会。

简历在求职过程中起着非常重要的作用，对毕业生求职的成功与否起着十分关键的作用，所以求职者在简历中，要将每一项包含在其中的内容进行评估，评估的标准就是看该项内容是否有助于你获得面试的机会，如果某项内容会影响 HR 对你的判断，那就删除这项内容。如果你确实觉得要说明某些情况，那也不要在简历中写明，而留待面试时说明。

小知识贴士

企业 HR 对于简历的态度

我们不希望看到那种详细罗列的工作记录“表”，也不愿意看到申请者与多少人有过工作关系。我们想确定的就是他们能为我们的工作提供什么样的技能。申请者的业绩与贡献应该是主要的参照依据。申请者应该说明他们取得什么样的成绩，而不是简单地说“曾经做过”什么，应该说明他们是如何运用所掌握的技能——这些内容才是公司要求的“精华”。

一、简历的内容

一份完备的个人简历一般包括以下 5 个方面的内容（表 8-1）：

表 8-1　个人简历包含的主要内容

身份详情	姓名、性别、年龄、籍贯、民族、政治面貌、健康状况、联系地址、邮编、电话、电子邮箱等
学习经历	就读学校、专业名称、开设课程及学习成绩(应结合所获证书或职业培训的资料等)
相关经历	实习、打工、担任社会工作、参加社会活动的内容,尤其需要突出与应聘职位有关的工作成绩。内容要具体,证明人要落实
兴趣、特长、兼职	重点是与求职相关的内容,包括专业技术特长、一般性特长(如外语、计算机、普通话、写作)、兼职情况及其他特殊能力
获奖励情况	三好学生、优秀学生干部、优秀党团员、奖学金等

二、简历的撰写原则和技巧

在求职过程中,毕业生都希望亮出一份出类拔萃的个人简历。撰写简历有一定的原则和技巧。

简历可以说是我们进入职场的第一块敲门砖,简历写得好,更容易得到企业HR的赏识,从而可以获得宝贵的面试机会。但是我们要提醒大学生的是:一定要切记一点——好的简历不是写出来的,而是走出来的!

一份优秀的简历,最重要的还是大学生自身平时经历的积累,是参加实践活动的总结。只有在日常生活及社会实践中丰富自己的阅历,充实自己的简历素材库,我们才能写出得到HR肯定的简历。而掌握简历撰写的原则和技巧,则是能让自己的简历锦上添花而已。

(一)原则

简历撰写的基本原则是:内容简洁,诚实自信,制作精致,消灭错误,强调成就,目标定位,措辞明确,赏心悦目,自行设计。

(二)技巧

1.简洁

简历要简洁醒目。最好在一页纸内完成。因为用人单位的HR每天要接收数百封简历,他用在你简历上的时间据介绍一般只需要8秒,不超过20秒,所以你写的简历就必须在20秒内能让他了解你。

要把应聘的岗位写在前面。除了部分用人单位采用统一的格式简历之外,如果是自选简历,则可以考虑将不太重要的内容(比如,籍贯、身高、家庭地址、照片、身体状况等)删除不写。

如果你需要用两页纸来完成简历,请清楚、完整地把你的经历和取得的成绩表现出来。不要压缩版面,不要把字体缩小到别人难以阅读的程度。

2. 理出针对求职目标的应聘优势

大学毕业生想要获得自己心仪的职位，就要在简历中根据职位的要求，有针对性地介绍自身的优势和长处。将自己的经验和阅历浓缩，抓取其中最符合目标岗位需求的部分，加以提炼。一定要学会舍弃，不要希望能让 HR 了解你各方面的优势，要学会重点突出展示企业最需要的部分，把自身具备的其他优点和长处暂时忽略。如果确实需要，可以在获得面试机会时加以补充。例如，你是一位在各方面都很出色的大学生，如果去应聘销售岗位，那么重点要写的是你曾经有过销售经历，以印证自身具备的销售能力和沟通能力；而其他诸如写作能力、才艺能力则要加以淡化。

3. 根据求职目标修改简历

你有几个版本的简历？你发出去的简历是千人一面，还是各个不同？每一份简历，都是根据所申请职位度身制作的吗？在每一份简历上，都出现了应聘单位的名字或者产品吗？你把招聘单位的 LOGO 拷贝到自己简历的页眉上了吗？在简历的页脚简单描述了你对其产品和服务的认知了吗？

在找工作的过程中，次次修改简历会使你感觉无比的辛苦。尤其是经历了无数的简历没回音、笔试被废、面试被拒之后，你可能会非常气馁，从而只是机械地把千篇一律的简历海投出去。但过程永远没有结果重要！如果你想增加自己简历的成功概率，记住，一定要根据求职目标修改简历！

这里要说明的是，针对不同的用人单位写不同的简历是必要的，但是一定要保持简历内容的真实性。而且去应聘某一单位时，只带这一份简历，否则会弄巧成拙。

案　例

有一天，小王接到了面试通知，兴冲冲地按约去面试。轮到他面试的时候，他当着面试官的面从他的包里拿出了一叠简历，并从中挑选出一份给面试官。看到这种情况，面试官只问了他一句“你究竟想应聘什么岗位？准备了几种简历？”这次的面试匆匆结束了，给小王上了生动的一课。

4. 内容真实

虽然要“王婆卖瓜，自卖自夸”，但是不要虚构业绩和经历。简历最重要、最基本的要求是真实。诚实地记录和描述自己大学期间的经历和所获得的成绩，能够使阅读者产生信任感，用人单位对于求职应聘者的最基本要求就是诚实。阅历丰富的 HR，对简历有敏锐的分析能力，遮遮掩掩或夸大其词，终究会露出破绽，何况还有面试的考验。与其费尽心机，适得其反，不如老老实实，真实而全面地反映自己的情况。

5.注意不能出现错别字

简历最忌讳错别字。许多 HR 说:“当我发现错别字时,我就会停止阅读。”简历中有错别字就说明你的素质不够高。

6.注意外企与国内企业对简历的要求有所不同

具体参见表 8-2。

表 8-2 国企与外企在简历甄选上的区别

	外企	国企
个人信息	较为简单: 姓名、地址、电话、邮件	较为丰富: 基本之外还可能需要性别、民族、籍贯、婚否、身高、体重、政治面貌等
教育经历	可能需要学分	通常直接看成绩
长度	本科生最好一页,除非经历足够丰富	可一到两页
学术活动	对高职高专学生一般不看重,仅作为参考;研究生而言可作为研发能力的表现	很关注学术获得,发表论文、参与学术研究的经历能得到好感
工作经历	能体现出个人适应工作素质的所有经历都会受重视	与职位相关度高,不相关的经历可能不受重视
校园活动	对教育背景的补充,重视其对个人带来的能力提升,但仅有校园活动并不太够	很重视校园活动,尤其是在其中的职位。学生干部更受青睐
奖励	不仅关注奖励本身,也在意获奖难易程度,如一个班级的获奖人数和评奖标准	比较看重奖励的数量。对政治要求比较高的,对学生干部、优秀党员之类奖励比较看重
职业技能	相比证书,更看重软性职业技能	比较看重各类证书,尤其国家承认的职业技能证书

7.简历没有特别有效的统一格式

大家一定要注意一点,即没有确保万能的简历格式。简历的模板大家可以从互联网上下载很多种,哪一种适合自己由自己定。有人做过这种调查,他拿一些已经被甲单位录用的人员的简历给另外单位的 HR,那些 HR 看到这样的简历,用不屑的口气说道,没人会录用这些人!实际上,这只说明每个企业的 HR 对简历的要求是不一样的。

案 例

某男,21 岁,初中文化,从事销售工作 6 年,主要销售保健品、化妆品,有会议营销经验。要求月薪 5000 以上。

这样一份简历，吸引了某企业负责人的关注，他亲自打电话问这位求职者，“你初中文化，这么年轻，凭什么要求这么高的底薪?”那位应聘者给出了满意的答案，为此，他获得了该企业的销售经理职位。

8.微简历

微简历是最近刚兴起的一种新的简历模式。鉴于移动互联网技术是“十二五”期间国家重点发展的项目，而微博、微信目前是青年学生使用最多的工具之一，所以，利用微博、微信发布的微简历可能成为今后简历发展的一种趋势，值得同学们关注。

小链接

118字写满实践经验体会 大学生靠“微简历”进腾讯

所谓的“微简历”就是用微博写简历。微博的字数限制在140个字符之内，所以简历必须精炼。近日，华中科技大学武昌分校新闻系大三学生胡超凭借一份118个字的网络“微简历”，从两万名求职者中脱颖而出，提前被腾讯公司录取为产品经理。这代表一种新的潮流和趋势，大学生们应该引起重视。

2011年3月，胡超在网上看到一则“微简历大赛”的消息，称“撰写简历优秀者将有机会赢得腾讯公司实习或工作机会”。这让有过多次营销比赛经验的他感到跃跃欲试。“我喜欢互联网，课余时间还学习过代码知识，编过网络杂志、建过个人网站，技术上肯定没问题。”胡超自信地说。

为了在微博所限的140个字以内最充分地展现自己的优势，胡超绞尽脑汁。“我把自己实践经历中和产品经理这个职位相匹配的部分在草稿纸上列出来，然后一遍又一遍地尝试用最简洁的语言来概括。”他说，为了让自己的表现更加突出，他还精心设计了一份电子版的“一张纸简历”——将自己的基本资料、个人技能等浓缩在一张纸上——链接在微博后。“‘产品开发速度’、‘回报率’这些词在我的简历里很常见，它们也让我看起来更专业。”

微博发出后第二天，腾讯公司人力资源部的工作人员就联系上了胡超，并就一些技术问题在电话里对他进行了3轮面试。4月1日，胡超接到录取通知，成为该公司的一名产品经理。

“我现在才上大三，在这个职位上还有较长的实习时间，但我相信我能做好。”胡超总结自己的求职经验时说，求职需要认真，但也要有技巧。“简历制作并不是越厚越好，而要针对职位需求列举自身对应优势、各个击破。我的观点是，自己就是商品，需要成功的营销和运营。”

微简历摘录：经历1次创业，2个网站，3个项目，4次实习，5年规划，6年tx产品使用，7种基本技能，8年触网经验。专注时间管理；产品体验狂；网络营销和数据分析；PRD、BRD逻辑图和DEMO设计经验……（楚天金报）

三、简历范例

(一)萌萌的简历

求职意向：硬件开发工程师

个人信息：

姓名	萌萌	性别	女	身高	165cm
出生年月	1989年10月	学历	大专	体重	50kg
政治面貌	团员	专业	×××××	视力	1.2
健康状况	健康	籍贯	××××		
联系方式	13456789012	电子邮箱	123456@126.com		

照片

教育背景：

2008年9月至今　××××大学　专业：电子科学与技术

2005年9月至2008年6月　高中：××二中

主修课程：

电路分析（双语）、数字电子技术、模拟电子技术、微机原理与接口技术、感测技术基础、电子科技英语、材料分析测试技术、信号与系统、C语言与程序设计方法等、

专业实习：

2009年6月金工电工实习两周，学到了焊接技术，掌握了电烙铁、车床的使用方法，可以自己焊接电路板，并成功完成了收音机的制作。

2010年6月秒表倒计时电路设计与制作，从设计到制作，团队合作，合理分工，巩固焊接技术的同时，掌握了电路设计，并成功完成任务，得到老师的肯定。

社会实践：

2011年3月利用课余时间在餐馆做了一个月的服务员。虽只是简单的服务工作，但锻炼了我的处事能力；一天6个多小时的工作让我学会了坚持，学会了合理的安排时间。

2011年4月开始在食堂卖早点。多学多看，收获很多：礼仪、坚持，朋友的支持，团队的合作等，锻炼了自己的适应能力、协作能力。

(二)小堂的简历

小堂

手机：400-600-2010　　电子邮件：cv@qiaobutang.com

地址：上海市海宁路 1399 号　　邮编：200072

求职意向

医药销售

教育经历

2002 年—2006 年	**乔布堂大学**	**药学院**	**药学方向**	**本科**
2003 年—2005 年	**乔布堂大学**	**外语学院**	**英语**	**辅修学位**

销售&宣传相关经历

2003. 8～2005.9　**乔布堂大学职业发展协会组织部**

- 走访了近 200 个寝室，招揽了新会员 300 多名
- 与社区管理员做大量的沟通工作，为进入寝室拜访做好准备
- 总结协会为学员提供的利益，通过印制传单、海报、横幅、设摊答疑、宿舍楼走访等方式进行宣传
- 多次举办 30 人左右的宣讲座谈会，向到会者推介协会
- 广泛建立与新生的关系，通过新生的彼此介绍，加强协会的品牌推广

2003.3～ 2004.10　**乔布堂大学学生会宣传部组长**

- 带领 5 人小组负责学生会所有活动的网络宣传工作
- 带领宣传小组设计网络宣传方案，并通过校内网络进行实施，实际上拓展了寝管中心形象推广的新渠道
- 调查同学需求，基于学校师生的实际需要，制作使用方便的软件光盘。在校园内进行推广，并受到广泛的欢迎

医药相关经历

2004. 9～ 2004.10　**“过期药物换新药”社区活动**　**发起人&组织者**

- 带领志愿者团队到校医院学习医药知识，并制作医药知识宣传海报
- 在学校附近社区设摊一周，向居民宣传过期药物的隐患、过期药物处理办法
- 回收 30 多种过期药物，全部交由校医院和专业老师妥善处理

2002. 9～ 至今　**乔布堂大学药学院**　**专业课 Top5**

- 系统学习药物的合成、药物的分类、药物的作用机制、药物的代谢动力学、药物毒副反应、药物化学结构等知识
- 两次获得综合课程二等奖学金

语言及计算机能力

大学英语六级（CET6）	通过
上海计算机等级考试 3 级（数据库）	通过

第二节 求职信

求职信是求职者写给用人单位的信，目的是让对方在看过求职者的简历后进一步了解、信任求职者，最终达到求职者被录用的目的。它是一种私人对公并有求于公的信函，是毕业生求职过程中常用的辅助材料。一封好的求职信是打开就业之门的“敲门砖”，因此，在写求职信时，求职者必须思考“你想干什么”、“你能干什么”两个问题。明确希望从事什么工作，最适合什么工作，并且确定是否具有从事此项工作所必需的知识与技能。

求职信属于专用信函，书写时一定要符合书写格式和书信语言的礼仪规范。求职者以书面形式与用人单位进行的第一次接触，是“双向选择”的桥梁，是用人单位决定取舍的首要依据。求职信写得如何事关求职的成败，所以要把握求职信的撰写要点，注意求职信的写作技巧，写出高质量的求职信，接受用人单位对自己的一次非正式考核。

一、求职信撰写要点

(一)自我介绍

1.说明自己的情况

应届毕业生要说明所在学校和所学专业，比如“我是××大学经济学院经济学专业应届专科毕业生”，简单一句话，就让招聘经理对你的身份有了大概的了解。

2.介绍信息来源

接下来应该说明你所应聘的具体职位和得到职位信息的途径，许多公司通过报纸、杂志、网站等公众媒体发布招聘信息，在信中要写明信息来源。写清楚谋求的职位或职业目标，告诉他们你对此企业了解的情况，通常是简短的一两句话。对于一个大公司来讲，每天收到的求职信会比较多，信的开头就表明求职意向会给对方工作带来方便。

案例

尊敬的人事经理：

我近日在智联招聘网上获悉贵公司正在招聘××××一职，特寄上简历敬请斟酌。或者说：在《××》杂志上我读到了你们××的计划，很感兴趣，想加入你们的企业中。

小链接

如何巧用第三者

如果有的话，求职者可以在求职信中提及招聘人员和自己都知道的第三者作为推荐人，从而在自己和招聘人员之间建立联系。这种做法可以引起收信人对你的关注，如果推荐人级别比较高，招聘人员更加不会怠慢。

如果你得到了招聘公司内部员工的推荐，求职信的写作技巧和表达语气要注意表现得非常专业，不能过分强调私人关系。因为招聘人员在得知你是公司员工介绍的人选时，已经优先给你机会了，此时一个专业的有能力胜任这一岗位的应聘者，应该不枉介绍人对你的“厚爱”，而那些一味闲谈自己与介绍人关系多么“铁”、多么“磁”的人，会让招聘人员心生厌烦和抗拒。

当第三者的专业、职务地位较高时，你在求职信中提到他时语气要格外平和，不要给招聘人员一种狐假虎威的感觉，这样会引起他的强烈反感。比如以下这种说法：“张董事长让我来找你，谈谈这个职位的录取问题。”这种写法显得趾高气扬，根本没把招聘人员放在眼里，好像你就是领导一样，或者领导的意思就是要录用你了。如果真是这样，那么只需领导的秘书打个电话就可以了，何必如此麻烦。而另一种“在与贵公司张董事长的交谈中，他向我介绍了贵公司的情况，建议我与你们联系，进一步互相了解”的写法就比较温和、可取，表现出了对招聘人员工作的充分重视。

当你准备在求职信里提及第三者时，必须先得到他本人的明确同意，不要从对方的言谈中妄自揣测，想当然地认为“不反对就是同意”，其实对方也许只是碍于面子不好当即拒绝，如果你未经明确许可而自作主张地把他写进求职信，很可能会在招聘人员查证时得到他的矢口否认。那时你的自以为是就变成了作茧自缚。

3.阐明你要应聘的职位

你的求职材料有可能被送到人力资源部门，也可能被送到公司的某个业务部门，或者几经周折才到达招聘人员手中。为了使招聘人员明确这些材料的意义和目的，要开宗明义，在求职信开头写明你应聘的岗位。

有些同学以为求职信开篇就直奔主题太过功利，于是开篇就是大段热情洋溢、文采激扬的文字，以为这样能够吸引招聘人员的注意，对自己求职有益。其实那只能让紧张工作的招聘人员感到浪费时间，他很可能会把你的材料搁置一边，甚至扔掉。招聘人员对文字游戏并不感兴趣，他所感兴趣的是你这个人是否有可能是他们所需要的人才，是不是面试的首选。

（二）能力说明

这部分的行文要力求简洁到位，可以列举一个有关公司的较新的重大发展，或是谈谈自己对公司的独特见解，让招聘人员认识到你对该公司颇有认识。但阐述这部分内容的前提是，你必须对该行业、企业有一定的了解，对于该行业、企业的近况和发展都很熟悉。否则一知半解地班门弄斧，会给人轻浮的感觉。

1.综合介绍自身能力

以上阐述你对招聘公司的认识，是为了接下来告诉招聘人员，基于你对公司的了解，你有如下优势，可以为公司做出贡献。

对于在校大学生来说，你能展现的卖点除了毕业院校、对口专业外，还有你对所应聘行业的深入了解，你曾经兼职或是实习的工作与应聘工作的相关程度，你在原来的工作岗位上做出的成绩、创造的价值，这些能够体现出你的工作能力、业务技能等。招聘人员关心这些内容是为了横向比较谁能为公司做更大贡献，谁更适合。

可以围绕简历中的某一两点进行发挥或引起别人对这几点的关注。比如突出你在学业、工作中的重大成就，以证明你具备扎实的知识基础、过硬的业务能力，使招聘人员相信你足以胜任这项工作。

在这一部分，要直奔主题，一个典型的开头可以这样写："我的专业是政治科学，在美国国会实习过，我获得过以下××的成就，具有以下的××技能，等等。"

2.强调自己能为公司做出哪些贡献

许多大学毕业生在写求职信时没有真正明白招聘公司招聘的目的，大书特书自己尚有欠缺，希望能在招聘公司提供的岗位上努力学习，有所收获。但事实是，公司开展招聘主要不是为了给社会创造更多的就业机会，更不是像学校一样主要是提供学习机会，而是为了网罗人才为己所用，他们需要求职者能够为招聘公司贡献力量。因此，这一部分可基于上述个人能力和经验，表明可为公司在哪些具体方面做出贡献。

(三) 传递有效信息，争取面试机会

1.请求答复

结尾应再次强调你对该职位的强烈兴趣以及希望与他们进一步接洽的愿望；要表达出你想与招聘人员面谈的意愿，让他们来安排一次面试；表示你会主动再与他们联系，而且渴望收到他们的回复。

大家应该明白的是，求职信是为了能得到面试机会，而并非为了马上能得到工作机会，也不可能因为求职信写得好而被录取。因此，你的求职信若能使读者产生“欲知后事如何，且听下回分解”的渴盼就达到最高境界了。

2.再次详细告知自己的联系方式

有人认为联系方式在信头、简历等处都已经包括了，没有必要到处都写。其实，再次写清联系方式有助于繁忙的招聘人员轻而易举地找到你的联系信息，同时也让人知道你很善于沟通，善于提供良好的服务。

联系方式的书写也可以使用点句格式，而不用段落，这样能清楚明白，一目了然，让人感觉你是一个很讲效率的人。举例如下：

手机：1399-999-9999

电子邮箱：xiejianli@xiejianli. com

二、求职信撰写技巧

撰写求职信的目的就是要推销自己，引起雇主的注意，争取面试机会。以下是撰写求职信的一些基本技巧：

(1)应聘不同的雇主和行业，你的求职信要量体裁衣，不能以不变应万变。

(2)事先细心阅读招聘广告，搜集有关资料，针对每一项要求来撰写。

(3)自我推销，尽量突出自己的优点和长处。不要夸大其词吹嘘自己的工作能力；也无须妄自菲薄，过分谦卑，以免雇主会觉得你缺乏自信。

(4)内容要精简，直奔主题，段落要分明，条理要清晰。

(5)集中精力于具体的职业目标。

(6)提出你能为未来雇主做些什么，而不是他们为你做什么。

(7)语气诚恳，不卑不亢，表现出自信及积极的态度。

(8)注意正确的文法,切勿写错别字。

(9)不要说不着边际的大话,不要写煽情的话,不要写没有实力的空话。

(10)不应超过一页,除非你所应聘的公司索要进一步的信息。

三、撰写求职信的注意事项

手写一封求职信是目前大学生找工作过程中的常见做法,这便于引起用人单位的注意。但是,如果求职信写作不当,作用会适得其反。求职信的模板可从网上下载,但写求职信时应注意以下几点:

(一)格式规范,言简意赅

求职信的格式和一般书信的格式大致相同,由称呼、正文、结尾和落款等几个部分组成。核心内容就是:你是谁,你怎么知道目标企业的,你要申请什么职位,你了解目标企业吗,你为什么适合这个职位(围绕岗位需要的专业课程、业绩、能力、优势、特长等方面来陈述),表明希望得到面试机会的态度,注明你的联系方式(强调最重要的信息,重视细节)。

你如果知道阅信人的姓名和职务,最好将他直接写出来,比如"×经理:您好"。如果不知道对方的具体情况,就写"尊敬的先生/女士:您好"。在信的结尾要写一些祝愿性的话,并表达对面试机会的期望。

现在的求职信绝大多数是用电脑打印的,但如果你的字写得很好,也可以亲笔书写,这样不仅给人以亲切之感,还可以向用人单位展示你的特长。不管采用何种方式,行文都应该言简意赅,切忌废话连篇。篇幅不应过长,一般以 800 字以内为宜。

(二)不要"饥不择食"

有的学生临近毕业,找工作心切,于是找来一本电话号码簿或企业通讯录,从中随便找一些单位就匆匆发出求职信。这种"饥不择食"的做法,一是使收到求职信的单位没有任何准备,无法在短期内对你有所考查而将信将疑;二是你对单位也不是很了解,工作之后才发现不理想,悔之晚矣。

(三)避免简写引歧义

与朋友谈话时人们习惯简称自己的学校或者所修专业,但在求职中应该避免这样做。用简写词语一是显得随便、不够庄重,可能会引起读信人的反感;二是一些简称只有在特定的地方、特定的交往范围中才能被准确地理解,超出这一范围,人们可能就会不知所言,甚至产生误解。比如"中大",在广东人们都会明白它是指中山大学，但是在广东以外的地方，很少有人明白它的意思。“人大”、“华师”、“政经”等词都很容易被误解，最好不用。

（四）不能眉毛胡子一把抓

有的求职信就像记流水账，想到哪里就写到哪里，既没有逻辑性，抓不住要领，又没有针对性，显得条理不清。这不仅体现出一个人文字功力差，而且也使求职信本身失去了效用。语言表达的逻辑性、条理性、明确性是写求职信的最起码的要求。

（五）做到“适度推销”，绝不可夸大其词

在求职信中应尽量避免使用“一定”、“肯定”、“最好”、“第一”、“绝对”、“完全可以”、“保证”等词，以及类似“有很强的组织能力”、“有很强的活动能力”之类的语句。然而，有的求职者唯恐对方不用自己而一味地吹嘘、炫耀自己博学多才，甚至贬低别人，抬高自己，似乎不录用他，对方就会遭受不可弥补的损失，这种做法是十分错误的。

（六）称呼要恰当，如不恰当会显得俗气

有一位女生在写给某公司的求职信中的称呼是“叔叔、阿姨”，还有一位女大学生写给某单位人事处工作人员的求职信的称呼是“大哥、大姐”，这样的称呼是不恰当的，求职信的称呼应该正式、规范。

第三节　相关的证书与材料

求职材料中，除了准备毕业证书、学位证书、身份证以外，还包括：

一、通用型证书

计算机等级证书、英语等级证书等通用型证书以及雅思（IELTS）成绩证书。

二、职业资格证书

如教师资格证书、商务策划资格证书、物流师资格证书、报关员证书、调音师证书、国家司法考试证书、导游资格证书、职业信用管理师证书等，这类资格证书范围最广、种类最多。

三、获奖证书

指在校期间所获得的各种奖励证书，如三好学生、优秀学生干部、优秀团员、各种积极分子奖学金以及参加各级各样竞赛所获得的证书等。

四、其他证书及材料

社会工作需要的驾驶证及在校期间所发表的各种各样作品的原件或复印件。

思考与练习

1. 试写两份简历、两份求职信，并在同学间互相评判。

2. 你如何用自己的行动来书写和建立自己的职业信用档案？

第九章

了解应聘流程，掌握面试礼仪

学习目标

1. 了解大学生应聘的流程。
2. 掌握面试的礼仪。

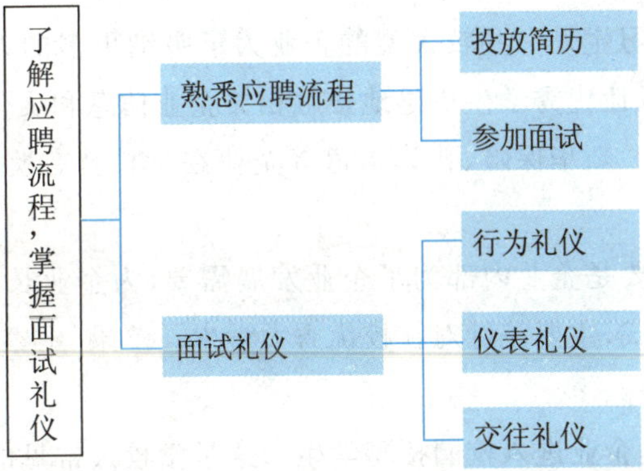

各高校对大学毕业生都要进行求职礼仪教育，目的是帮助大学生能够更好地通过面试，顺利就业。但是目前的礼仪教育较多地局限在一般社交礼仪的教育，而对求职过程中的礼仪介绍相对较少，而这正是我们应该重点了解的地方。

职场需要礼仪，礼仪事实上是为人处世的一种基本的礼节。但是求职礼仪是一种特殊的礼仪，这种礼仪与求职的过程有关。而且，在求职过程中，我们不能过多地强调技巧，因为技巧就是技巧，有时甚至是做作，对经验丰富的 HR 来说，一眼就能看出你的所作所为的目的，反而会影响对你的好感。所以，我们强调学生要保持真诚、朴实、乐观、大方，把一个真实的我展示给招聘官，通过自己的真诚展示来吸引 HR 的注意。

第一节　熟悉应聘流程

企业招聘流程包括奖学金、见习生、管理培训生、校园招聘、社会招聘等众多招聘形式。

奖学金以及见习生是一些较大型的企业为了吸纳更多的人才，而在学校设置的一种招聘制度，以让优秀学生更早地接触相关企业信息和文化，从而增加企业招募优秀员工的机会。新华保险、普华永道等企业在学校就有奖学金以及见习生的设置。

管理培训生主要是企业内部为了企业发展需要，为企业长期储备人才而进行的一种特殊招聘方式，主要是针对在校优秀大学生。苹果、中银等很多企业都有管理培训生的招聘指标。

校园招聘，就是企业进入校园招聘学生。这是学校最常见的招聘模式，企业到学校进行宣讲，然后感兴趣的学生投递简历，简历通过审核后，进入测评或面试阶段。

社会招聘，是社会上人才市场，或者社会招聘网络进行的招聘活动。这里面有较多的欺诈和陷阱，学生们应擦亮眼睛，谨慎选择。

总之，不管企业以何种方式招聘员工，其最终目的还是为了企业发展的需要，所以同学们在应聘过程中，也不须过多担心。

针对企业的招聘流程，我们应该采取相应的应聘措施。比如，首先针对锁定目标企业寻找可资利用的人脉关系，搜集目标企业的内部网站，及时了解企业内部岗位需求；另外，积极针对目标企业的岗位，准备能够证明自身能力的资料；努力挖掘身边与目标企业有关系的人脉资源，争取得到他们的引荐；关注目标企业的网站及通过其他媒体发布的招聘信息。主动联系目标企业的人力资源经理，寄出自己的简历和求职信等求职材料，以便得到面试机会。

一、投放简历

针对不同的招聘流程，应采用不同的简历等求职材料的投放方式，如校园招聘会和社会现场招聘会时可以直接递交简历。向用人单位求职时还可以采用邮寄、网络发送等方式递交简历。

简历等求职材料的递交要注意方法和技巧。

（一）直接递交简历

直接递交简历是参加招聘会时常用的一种方式。这时我们要做的事情主要是：多准备几份简历和其他求职材料，在听完用人单位的宣讲，了解招聘岗位和相关信息之后，应找准目标用人单位的相关人员递交简历等其他求职材料。在条件允许时，应该多与对方招聘人员交谈，以便从谈话中更多地了解用人单位的相关信息。校园招聘会上递交简历等材料之后，一般下午即可得到面试与否的通知。

（二）网络投递简历

有人会问，到底是在网站上直接点击"申请该职位"还是另行将自己的简历发送至招聘广告上公布的邮箱呢？建议你如果在该网站已建立了最新的与该职位相匹配的简历，那么不妨点击"申请该职位"，通过该网站发送简历（当然前提是该网站的系统正常，确保公司能收到你的简历）。这样做的好处是：

（1）HR 不必担心收到垃圾邮件。

（2）应聘什么职位一目了然。

（3）可以得知你获悉职位的渠道。

（4）网站会有自己比较固定的简历格式和风格，HR 对这样的简历也比较习惯，知道去哪个部分找所需要的有用的或者重要的信息。

（三）网络投递简历时的注意事项

1. 邮箱

在求职过程中我们常常会忽略一个很重要的问题，我们没有处处体现出自己的专业化和职业化。不要小看投递简历时所用的邮箱，里面学问可大着呢。

首先，在给用人单位发送简历的时候，要用自己的私人邮箱。

其次，选择稳定性、可靠性高的邮箱，尤其是免费邮箱的选择更要注意，如果不稳定，发送的简历对方没有收到，或者对方回邮的过程信件丢失，那就太可惜了。

最后，邮箱的ID要显得专业、成熟并且职业化。在邮箱ID的设置上，一般可以采用英文名＋中文姓氏；中文拼音＋数字（注册日期、生日等数字）等各种形式均可，最好是让对方看到邮箱就能马上知道你是谁。

2.邮件标题

关于邮件的标题问题要尽量按照招聘方的要求来做，因为这是他们初步筛选的标准。

HR每天可收到几百份甚至几千份应聘不同职位的信件。如果你的邮件标题只写了“应聘”、“求职”或“简历”等，这样你自己也可以想象一下你的简历的被关注程度，很可能就被忽略了！所以至少要写上你应聘的职位才便于HR分门别类地去筛选。

而且最好在标题中就写上自己的名字，这样便于HR再次审核你的简历，以避免其在一大群以“应聘……”为标题的简历中一个一个打开来找你的简历。

此外，标题尽量用汉字，除非应聘时要求用英文。

一个标准的标题就是：你要“申请的职位－你的姓名－这份职位要求的工作地点”。这样至少保证你的邮件能够被阅读。如果你有比较明显的优势，或者是工作经验丰富，或者是学校比较出名，等等，凡是你觉得可以增加求职含金量的地方，也可以这样写：“申请的职位－你的姓名－工作经验”；或者“申请的职位－你的姓名－某某大学”。

3.申请的职位

应聘职位的名称按公司在招聘中给出的写就肯定没问题了，不要自己随意发挥。这个问题在学生中出现的比例还是比较小的。因为即使是应聘实习生的，一个大的公司也分为好几种，所以按要求写就可以了。不要擅自发挥，就算工作内容相似，但在职位名称方面一定要按照职位广告上所要求的来写。比如招聘“渠道部总经理助理”，不要写成“总经理助理”或是“渠道助理”；招聘“副总裁秘书”不要写成“总裁秘书”“文秘”……这样的例子不胜枚举。很多时候自己发明的词都没有对应的职位，那么简历做得再好都会被搁置在一边。

另外很重要的一点是：你自己至少要清楚你要做什么职位，至少是哪种类型的职位。不要在同一家公司投递多个职位，尤其是不相近的职位。事实上很多这样漫无目的的投简历的全才看似增加了自己的机会，其实这样的人通常都不会被考虑的，自己都不清楚自己要做哪种类型的职位，怎么能由公司帮你决定呢？

4.邮件的形式

投递简历时尽量用自己的信箱将简历以正文的方式粘贴上去，而不是正文一个字没有而把简历放在附件中，也不要写“我的简历在我的博客中”然后给个链接欢迎查看，HR可没有时间去阅读你的博客。

为什么不要把简历放在附件中呢？原因有：

(1)首先增加了HR阅读简历的时间。

(2)破坏了你的第一印象。

尤其是正文没有字直接在附件中粘一个简历的人，这样显得你的诚意不足。至于那些在招聘广告中就强调了请勿以附件形式投递的职位，如果你还是用附件，那只说明了一个问题：如果你连应聘的时候都没有仔细看说明，或是看了也没有照着做的话，那怎么能证明你在工作中会认真仔细地服从安排呢？所以我们抱着换位思考的心情为自己也为HR考虑一下，其实很简单，只要你把简历粘贴在正文中就OK了！

5.附件简历

虽说简历最好不以附件的形式发送，但确实还存在一些非以附件形式发送简历不可的情况。那么这种情况下，该怎么办呢？给你出的主意是这样的：

(1)一定要写求职信。不必太长，两三句即可，可以显出你的诚意，同时也是借此机会为自己打个小广告。一般来说，在求职信中无非就是点出自己是如何知道该职位信息的，要应聘哪个职位，为什么要应聘该职位，自己有些什么优势，等等，然后请HR阅读附件简历而已。

(2)附件的名称要起好，便于HR直接下载保存。切勿用“我的简历”“简历3”等字眼，附件的名称最好点名“应聘的职位＋自己的姓名”，方便HR直接下载保存，而后又能方便地查阅到你的简历。

(3)如果公司还要求发送其他作品、证明之类的附件，那么这些附件的名称一定要起好名称，最好“作品名称＋姓名”。这样也能显示出你的专业性。

6.网络投简历的其他技巧

(1) 经常刷新简历：当人事经理搜索人才时，符合条件的简历是按刷新的时间顺序排列，而一般只会看前面一两页。刷新简历可以获得更多求职机会。因此每次登陆，最好都刷新简历，刷新以后，就能排在前面，更容易被人事经理找到。

(2)简历要与大公司沾边：当人事经理搜索人才时，一般会以关键字“知名企业名称＋职位名称”，比如消费品行业可能喜欢可口可乐及宝洁的人，人事经理会这样搜索，例如："可口可乐＋销售经理"，系统会搜索到简历中出现以上关键字的求职者，如果你的简历里出现知名企业名称的字样，就可以被搜索到，例如："我在××矿泉水公司工作，成功地令竞争对手——可口可乐旗下的天与地矿泉水在当地的市场份额减少……"；"我在可口可乐的广州白云区经销商处工作"等，又提高了人事经理浏览简历的机会！

(3)不要只应聘最近三天的职位：一般求职者认为刚刚发布的最新的招聘信息肯定是成功率最大的，其实不然。因为很多企业人事经理没有及时地登陆刷新刊登的职位，所以求职者在搜索职位时刚刷新的职位会排在前面，应聘这些职位的人多，竞争激烈，相反，一些职位已经是半个月甚至两个月前的，应聘的人少，成功率反而高。

(4)简历最好放照片：对于人事经理来说，每天需要浏览大量简历，如果同等的条件，一般会先通知有照片的求职者来面试，因为通过照片，人事经理对应聘者又多了几分了解。

(四)邮寄简历等求职材料

尽管求职的方式很多，简历的无纸化也成了一种发展趋势，但传统的邮递简历的求职方式仍然被许多求职者所采用，而且，通过邮递纸质的个人求职材料更显正式和更加具有求职的诚意。邮递个人求职材料过程中需要注意以下问题：

1. 书写问题

信封一般应当由本人亲笔填写，字体应清楚、端正。要确保用人单位的名称、地址、邮编和联系人名称没有错误。值得注意的是收件人的名字和称呼一定要准确，名字不能写别字，称呼更不能"想当然"，不能因为对方是比较男性化的名字就称"先生"、女性化的名字就称"女士"。在不知道对方性别、年龄和职务的情况下，称呼"同志"是比较保险的。在信封上写上"某某同志收"在一般情况下不会有风险。

2. 信封的保洁问题

信封应保持整洁，避免被水浸泡或被墨水污染。正式、整洁的信封从一个侧面反映了求职者的素质。

3. 求职材料的组成和叠放

一般来说，求职材料应当包括中英文的简历、求职信、大学生职业信用档案以及必要的证明材料复印件。除非用人单位有特别要求，否则不要只提供英文简历和求职信。按照一般要求，求职材料的叠放顺序依次为中文求职信、中文简历、大学生职业信用档案、英文求职信、英文简历，最后是证明材料的复印件。上述材料的纸张和尺寸应当统一，折叠时应以三折为宜。信封要结实，大小与折叠后的材料尺寸合适。如果有条件，应当采用大信封进行邮递，因为不折叠的效果会更加理想。最好随信附上一张邮票或者明信片，请求 HR 在百忙之中及时予以回复。

4. 求职材料寄出后的跟踪

求职材料寄出后需掐准时间及时进行电话跟踪。电话中可询问简历是否收到，是否可以得到面试机会，等等。

二、参加面试

应聘者通过各种方式投递简历之后，用人单位对简历进行筛选，初选合格者，用人单位则会电话通知其具体的面试时间和地点。通常企业会对应聘者进行1～3次的面试，有个别企业会在首次面试中进行笔试的测试，很多公司会对首次面试合格者进行职业定位测评。最后一轮面试结束后，基本就能确定自己是否被录用。关于面试的礼仪、面试的分类、面试过程中可能涉及的题目、面试的注意事项等具体内容都在以下章节中详细讲解。

三、企业招聘流程图解

1. 校园招聘流程图

校园招聘是应届毕业生找工作的主要渠道，了解校园招聘对我们找工作很有帮助。如图 9-1 所示。

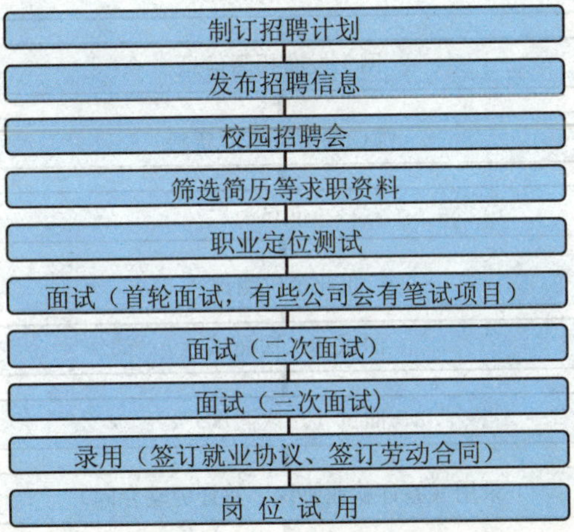

图 9-1　校园招聘流程图

2. 社会招聘流程图

社会招聘是面向全社会招聘合适员工的形式，随着时代发展，越来越多的大学生走出校门，通过参加社会招聘获得工作，社会招聘流程如图 9-2 所示。

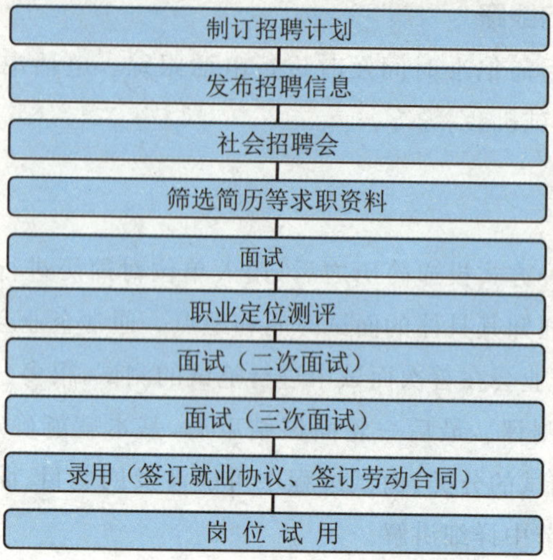

图 9-2 社会招聘流程图

3. 网络招聘流程图

随着社会的进步，网络成为人们日常生活与工作的重要媒介，网络招聘也越来越受到大众的喜爱。网络招聘流程如图 9-3 所示。

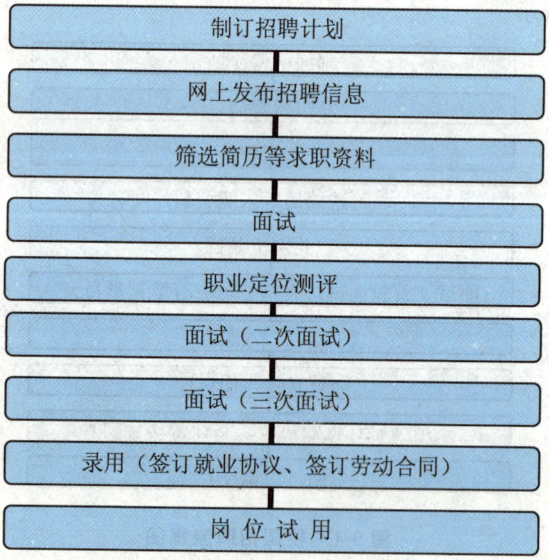

图 9-3 网络招聘流程图

小链接

中国职业定位网人才测评

中国职业定位网是中国最专业的人才评鉴机构之一。其引进国外先进的理论并结合实战经验为企业和求职者量身打造了一套适合中国当前国情的人才评鉴体系。通过站在第三者的角度，客观地考量企业用人需求要素和大学生就业需求双向因素，为中国的大学生职业定位和就业方向提供专业的数据分析报告和定向人才输出服务。为数以万计的大学生解决了职业生涯规划和就业的问题。

中国职业定位网的人才测评系统在国内首次以全视角探查求职者的关键职业状态；它包含了职业兴趣、职业优势、职业风格、职业动机四个维度。

(1)大学生在找工作时不仅要了解企业，更加重要的是了解自己。中国职业定位测评系统帮助大学生发现自我的优势，找到职业发展的方向。

(2)中国职业定位系统能帮助大学生测评自己的职业兴趣，使大学生能针对自身特点有针对性地培养自身专业技能，对于未来的职业发展起到至关重要的作用。

(3)帮助大学生发现天赋优势，做自己喜欢并擅长做的事。

(4)测评职业风格，帮助大学生定位自己更适合哪种职业。

(5)测试职业动机，帮助大学生根据自己的价值倾向来选择适合自己的工作。

第二节 面试礼仪

求职礼仪是求职者在求职过程中所必须遵循的礼仪，主要包括求职时的求职材料递交礼仪、电话礼仪、面试礼仪，最为重要的还是面试期间的行为礼仪、仪表礼仪和交往礼仪。

简历和求职信的主要功能就是获得面试机会，而面试则是你通往职业之路的重要一关。目前，大多数用人单位在校园招聘时，面试完即可直接决定是否录用你，只有那些有特殊需求的职业(如软件、金融等)才会增加笔试。因此，面试礼仪在求职过程中显得非常重要。

在人与人的信息交流形式中，面谈是最有效的。在面谈中，面试官通过语言交流对求职者的了解只占了30%的比例，通过眼神交流和面试者的气质、形象、身体语言等方面的了解占了绝大部分，所以求职者在面试时不仅要注意自己的外表及谈吐，而且要注意避免在谈话时做出很多下意识的小动作和姿态。不恰当的行为举止会直接影响面试官对你的评价。

一、行为礼仪

面试中的行为礼仪主要是指求职者在进入面试现场后的行为举止所涉及的礼仪，包括表情（紧张还是轻松、自信还是怯场等）、行姿、站姿和坐姿。

（一）表情

人与人相识，第一印象往往是在前几秒钟形成的，而要改变它，却需付出很长时间的努力。良好的第一印象来源于人的仪表，但更重要的是取决于他的表情。微笑则是表情中最能赋予人好感，增加友善、愉悦心情的表现方式，也是人与人之间最好的一种沟通方式。一个对你微笑的人，必能体现出他的热情、修养和他的魅力，从而得到他人的信任和尊重。所以，当你步入面试考场的那一刻起，你就要尽量地保持微笑，微笑显示你的自信、轻松，微笑也可以帮助你拉近与面试官的距离。

1.表情紧张会导致面试官放弃你

（1）你不断地避免与面试官有眼神交流（这是绝对禁忌）。

（2）握手时软弱无力。

（3）在面试中懒散地坐在椅子上，或坐立不安地不断搓手，做无意识地小动作。

2.缺少自信也会导致面试官放弃你

（1）说话声音太小以致别人听不清。

（2）回答问题时非常犹豫。

（3）回答问题过于简单，如“是”、“嗯”等。

（二）站姿

所谓的站姿就是“站如松”，要按学校军训的标准挺胸、直腰、抬头，微笑着目视面试官。也就是说要“站有站相”。

（三）坐姿

男士：入座时要轻，至少要坐满椅子的2/3，双膝自然并拢，身体可稍向前倾，表示尊重和谦虚。

女士：入座除应注意以上男士应遵循的方法外，入座后更应保持两腿并拢，两手叠放于腿上。

二、仪表礼仪

面试的仪表礼仪主要指求职者面试时的衣着打扮。对这一问题，我们的观点是：朴素、大方、整洁、自然，尽量保持平时的习惯。当然，如果平时非常邋遢或者时尚，则需根据朴素、大方、整洁、得体的原则进行调整。

（一）根据应聘单位的性质进行相应准备

一般来说，大多数中小企业并没有特殊的仪表要求。所以对大多数求职的大学生来说，不必要刻意注意准备求职“行头”。但是，部分外资企业、大型企业或者机关等可能对衣着等仪表要求比较高，所以，在应聘这些单位时要特别注意准备自己的衣着打扮，甚至化妆。

案 例

某校一名毕业生，应聘一家日资企业。三次面试均被拒，她百思不得其解。后来通过熟人找到面试官一问才知道，被拒的理由只有一个，面试时没搽口红！

（二）根据应聘岗位的要求进行相应准备

不同的工作岗位具有不同的工作性质，因而要根据工作性质的不同，保持相适应的衣着仪表。比如，我打算应聘某建筑公司的现场工程师职位，如果仪表过于名贵和豪华，很可能就成为被拒的理由。因为你的岗位的性质就是要求你要亲临现场，不能怕脏、怕累。试想你穿得那么名贵怎么去工作呢？

总之，男士应尽量保持短发，头发要清洁、整齐，不要太新潮；求职当天必须洗头、刮胡须；精神要饱满，面带微笑；衣着应整洁、朴素、大方，衬衫和T恤都可以，不求名牌，但必须保持领口、袖口无污迹，上衣尽量扎入裤带；如果穿西装，则西装应该平整、清洁，上衣口袋不放物品，按要求扣扣子；西裤平整，有裤线；修剪指甲，擦洗皮鞋，保持鞋子清洁光亮。

女士应保持发型文雅、庄重，梳理整齐，不能染鲜艳的颜色；不化淡妆，面带微笑；着装大方、得体；指甲不宜过长，并保持清洁。涂指甲油时须自然色；鞋子光亮、清洁。

三、交往礼仪

面试是你求职过程中所做的信息采集工作的一部分，同样也是用人单位收集员工信息的过程。企业HR的工作中就是把你淘汰出局，选拔出最优秀的员工；而求职者则必须改变面试官对自己的印象，让他们真正能发现你的长处，体会到你对企业的价值。这是一场博弈，是智慧、能力和技巧的比拼，所以我们应该掌握和运用相关的求职交往礼仪。

面试之前，我们要做三件事：第一，尽可能全面地了解用人单位的相关信息。第二，确定面试时间的长短，据此准备好介绍自己的时间长度，一般来说，要准备20分钟的自我展示时间，而且不要轻易地超过这个时间。把握好时间长度会给面试官一个好印象。第三，要相信面试官也不是万能的，他们同样也非常的紧张，因为人才选拔的任务是很艰巨的。

小知识贴士

轻松搞定面试的15条黄金法则

1.在面试过程中，坚定遵守对半原则。即一半的时间听面试官说，一半的时间自己说。调查发现：用人单位一般不会聘用不遵守对半原则的人。因为，如果你过多地谈论自己，面试官会认为你忽视组织和团队的需要；而你说得太少，面试官又会觉得你隐瞒自己的真实情况或者能力有限。

2.在回答面试官的问题时，把时间限定在20秒至2分钟之内。

3.想办法让面试官认为你有能力解决问题，而不是给他们制造问题。

4.你必须明白，你在面试中的表现在面试官的眼里，就是以后你的工作态度。所以，要认真对待面试。

5.有可能的话，要带好你的技能证明材料。

6.面试时不要谈论你的实习单位领导的坏话。

7.面试前要准备5个问题的答案。

(1)为什么参加这里的应聘？

(2)能为单位做什么？

(3)价值观和文化是否和用人单位一致？

(4)你在哪方面特别突出，以致用人单位要排除其他人而录用你？

(5)福利待遇能否满足你的要求？

这些问题是用人单位急于知道的关键问题，有时会直接问，有时则隐藏在其他的问题之中，所以你必须清楚地意识这一点，回答任何问题时，都把这几个问题考虑进去。

8.有些问题需要你自己找出答案。

9.面试中记住一点：面试官不会真正在意你的过去，而提问的关键在于评估你的未来。

小知识贴士

10.在面试过程中,你应该留意面试官提问的时间框架。时间框架一般分为以下几个阶段:很久以前—近期—目前—不久的将来—遥远的将来。面试问题的顺序从过去到将来,时间跨度越大,你的面试就越顺利。如果面试问题仅仅局限在过去,那前景就很不乐观,说明你没能打动面试官。如果面试按时间框架稳步前进,一直问到了你的将来,那么就是你询问工作具体信息的时候了。

11.大多数人错过机会是因为它总是披着工作的外衣,这使它看起来只是工作而已。

12.面试者经常输在细节上,而且通常在2分钟之内。

13.每个远大的理想都随着梦想家的诞生而产生。

14.面试结束前你应该问的几个问题:你会录用我吗?我什么时候能够得到答复?我最晚什么时候可以得到回复?到时候我如果没有接到通知是否可以联系您?

15.最迟当晚寄感谢信。要求是:每位求职者都需寄感谢信,但大多数求职者忽视这一点。

(一)面试中的聆听礼仪

在面试过程中,主动的交谈传递出主考官需要的信息,展示出你的能力和风采。而“聆听”也是一种很重要的礼节。不会听,也就无法回答好主考官的问题。好的交谈是建立在“聆听”基础上的。

在面试过程中,主考官的每一句话都可以说是非常重要的,你要集中精力认真地去听。要记住说话人讲话的内容重点,并了解说话人的希望所在,而不要仅仅注重说话人的长相和语调。即使说话者谈话确实无聊、乏味,你也要转变自己的想法,认真听对方的谈话或多或少可以使自己受益。在聆听对方谈话时,要自然流露出敬意,这才是一个有教养、懂礼仪的人的表现。

一个好的聆听者会做到以下几点:

(1)记住说话者的名字。

(2)用目光注视说话者,保持微笑,恰当地点头。

(3)身体微微倾向说话者,表示对说话者的重视。

(4)了解说话者谈话的主要内容。

(5)适当地做出一些反应,如点头、会意地微笑、提出相关的问题。

(6)不离开对方所讲的话题,巧妙地通过应答,把对方讲话的内容引向所需的方向和层次。

(二)面试过程中的其他礼仪

整个面试过程的时间通常只有一个小时左右,我们可以把它想象成为一个舞台剧。戏里的主角是面试官和求职者,角色只有两个,但剧情是千变万化的。作为扮演求职者的一方,一定要把握求职礼仪上的分寸,不要因为过火或不到位,而把“好戏”给演砸了。

1. 走进房间时候的礼仪

走进房间的时候,自己的名字被喊到,就有力地答一声“是”,然后再进门。如果门关着的话,就要以里面听得见的力度敲门,听到回复后再进去。开门关门尽量要轻,向招聘方各位行过礼之后,清楚地说出自己的名字。

2. 入座礼仪

在没有听到“请坐”之前,绝对不可以坐下,面试官还没有开口,就顺势把自己挂在椅子上的人,已经扣掉了一半分数,从门口走进来的时候,也要挺起胸膛堂堂正正地走。坐下时也不要在椅沿上轻坐,要舒服地坐进去。

3. 使用敬语

使用过分夸张的敬语是一件令双方都很尴尬的事。所以,这一点在平时待人接物上要下功夫,如习惯于对长辈说敬语等。

4. 应答礼仪

知之为知之,不知为不知。在面试场上,常会遇到一些不熟悉、曾经熟悉现在竟忘记或根本不懂的问题。面临这种情况,默不作声、回避问题是失策;牵强附会、“强不知为知之”更是拙劣,坦率承认为上策。

5. 自然自信

保持诚恳态度:进入面试场地,求职者应始终面带微笑,不要过分紧张,对碰到的每个公司员工都应彬彬有礼。

6. 注意身体语言

身体语言在人际交流中起很重要的作用。大家一定遇到过面试失败的例子,分析起来,专业也对口,也没说过什么不得体的话,一句话,不知道输在哪里。其实,除了职场竞争激烈是主要原因外,面试时身体语言表现不当而暴露弱点也是一个重要因素。身体语言包括:说话时的目光接触;身体的姿势控制;习惯动作;讲话时的嗓音等。

(1)目光接触。面试时,应试者应当与主考官保持目光接触,以表示对主考官的尊重。目光接触的技巧是,盯住主考官的鼻梁处,每次 15 秒左右,然后自然地转向其他地方，例如望向主考官的手，办公桌等其他地方，然后隔30秒左右，又再望向主考官的双眼鼻梁处。切忌目光犹疑，躲避闪烁，这是缺乏自信的表现。

(2)身体姿势和习惯动作。在进出面试办公室时，注意进退礼仪，一定要保持抬头挺胸的姿态和饱满的精神，与人交谈时不要频繁地耸肩，手舞足蹈，左顾右盼，坐姿歪斜，晃动双腿，这都是不好的身体语言，总之，手势不宜过多，需要适时适度配合表达。

(3)讲话时的嗓音。嗓音可以看出一个人是否紧张，是否自信等，平时应多练习演讲、交谈的艺术，控制说话的语速，不要尖声尖气，声细无力，应保持音调平静，音量适中，回答简练，不带"嗯"、"这个"等无关紧要的习惯语，这些都显示出在自我表达方面不专业。

7.面试结束时的礼仪

面试结束时，不论是否如你所愿被顺利录取，或者只是得到一个模棱两可的答复("这样吧，××先生/小姐，我们还要进一步考虑你和其他候选人的情况，如果有进一步的消息，我们会及时通知你的")，你都应该对面试官抽出宝贵时间来与自己见面表示感谢，并且表示期待着有进一步面谈的机会。这样既保持了与面试官的良好关系，又表现出自己良好的人际关系能力。当用人单位最后考虑人选时，能增加自己的分数。

最后，与HR以握手方式道别时，应该把刚才坐的椅子扶正到刚进门时的位置，再次致谢后出门。经过前台时，要主动与前台工作人员点头致意或说"谢谢你，再见"之类的话。

面试结束并不意味着求职过程就完了，也不意味着求职者就可以袖手以待聘用通知的到来，有些事你还得做。

8.面试后的礼仪

(1)感谢：为了加深招聘人员对你的印象，增加求职成功的可能性，面试后当天晚上，一般在两天内，你须给招聘人员打个电话或写封信表示谢意。感谢电话要简短，最好不要超过5分钟。感谢信要简洁，最好不超过一页。感谢信的开头应提及你的姓名及简单情况，然后提及面试时间，并对招聘人员表示感谢。

感谢信的中间部分要重申你对该公司、该职位的兴趣，增加一些对求职成功有用的事实内容，尽量修正你可能留给招聘人员的不良印象。

感谢信的结尾可以表示你对自己的素质能符合公司要求的信心，主动提供更多的材料，或表示能有机会为公司的发展壮大做出贡献。

面试后表示感谢是十分重要的，因为这不仅是礼貌之举，也会使面试官在作决定时对你有印象。

(2)不要过早打听面试结果。在一般情况下，面试官每天面试结束后，都要进行讨论和投票，然后送人事部门汇总，最后确定录用人选，可能要等3～5天。求职者在这段时间内一定要耐心等候消息，不要过早打听面试结果。

(3)查询结果。一般来说，你如果在面试两周后或在面试官许诺的通知时间到了以后，还没有收到对方的答复时，就应该写信或打电话给招聘单位或面试官，询问是否已做出了决定。

(三)求职礼仪自我检视清单(表9—1)

表9-1　求职礼仪自我检视清单

求职面试前的礼仪	(1)头发干净自然，如要染发则注意颜色和发型不可太标新立异。 (2)服饰大方，整齐合身。 (3)面试前一天修剪指甲，忌涂指甲油。 (4)不要佩戴标新立异的装饰物。 (5)选择平时习惯穿的皮鞋，出门办事前一定要擦拭清洁。
求职面试过程的礼仪	(1)任何情况下都要注意进房先敲门。 (2)待人态度从容，有礼貌。 (3)眼睛平视，面带微笑。 (4)说话清晰，音量适中。 (5)神情专注，切忌边说话边整理头发。 (6)手势不宜过多，需要时适度配合。 (7)进入面谈办公室前，可以嚼一片口香糖，消除口气，缓和稳定紧张的情绪。
求职面试结束时的礼仪	(1)礼貌地与主考官握手并致谢。 (2)轻声起立并将座椅轻轻推至原位置。 (3)出公司大门时对接待小姐表示感谢。

【拓展练习】

1. 应聘流程是怎样的？

2. 投放简历的方式有哪些？

3. 参加面试要遵循哪些礼仪？

第十章
面试与笔试

学习目标

1. 掌握面试的技巧，了解面试的常见问题。
2. 掌握笔试的技巧，了解笔试的注意事项。

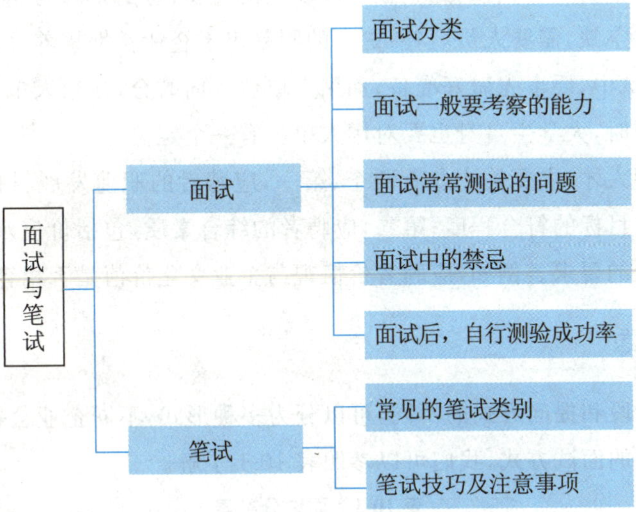

面试与笔试是招聘单位经常使用的考核方法，目的是进一步了解被测试者的知识、技能和素质。面试几乎是每个企业在招聘员工时都会使用的方法，而笔试则只是少数对专业技能要求相对较高的企业才使用。

第一节 面试

面试是用人单位对从海量的求职简历中筛选出来的入围者进行当面询问、观察和了解的一道必经程序。

俗话说："台上一分钟，台下十年功。"在苦读十几年后，你的知识和能力现在终于要派上用场并且要接受社会的检验了！你就要走出校园，走进工作岗位，你要面临的第一道门槛，就是用人单位的面试！往往在"面试"这道门槛面前成就了许多大学生的就业需求和职业梦想，但也让很多人自信心受打击，被拒之门外！这是一个难得的机遇，同时也是一种巨大的挑战。因此，每位大学生都必须认真对待面试。

用人单位招聘员工，有的是企业发展壮大的需要；有的是因为企业内部员工离职而导致岗位空缺，需要人员填补；更多的则是出于企业长期培养人才的需要。所以，我们在面试中，要事先做好准备，和用人单位双向磨合，在用人单位考察大学生个人能力的同时，大学生自身也要对用人单位有一个定位。

企业招聘人才，主要关注点有两个：第一，应聘者的职业发展目标与企业发展目标以及岗位目标的符合程度；第二，应聘者的综合素质，包括价值观、能力等是否达到用人单位的要求。例如，应聘者价值观与企业文化价值是否相容等。

一、面试分类

面试按阶段和提问方式的不同，可以分为多种形式，不同企业会根据企业自身特点选择不同的面试方式，我们可以参照表 10-1 了解。

表 10-1 面试分类表

按阶段分类	初步筛选（一面）	被面试者众多，每人分得的时间有限，而面试人员的级别也不甚高
	多轮选拔（二面）	到这一阶段，通常都是级别比较高的人来面试你，面试的时间也会更长些，程序也更复杂些
	最后一轮（三面）	这是最关键的一环，千万不要掉以轻心

续表

按提问方式分类	程式化面试	由主试人根据预先准备好的询问题目和有关细节，逐一发问。其目的是为了获得有关应试者全面、真实的材料，观察应试者的仪表、谈吐和行为，以及沟通能力等
	问题式面试	由主试人对应试者提出一个问题或一项计划，请应试人予以解答或完成相关要求。其目的是为了观察应试者在特殊情况下的表现，以判断其解决问题的能力
	引导式面试	由主试人海阔天空地与应试者交谈，让应试者自由地发表议论，尽量活跃谈话气氛，在闲聊中观察应试者的能力、知识、谈吐和风度
	压力式面试	由主试人有意识地对应试者施加压力，针对某一问题做出一连串的发问，不仅详细，而且追根问究，直到无法回答。甚至有意刺激应试者，看其在突如其来的压力下能否做出恰当的反应，以观察应试者的机敏程度和应变能力
	综合式面试	由主试人通过多种方式综合考察应试者多方面的才能。如用外语同应试者会话以考察其外语水平；让应试者写段文字以考察其书法；让应试者复述一段文章以考察其记忆能力，也许还会要求应试者现场操作计算机和打字机，等等

以上几种面试是根据面试的提问方式划分的。在实际面试过程中，主试人可能采取一种面试方式，也可能同时采用几种面试方式，以达到全面考察的目的。

二、面试一般要考察的能力

(一)分析能力

定义：面对复杂困难的环境能够做出准确客观地评估。

问题：

(1)请讲一个事例，表明你在面对情况非常复杂的局面时是如何分析和评估的？

(2)当你面对一个有着矛盾冲突的问题时，你会怎么做？

(二)市场敏感度

定义：预测、理解并致力于消费者和客户不断变化的需求。考察你了解外部世界其他业务组织的发展的能力。

问题：

(1)你最近的一次创新活动是什么？

(2)请给出一个你满足消费者或客户的需要变化的例子。

(3)你是否提供过超过客户需要的服务？是什么样的服务？

(三)创造力

定义：表现出思维的灵活性，创造新颖的理念，并能使之转化为切合实际的计划。

问题：

(1)请给出一个你用创造性的方案解决企业问题的例子。

(2)请描述一个你最近的创新或新开发的事物。

(3)你做过大家都觉得很有创造性的事情吗？什么样的事情？

(四)清晰的目的性

定义：了解事物的全局，清晰地洞察什么事情需要做，以及怎么样完成。

问题：

(1)什么时候你处理过一个在最终期限前你无法完成的项目？

(2)请给出一个你必须在同一时间完成很多项任务的事例。

(3)你对你的未来3～5年有什么样的职位规划？

(五)学习能力

定义：长期持续、积极地从自己和他人的成败经验中学习。

问题：

(1)请给出一个最近你从别人的错误中有所学习的例子。

(2)你认为你最需要发展的专业方向是什么？

(3)能告诉我你最失败的一件事情吗？你从中得到了什么样的教训？

(六)结构化的思维能力

定义：给予的解决方案、表达对于问题的看法都能够运用非常结构化的、有逻辑的思维方式。

问题：

(1)某快速消费品公司最近遇到了利润下降的问题，请你分析一下可能的原因。

(2)某美国地铁公司希望投资中国地铁，希望5年收回投资，请你做一个可行性分析。

(3)你觉得中国的教育体制存在什么样的问题，怎么能够改善？

(七)领导力

定义：激励他人达到更高的绩效标准；能够组织各类项目、活动的完成。

问题：

(1)请给出一个你必须展示你的领导能力的例子。

(2)你怎么运用目标和目的来驱使团队达到卓越的绩效？

(3)你曾经让下属发生过冲突吗？

(八)沟通影响力

定义：有效的沟通，为自己的观点寻求支持。在同事、顾客和客户间建立有效的关系。

问题：

(1)请给出一个最近你培训和指导他人的例子？

(2)你具有哪些辅导或给予他们反馈的经验？

(3)你有影响过别人的决定吗？

(九)团队合作能力

定义：作为团队的一员，采取合作的态度进行工作，关注团队的整理目标，而非个人利益。

问题：

(1)请给出一个你在非常有效的团队里工作的例子。

(2)什么时候你的目标和你的团队不是很吻合？

(3)你的同事给予过你工作上的帮助吗？

(十)客户服务能力

定义:全心全意服务于客户,为其解决问题并提供超值服务。

问题:

(1)请给出一个你主动了解客户需求,从而提供服务并获得认可的例子。

(2)请给出一个你虽然遇到了困难但仍然有效为客户解决问题的事例。

(3)通常什么样的客户会让你生气?

(十一)开拓能力

定义:勇于接受挑战、超越自我,改进现有的工作方法。

问题:

(1)请给出一个你改进现有工作方法或流程的事例。

(2)请给出一个你面对非常具有挑战性的目标,但是仍然通过个人努力最终达成目标的例子。

(3)有一些现有的工作方法和习惯会阻碍我们做好工作,你有这样的感受吗?

(十二)诚信正直

定义:以企业的道德规范正直处世,遵守各种规章制度,并抵制不道德的行为。

问题:

(1)你曾经站出来坚持你认为正确的事情吗?

(2)你怎么理解职业道德标准?

(3)你以前的公司有什么样的规章制度是不合理的?

(十三)职业化的行为

定义:能够为客户提供最专业化的服务,并确保任务能够按照所承诺的完成。

问题:

(1)请给出一个与客户发生冲突的例子,你是如何处理的?

(2)什么样的情况下,你会愿意改变你的想法?

(3)你认为作为一个成熟的、职业的工作人员应该具备哪些条件?

(十四)高效的工作能力

定义:能够进行科学的管理,养成高效的工作习惯。

问题:

(1)如果某件事预计需要 3 天的时间,而其实只需要 1 天就能完成,你会如何处理?

(2)请给出一个你管理项目的例子。

(3)你通常怎么安排自己的工作?

(十五)计划与自我管理能力

定义:有效管理个人工作时间,有效规划工作所需资源。

问题:

(1)请给出一个你同时面临几项工作,但经过合理规划最终有效完成的事例。

(2)你在工作中拥有哪些资源?你怎么来合理规划和利用这些资源?

(3)你有在工作中遇到同时需要做好几件事的时候吗?通常你会怎么安排呢?

(十六)充满工作激情

定义:积极、执着地为改善企业营运成效而努力,采取主动,即使需要承担适度的风险。

问题:

(1)你在工作中遇到过什么样的挫折?

(2)请给出一个最近你运用创新的方法来改善工作绩效的事例。

(3)通常什么样的工作情形会让你情绪低落?

三、面试常常测试的问题

问题一:请你自我介绍

常规思路:①介绍内容要与个人简历相一致;②表述方式上尽量口语化;③要切中要害,不谈无关、无用的内容;④条理要清晰,层次要分明;⑤事先最好以文字的形式写好背熟。

点评:HR 或者面试官抛出这个问题的真实意图,并不在于了解应聘者的过往。HR关注的是应聘者是否有能力胜任应聘岗位的职责。所以,我们在回答这个问题时,简单回答自身的经历,重点突出自己那些符合目标岗位需求的能力。值得注意的是,大学毕业生千万不要夸大事实。HR都是阅人无数的行家里手,能够一眼看出你说的是否属实,所以尽量别编造、夸大自身实力。

问题二:谈谈你的家庭情况

常规思路:①对于了解应聘者的性格、观念、心态等有一定的作用,这是招聘公司提问的主要原因;②简单地罗列家庭人口;③宜强调温馨和睦的家庭氛围;④宜强调父母对自己教育的重视;⑤宜强调各位家庭成员的良好状况;⑥宜强调家庭成员对自己工作的支持;⑦宜强调自己对家庭的责任感。

点评:这个问题一般公司很少问,因为毕竟牵涉到个人隐私。国企和部分民营企业喜欢问,主要是了解社会关系。

问题三:你有什么业余爱好?

常规思路:①业余爱好能在一定程度上反映应聘者的性格、观念、心态,这是招聘单位提问的主要原因;②最好不要说自己没有业余爱好;③不要说自己有那些庸俗的、令人感觉不好的爱好;④最好不要说自己仅限于读书、听音乐、上网,否则可能令面试官怀疑应聘者性格孤僻;⑤最好能有一些户外的业余爱好来"点缀"你的形象。

点评:这个问题在面试大学生时提问的概率高些。如果在面试有工作经验人士的时候,主要目的是为了消除紧张感,使对方放松,这个问题本身没有什么特别意义。

问题四:你最崇拜谁?

常规思路:①最崇拜的人能在一定程度上反映应聘者的性格、观念、心态,这是面试官的主要目的;②不宜说自己谁都不崇拜;③不宜说崇拜自己;④不宜说崇拜一个虚幻的、或是不知名的人;⑤不宜说崇拜一个明显具有负面形象的人;⑥所崇拜的人最好与自己所应聘的工作能"搭"上关系;⑦最好说出自己所崇拜的人的哪些品质、哪些思想感染着自己、鼓舞着自己。

点评:这个也最多是面试应届生时候的问题,对经验人士从来不用,否则会显得考官比较傻。

问题五:你的座右铭是什么?

常规思路:①座右铭能在一定程度上反映应聘者的性格、观念、心态,这是面试官问这个问题的主要原因;②不宜说那些易引起不好联想的座右铭;③不宜说那些太抽象的座右铭;④不宜说太长的座右铭;⑤座右铭最好能反映出自己某种优秀品质;⑥参考答案——"只为成功找方法,不为失败找借口"。

点评:此问题回答同上。

问题六:谈谈你的缺点

常规思路:①不宜说自己没缺点;②不宜把那些明显的优点说成缺点;③不宜说出严重影响所应聘职位的缺点;④不宜说出令人不放心、不舒服的缺点;⑤可以说出一些对于所应聘职位“无关紧要”的缺点,甚至是一些表面上看似“缺点”,从工作的角度看却是优点的“缺点”。

点评:这个问题上是各种教人面试技巧中最“害人”的。考官问这个问题,是想测试一个人的成熟度、对自己的判断和学习改进能力。说出自己有什么缺点,其实一点都不重要。

问题七:谈一谈你的一次失败经历

常规思路:①不宜说自己没有失败的经历;②不宜把那些明显的成功说成是失败;③不宜说出严重影响所应聘职位的失败经历;④所谈经历的结果应是失败的;⑤宜说明失败之前自己曾信心百倍、尽心尽力;⑥说明仅仅是由于外在客观原因导致失败;⑦失败后自己很快振作起来,以更加饱满的热情面对以后的工作。

点评:上面所谓的经典思路,在这个问题上又一次误判了考官的目的。考官在问这个问题的时候,他的目的仅仅是想知道你做事的手法,而并不是想知道你失败的事情。这个问题会经常变为你成功的经历、工作中最难忘的一件事,等等。考官一般在这个时候会重点了解三个方面,当时的背景和资源、应聘者处理事情的手法、应聘者当时反思的结果。通过这三点了解一个人的做事手法和学习能力。上面的所谓思路,纠集于解释失败上面,纯粹是中了考官的圈套。

问题八:你为什么选择我们公司?

常规思路:①面试官试图从中了解你求职的动机、愿望以及对此项工作的态度;②建议从行业、企业和岗位这三个角度来回答;③参考答案——“我十分看好贵公司所在的行业,我认为贵公司十分重视人才,而且这项工作很适合我,相信自己一定能做好。”

点评:如果有人问此问题按照思路中作答尚可。

问题九:对这项工作,你有哪些可预见的困难?

常规思路:①不宜直接说出具体的困难,否则可能令对方怀疑应聘者不行;②可以尝试迂回战术,说出应聘者对困难所持有的态度——“工作中出现一些困难是正常的,也是难免的,但是只要有坚韧不拔的毅力、良好的合作精神以及事前周密而充分的准备,任何困难都是可以克服。”

点评:一般问这个问题,面试者的希望就比较大了,因为已经在谈工作细节。

但常规思路中的回答，又被面试官“骗”了。当面试官询问这个问题的时候，有两个目的。第一，看看应聘者是不是在行，说出的困难是不是在这个职位中一般都不可避免的问题。第二，是想看一下应聘者解决困难的手法对不对，及公司能否提供这样的资源，而不是想了解应聘者对困难的态度。

问题十：如果我录用你，你将怎样开展工作？

常规思路：①如果应聘者对于应聘的职位缺乏足够的了解，最好不要直接说出自己开展工作的具体办法；②可以尝试采用迂回战术来回答，如“首先听取领导的指示和要求，然后就有关情况进行了解和熟悉，接下来制订一份近期的工作计划并报领导批准，最后根据计划开展工作。”

点评：这个问题的主要目的也是了解应聘者的工作能力和计划性、条理性，而且重点想要知道细节。如果向思路中所讲的迂回战术，面试官会认为回避问题，如果引导了几次仍然是回避的话。此人绝对不会录用了。

问题十一：与上级意见不一时，你将怎么办？

常规思路：①一般可以这样回答：“我会给上级以必要的解释和提醒，在这种情况下，我会服从上级的意见。”②如果面试你的是总经理，而你所应聘的职位另有一位经理，且这位经理当时不在场，可以这样回答：“对于非原则性问题，我会服从上级的意见，对于涉及公司利益的重大问题，我希望能向更高层领导反映。”

点评：这个问题的标准答案是思路①，如果用②的回答，肯定会被拒绝。你没有摸清楚该公司的内部情况，先想打小报告，这样的人没有人敢要。

问题十二：我们为什么要录用你？

常规思路：①应聘者最好站在招聘公司的角度来回答；②招聘公司一般会录用这样的应聘者：基本符合条件、对这份工作感兴趣、有足够的信心；③如“我符合贵公司的招聘条件，凭我目前掌握的技能、高度的责任感和良好的适应能力及学习能力，完全能胜任这份工作。我十分希望能为贵公司服务，如果贵公司给我这个机会，我一定能成为贵公司的栋梁！”

点评：按思路中的回答还可以。

问题十三：你是应届毕业生，缺乏经验，如何能胜任这项工作？

常规思路：①如果招聘单位对应届毕业生的应聘者提出这个问题，说明招聘公司并不真正在乎“经验”，关键看应聘者怎样回答；②对这个问题的回答最好要体现出应聘者的诚恳、机智、果敢及敬业；③如“作为应届毕业生，在工作经验方面的确会有所欠缺，因此在读书期间我一直利用各种机会在这个行业里做兼职。我也发现，实际工作远比书本知识丰富、复杂。但我有较强的责任心、适应能力和学习能力，而且比较勤奋，所以在兼职中均能圆满完成各项工作，从中获取的经验也令我受益匪浅。请贵公司放心，学校所学及兼职的工作经验使我一定能胜任这个职位。”

点评：这个问题思路中的答案尚可。突出自己的吃苦能力和适应性以及学习能力（不是学习成绩）为好。

问题十四：你希望与什么样的上级共事？

常规思路：①通过应聘者对上级的“希望”可以判断出应聘者对自我要求的意识，这既是一个陷阱，又是一次机会；②最好回避对上级具体的希望，多谈对自己的要求；③如“作为刚步入社会的新人，我应该多要求自己尽快熟悉环境、适应环境，而不应该对环境提出什么要求，只要能发挥我的专长就可以了。”

点评：这个问题比较好的回答是，希望我的上级能够在工作中对我多指导，对我工作中的错误能够立即指出。总之，从上级指导这个方面谈，不会有大的纰漏。

四、面试中的禁忌

（1）忌冷场。

（2）忌与面试官套近乎。

（3）不要戴有色眼镜看人。

（4）忌夸夸其谈而不能举出实例。

（5）忌答题时不诚实或者躲躲闪闪。

（6）忌抨击他人。

（7）忌不善提问。

（8）忌无职业发展目标。

（9）忌自认完美，要坦诚自己的不足。

（10）忌自作聪明，做出违规违纪的建议。

（11）忌主动打探薪酬福利。

（12）忌不知如何收场。

五、面试后，自行测验成功率

面试之后，回想一下自己的表现如何，回答下述十个问题，可以大致测验自己面试成功率有多大。方法：回答时用1～10来代表你曾做到的程度，每题最高分10分，总共十题，总分100分，得分越高，说明成功的可能性越大。假如得分不理想，则说明需要不断提高自己的面试技巧。

（1）我是否曾尽可能地让自己的外表看起来舒服？

（2）面谈后我对这家公司的了解与先前的了解，相符合的程度有多大？

(3)我在面试时是否保持状态轻松并对自己控制自如?

(4)我在回答问题时,是否在强调三件事:我的能力、我的意愿与我对工作的适应性?

(5)我是否一直在专心倾听面试官说话?

(6)我是否能将问题引导到我想强调的重点上?

(7)我在察言观色方面做得如何?

(8)面试官对我的回答是否引起兴趣并积极参与?

小知识贴士

轻松面对面试

同学们在面对形形色色的面试中,千万不要被面试官的阵势所吓到,而不能发挥出自己的真实能力。

企业面试分为一对多形式、多对一形式、无领导小组活动面试等很多类型,但提出的基本问题都是相似的。

一对多的形式考察范围有限,是择优而取,重点考察应聘人员的临场发挥能力;多对一形式对应聘者来说压力比较大,要综合把握多位面试官的提问,更考验学生的应对能力,要求学生灵活、从容。

无领导小组面试形式,考察的是众多应聘者在面对同一事件时的不同表现。在无领导小组面试中,表现最优异的不一定就是企业需要的,企业会根据自身需要,挑选符合企业发展培养计划的相对优秀的人员。

不过,无论是何种形式的招聘面试,企业最主要的考察点在应聘者是否能胜任所聘工作岗位,是否符合公司长期发展用人需求。同学们只要做好准备,表现得体,都能得到 HR 的认可。

其实,公司的面试官并非都是 HR,有的面试官可能就是你未来的同事或者直属上级,他们对于面试流程以及关注点的把握各异,提出的问题也并非都是专业性的问题。同学们在回答时,掌握好度,不夸大事实,也不要为了表现谦虚而过低评价自己,诚实回答问题就好。

有些面试官敷衍了事,同学们也不必气馁,如果是自己心仪的公司,而且公司实力确实不错,那么可能是面试官自身的问题,同学们自身好好表现,也能得到面试官的肯定。如果公司自身实力不强,面试官表现也差强人意,那么,同学们就要慎重考虑是否要进入该单位了。毕竟,第一份工作对大学生来说是未来几年职业发展的第一个平台。

第二节 笔　试

大多数用人单位目前都不采用笔试。只有少数需要考核专项技能的企业，才实施笔试。笔试的目的是考核应聘人员的文字能力、知识面和综合分析问题的能力。它通常用于一些专业技术要求很强和对录用人员素质要求很高的行政、事业、知名企业和跨国公司等单位。

一、常见的笔试类别

(一)专业考试

这种考试主要是检验应聘者担任某一职务时是否能达到所要求的专业知识水平和相关的实际能力。例如外资企业、外贸企业招聘人员时要考外语；科研机构招聘人员要考动手能力；国家机关招聘公务员要考行政管理和法律知识等。

(二)智商和心理测试

智商测试主要考查应聘者的观察、分析、思维反应及解决问题的能力。智商测试主要为一些著名跨国公司所采用，它们对毕业生所学专业一般没有特殊要求，但对毕业生的素质要求较高。心理测试是用事先编制好的标准化量表或问卷要求被试者完成，根据完成的数量和质量来判定其心理水平或个性差异的方法。

(三)综合能力测试

综合能力测试兼有智商测试的要求，但程度更高。比如，应试者要在规定的时间内对一组数据、一组资料进行分析，找出其合理的地方和存在的问题，并设计出解决问题的方案。这是对学生的阅读理解能力，发现问题、分析和解决问题的能力，知识面等素质的全方位测试。有时问答是用英语进行，相对来说难度更大一些。

二、笔试技巧及注意事项

(1)除携带必备的证件外，一些考试必备的文具(钢笔、橡皮等)也要准备齐全。

(2)科学答卷。拿到试卷后，首先应通览一遍，以便了解哪些题目必做，哪些题目选做以及题目的多少和难易程度，根据先易后难的原则排出答题顺序。遇到较大的综合题或论述题，应先列提纲，再逐条论述。

(3)答卷要做到字迹端正，卷面整洁。因为求职笔试不等于其他专业考试，招聘单位往往从卷面上联想应聘者的思想、品质、作风，字迹潦草、卷面不整的人，招聘单位先不看你答的内容，单从你的卷面就觉得你不可靠；那些字迹端正、答题一丝不苟的人，招聘单位则认为你态度认真、作风细致，对你更加亲睐。

【拓展练习】

1. 你知道怎样回答面试中的测试问题了吗？
2. 面试后该怎么办？
3. 笔试有哪些技巧和注意事项？

第十一章
诚信就业，守法履约

学习目标

1. 了解大学生离校、报到和就业手续的办理流程。
2. 懂得依法保护自己的合法权益。
3. 学会守法履约，懂得依法承担法律责任。

- 诚信就业，守法履约
  - 毕业生离校、报到的规定与流程
    - 办理离校手续
    - 就业手续办理流程
  - 依法保护自己的就业权
    - 《就业促进法》重点解析
    - 《劳动合同法》重点解析
  - 遵守法纪法规，承担违法责任
    - 签订就业协议
    - 就业协议的解除
    - 违约要承担的责任和后果
    - 签订就业协议的注意事项

近年来，大学毕业生就业产生过一些问题。一方面有用人单位的原因，另一方面也有学生本身的原因。在大学的教育中，关于法律法规方面的教育很少，即使有大学生也不愿学，而大学生的自律意识不足，极易在求职过程中产生纠纷。因此，依法就业即强调同学们要依法保护自己的就业权益，也强调大学生要遵循基本的法律规范，重视就业协议和劳动合同的签署，做一个合格的社会人。

第一节 毕业生离校、报到的规定与流程

案例

武汉超10万大学毕业生超期“空挂”户口档案

2013年，小伟在武汉购买了一套二手房。他准备将“滞留”在学校的户口，最终迁移至居住地，成为武汉常住居民。可房屋所在辖区的派出所告知，“超过2年期限的毕业生，必须先将户口打回原籍，然后可通过在武汉购房、或投亲靠友等方式再落户”。可小伟并不想回原籍，因为他购买的房子不够落户条件，一旦将户籍打回原籍便意味着无法再将户口迁到武汉。

拿着学校当年出具的户籍卡，落户无门的小伟无计可施。“户口问题不解决，今后结婚、孩子上学，都是难题。”目前，小伟仍将户口“空挂”在学校。

据武汉人力资源市场业内人士分析称，每年，大量外地学生来武汉，把户籍迁徙于此；毕业之时，大量人才外流，但能够接收员工户口的招聘单位少之又少，使得大批学生毕业时选择把户籍留存在武汉，导致大量户籍长期“酣睡”在户档托管机构和学校。能托管大学毕业生户档的机构有省高校毕业生就业指导服务中心、省市人才中心，以及省市人力资源机构等。据推算，若算上滞留在高校的“空挂户”，武汉至少有10万名大学生将户籍“空挂”在武汉。

专家分析

按规定，小伟应在2年内将户口从学校的临时集体户口，或托管至省人才交流中心，或直接打回原籍。若毕业生户口滞留学校超2年时限，户档托管部门不会接收往届生户口。按规定，这样的户口必须打回原籍。

根据公安部门规定：公民应当在经常居住地登记户口。对此，武汉当地公安机关的一位负责人说，应届大学毕业生工作未落实，在办理户口、档案托管时，一定要把握好两年期限。其间如果找到相对固定的工作，或有了相对稳定的住所，应及时

将户口迁入新地方，其中包括工作地的人才服务中心，这样的托管可以是长期的。如果超过两年期限，还没有稳定的落户点，应主动将户口迁回原籍。

一、办理离校手续

各校都有自己的一套离校手续办理流程，大学毕业生们不论毕业后的去向是什么，都应该根据学校就业指导中心的流程办理好离校手续。在此处要特别强调的是毕业生户口和档案的处理。有的大学生毕业后把户口寄放在学校或者各地人才交流中心，这些地方户口的管理时限有限，时间一长户口就处于无人管理状态。在我国目前的户籍管理体制下，户口还有着很重要的作用。比如，购房、结婚。各地的限购令出台后使那些没有户籍身份的人无法实现自己的购房梦，甚至想结婚都困难。所以同学们在办理离校手续时，要特别注意户口、党团组织关系、学籍档案的办理。图 11-1 为某校离校手续办理流程图，供大家参考。

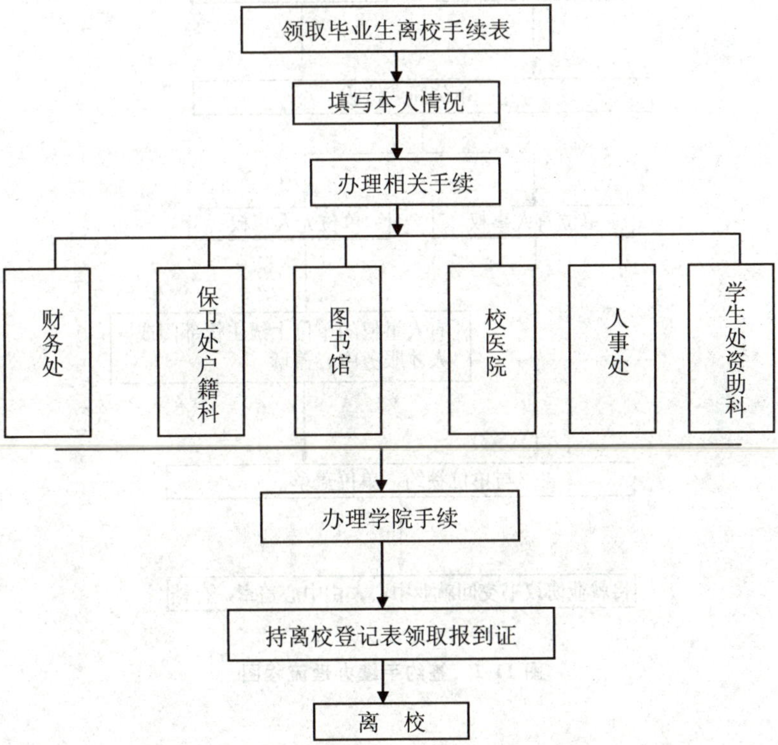

图 11-1　毕业生办理离校手续流程图

二、就业手续办理流程

以下全部就业手续办理流程均以北京市高校毕业生为例。

(1)签约。签约手续办理流程，参见图11-2。

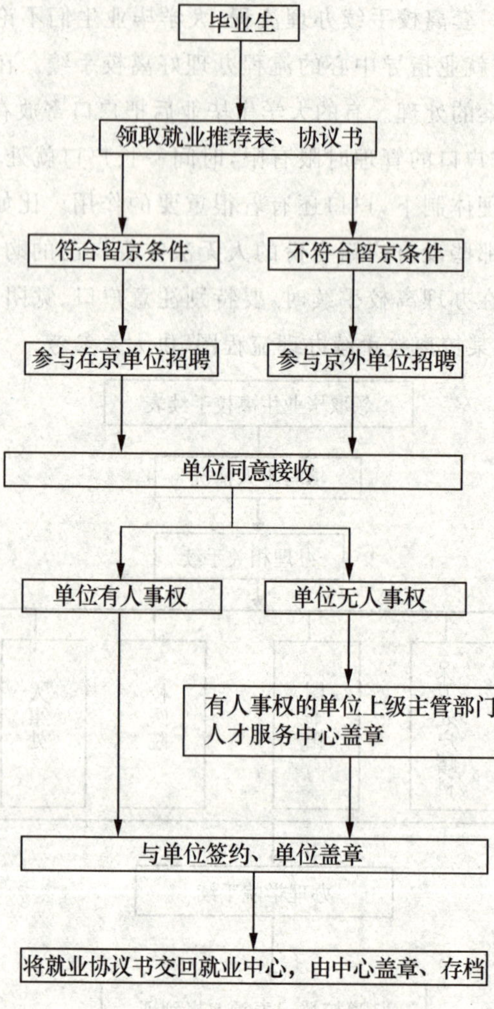

图11-2　签约手续办理流程图

(2)申请自费出国留学。申请自费出国留学的手续办理参见图 11-3。

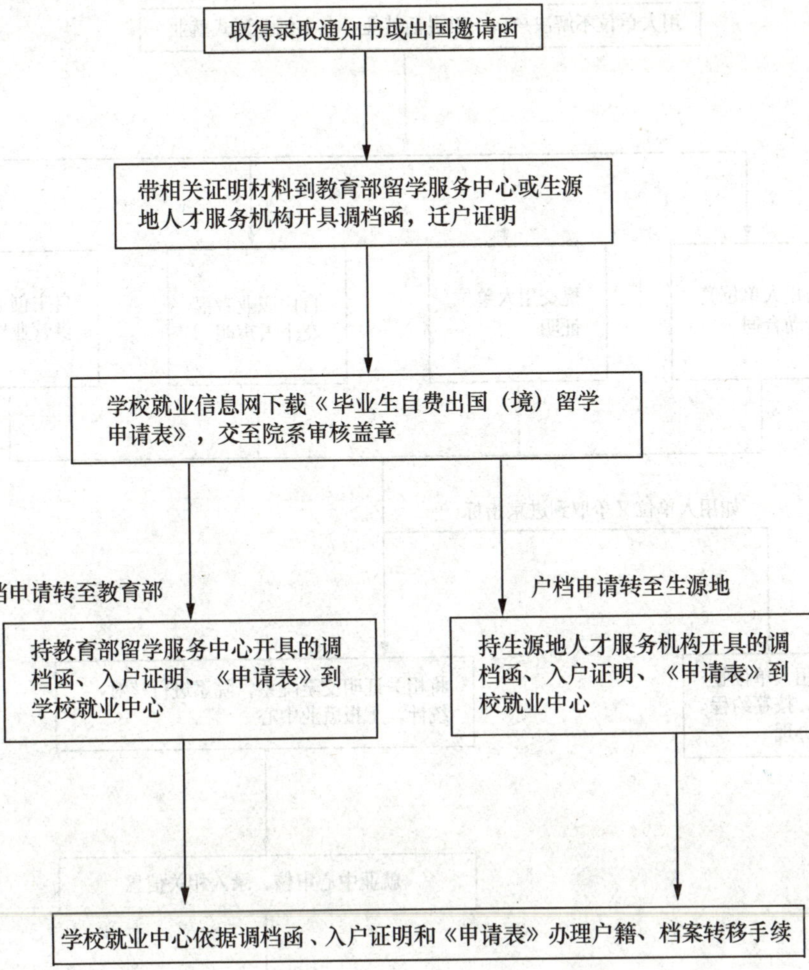

图 11-3 办理自费出国留学手续流程图

(3)灵活就业与自主创业。灵活就业与自主创业的手续办理参见图 11-4。

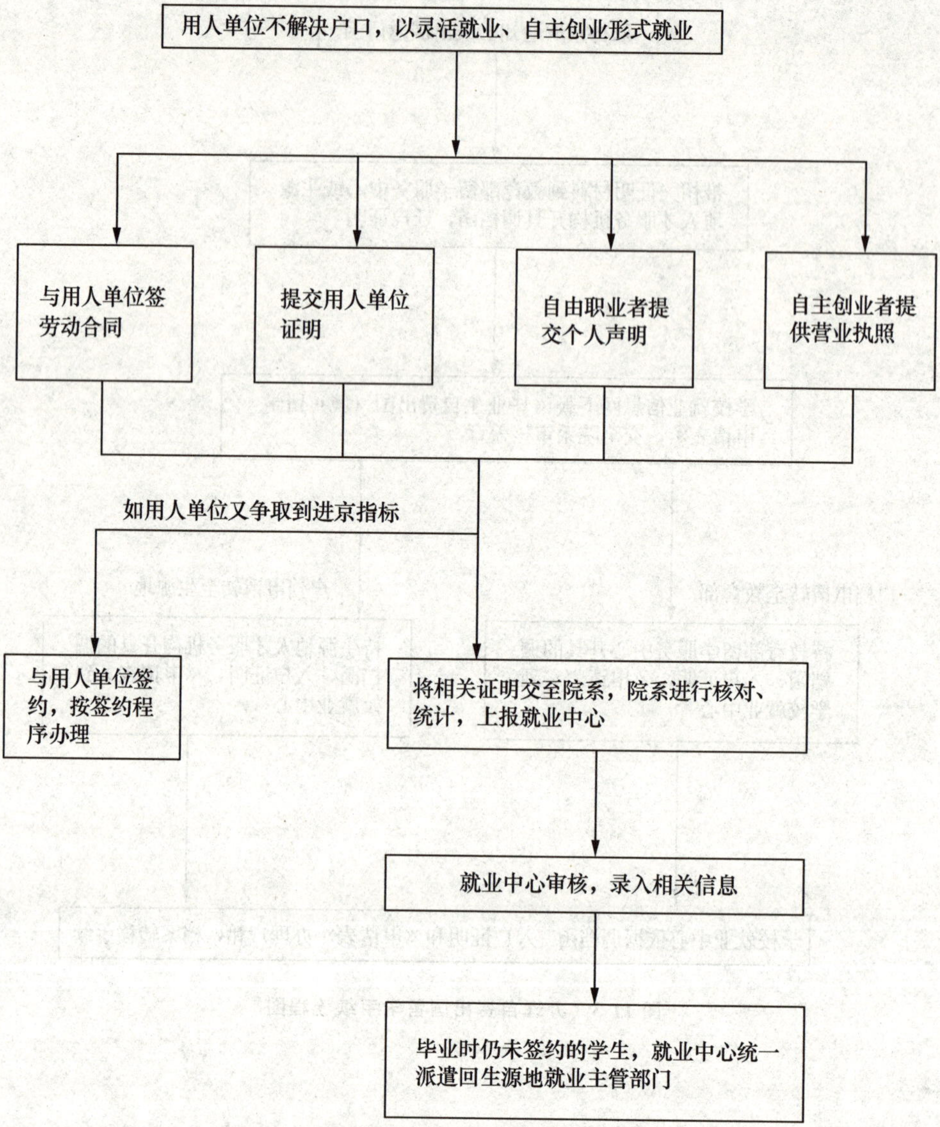

图 11-4　灵活就业与自主创业的手续办理流程图

第二节 依法保护自己的就业权

案 例

小刚结束了大学的学习生活，即将走上工作岗位。离开了熟悉的学校和朝夕相处的同学，他很茫然。要开始新的生活了，不再是无忧无虑的学生时代。工作找不到怎么办？被用人单位骗了怎么办？国家有什么措施保障劳动者的利益吗？这一连串的问题，让小刚一时无所适从。

小刚的困惑或许也正是同学们所关心的问题，那么就让我们从寻找问题的答案开始新一章的学习吧。

一、《就业促进法》重点解析

2007 年 8 月 30 日全国人大常委会第二十九次会议通过了《中华人民共和国就业促进法》，并于 2008 年 1 月 1 日起施行。这部法律的颁布实施将有利地推动我国的促进就业工作，在促进经济发展和扩大就业相协调，促进社会和谐稳定方面发挥重要的作用。

(一)维护公平就业

为了维护劳动者的平等就业权，反对就业歧视，《就业促进法》对公平就业做出了规定，包括八个方面：

一是明确政府维护公平就业的责任。

二是规范用人单位和职业中介机构的行为。

三是保障妇女享有与男子平等的劳动权利。

四是保障各民族劳动者享有平等的劳动权利。

五是保障残疾人的劳动权利。

六是保障传染病病原携带者的平等就业权。

七是保障进城就业的农村劳动者的平等就业权。

八是规定了劳动者受到就业歧视时的法律救济途径。违反本法规定，实施就业歧视的，劳动者可以向人民法院提起诉讼。

(二)大力发展职业教育和开展职业培训

《就业促进法》明确了国家、企业、劳动者和各类职业培训机构在职业教育和培训中的职责及作用,通过职业技能培训提高劳动者的素质,以适应人力资源市场的需求,从而促进其实现就业和稳定就业。包括五个方面:

一是明确了国家依法发展职业教育,鼓励开展职业培训,促进劳动者提高职业技能,增强就业能力和创业能力的总方针。

二是规定了各级人民政府在加强职业教育和培训方面的职责。

三是规定了企业在加强职业教育和培训方面的职责。

四是规定了职业教育和培训机构在加强职业教育和培训方面的职责。

五是按照《劳动法》和《职业教育法》中对建立职业资格证书制度的规定,并针对目前实践中存在的问题,规定了国家对从事涉及公共安全、人身健康、生命财产安全等特殊工种的劳动者,实行职业资格证书制度,具体办法由国务院规定。

(三)实施就业援助

特别规定了对城市零就业家庭的就业援助。县级以上地方人民政府采取多种就业形式,拓宽公益性岗位范围,开发就业岗位,确保城市有就业需求的家庭至少有一人实现就业。同时规定街道、社区公共就业服务机构在就业援助中的具体职责。

大学毕业生如果家庭属于零就业家庭的,可以使用这一条款获得援助。

二、《劳动合同法》重点解析

2007 年 6 月 29 日,《中华人民共和国劳动合同法》由十届全国人大常委会第二十八次会议审议通过,并由中华人民共和国国家主席颁布,自 2008 年 1 月 1 日起施行。这是自《劳动法》颁布实施以来,我国劳动和社会保障法制建设中的又一个里程碑。其主要内容有:

(一)关于劳动合同关系的建立与书面劳动合同的订立

用人单位自用工之日起即与劳动者建立劳动关系。建立劳动关系,应当订立书面劳动合同。订立劳动合同,应当遵循合法、公平、平等自愿、协商一致、诚实信用的原则。已建立劳动关系,未同时订立书面劳动合同的,应当自用工之日起 1 个月内订立书面劳动合同。用人单位与劳动者在用工前订立劳动合同的,劳动关系自用工之日起建立。用人单位与劳动者协商一致,可以订立固定期限劳动合同、无固定期限劳动合同和以完成一定工作任务为期限的劳动合同。

劳动合同包含的固定条款：

(1)用人单位的名称、住所和法定代表人或者主要负责人。

(2)劳动者的姓名、住址和居民身份证或者其他有效身份证件号码。

(3)劳动合同期限。

(4)工作内容和工作地点。

(5)工作时间和休息休假。

(6)劳动报酬。

(7)社会保险。

(8)劳动保护、劳动条件和职业危害防护。

(9)法律、法规规定应当纳入劳动合同的其他事项。

此外，用人单位与劳动者可以约定试用期、培训、保守秘密、补充保险和福利待遇等其他事项。同时，在法律责任中规定：用人单位自用工之日起超过1个月但不满一年未与劳动者订立书面劳动合同的，应当向劳动者每个月支付2倍的工资。

(二)关于无固定期限劳动合同

用人单位与劳动者协商一致，可以订立无固定期限劳动合同。有下列情形之一，劳动者提出或者同意续订、订立劳动合同的，除劳动者提出订立固定期限劳动合同外，应当订立无固定期限劳动合同：

(1)劳动者在该用人单位连续工作满10年的。

(2)用人单位初次实行劳动合同制度或者国有企业改制重新订立劳动合同时，劳动者在该用人单位连续工作满10年且距法定退休年龄不足10年的。

(3)连续订立2次固定期限劳动合同，且劳动者无本法第三十九条和第四十条第一项、第二项规定的情形，续订劳动合同的。

用人单位自用工之日起满1年不与劳动者订立书面劳动合同的，视为用人单位与劳动者已订立无固定期限劳动合同。同时，在法律责任中规定：用人单位违反本法规定不与劳动者订立无固定期限劳动合同的，应当自订立无固定期限劳动合同之日起向劳动者每个月支付2倍的工资。

(三)关于试用期

劳动合同期限3个月以上不满1年的，试用期不得超过1个月；劳动合同期限1年以上不满3年的，试用期不得超过2个月；3年以上固定期限和无固定期限的劳动合同，试用期不得超过6个月。同一用人单位与同一劳动者只能约定一次试用期。以完成一定工作任务为期限的劳动合同或者劳动合同期限不满3个月的，不得约定试用期。

试用期包含在劳动合同期限内。劳动合同仅约定试用期的，试用期不成立，该期限为劳动合同期限。劳动者在试用期的工资不得低于本单位相同岗位最低档工资或者劳动合同约定工资的80%，并不得低于用人单位所在地的最低工资标准。

在试用期中，除劳动者有不符合录用条件、有违规违纪违法行为，不能胜任工作等情形外，用人单位不得解除劳动合同。用人单位在试用期解除劳动合同的，应当向劳动者说明理由。同时，在法律责任中规定：用人单位违反本法规定与劳动者约定试用期的，由劳动行政部门责令改正；违法约定的试用期已经履行的，由用人单位以劳动者试用期满月工资为标准，按已经履行的超过法定试用期的期间向劳动者支付赔偿金。

（四）关于劳动合同的履行

用人单位与劳动者应当按照劳动合同的约定，全面履行各自的义务。用人单位应当按照劳动合同约定和国家规定，向劳动者及时足额支付劳动报酬。用人单位拖欠或者未足额支付劳动报酬的，劳动者可以依法向当地人民法院申请支付令；人民法院应当依法发出支付令。

用人单位应当严格执行劳动定额标准，不得强迫或者变相强迫劳动者加班。用人单位安排加班的，应当按照国家有关规定向劳动者支付加班费。劳动者拒绝用人单位管理人员违章指挥、强令冒险作业的，不视为违反劳动合同。

劳动者对危害生命安全和身体健康的劳动条件，有权对用人单位提出批评、检举和控告。国家采取措施，建立健全劳动者社会保险关系跨地区转移接续制度。

（五）关于劳动者可以解除劳动合同的情形

用人单位与劳动者协商一致，可以解除劳动合同。劳动者提前30日以书面形式通知用人单位，可以解除劳动合同。劳动者在试用期内提前3日通知用人单位，可以解除劳动合同。

用人单位有下列情形之一的，劳动者可以解除劳动合同：

（1）未按照劳动合同约定提供劳动保护或者劳动条件的。

（2）未及时足额支付劳动报酬的。

（3）未依法为劳动者缴纳社会保险费的。

（4）用人单位的规章制度违反法律、法规的规定，损害劳动者合法权益的。

（5）因用人单位过错致使劳动合同无效的。

（6）法律、行政法规规定劳动者可以解除劳动合同的其他情形。

用人单位以暴力、威胁或者非法限制人身自由的手段强迫劳动者劳动的，或者用人单位违章指挥、强令冒险作业危及劳动者人身安全的，劳动者可以立即解除劳动合同，不需事先告知用人单位。

(六)关于用人单位可以解除劳动合同的情形

用人单位与劳动者协商一致，可以解除劳动合同。劳动者有下列情形之一的，用人单位可以解除劳动合同：

(1)在试用期间被证明不符合录用条件的。

(2)严重违反用人单位的规章制度的。

(3)严重失职，营私舞弊，给用人单位造成重大损害的。

(4)劳动者同时与其他用人单位建立劳动关系，对完成本单位的工作任务造成严重影响，或者经用人单位提出，拒不改正的。

(5)因劳动者过错致使劳动合同无效的。

(6)被依法追究刑事责任的。

有下列情形之一的，用人单位提前30日以书面形式通知劳动者本人或者额外支付劳动者1个月工资后，可以解除劳动合同：

(1)劳动者患病或者非因工负伤，在规定的医疗期满后不能从事原工作，也不能从事由用人单位另行安排的工作的。

(2)劳动者不能胜任工作，经过培训或者调整工作岗位，仍不能胜任工作的。

(3)劳动合同订立时所依据的客观情况发生重大变化，致使劳动合同无法履行，经用人单位与劳动者协商，未能就变更劳动合同内容达成协议的。

第三节 遵守法纪法规，承担违法责任

一、签订就业协议

就业协议是明确大学毕业生、用人单位和学校在毕业生就业工作中权利和义务的书面表现形式。

我国目前高校毕业生通用的就业协议是由国家教育部制定，省、自治区、直辖市就业主管部门印制的《高等学校毕业生就业协议书》。协议书包括以下内容：

(1)毕业生基本情况及意见。包括:姓名、性别、年龄、民族、政治面貌、培养方式、健康状况、专业、学制、学历、家庭住址、应聘意见等。

(2)用人单位情况及意见。包括:单位名称、单位隶属、联系人、联系电话、邮政编码、通信地址、所有制性质、单位性质、档案转寄地址、用人单位意见、用人单位上级主管部门意见等。

(3)学校意见。包括学校联系人、联系电话、邮政编码、学校通信地址、院系意见、学校毕业生就业部门意见等。

随着毕业生就业制度改革的深化,毕业生就业协议的内容也在进一步规范化、法制化,目前,一些用人单位或学校在就业协议书上已经附加上了有关劳动合同的内容,以保证毕业生的权益,进一步明确用人单位与毕业生之间的权利和义务。这些内容包括:服务期、工作岗位和工作内容、劳动保护和工作条件、工资报酬和福利待遇、劳动纪律、协议终止的条件、违反协议的责任等。

(一)就业协议的作用

就业协议作为学校、用人单位及大学毕业生之间三方的一份意向性协议,不仅能为大学毕业生解决工作问题,保障大学毕业生在寻找工作阶段的权利与义务;同时,也保障了用人单位能够从不同学校找到合适、优秀的大学毕业生。签订就业协议的作用具体为:

(1)保障大学毕业生在寻找工作阶段的权利与义务,约束签订劳动合同的时间、劳动合同的内容等。当发现所要签订的劳动合同与就业协议不一致,特别是出现对维护大学毕业生权益不利的情况时,大学毕业生应该要求用人单位按照已经签订生效的就业协议,制订新的劳动合同,使其内容符合就业协议。

(2)保障用人单位能方便地直接从学校方面调出该大学毕业生真实的档案、资料,用人单位能够方便、清楚地了解大学毕业生的真实情况。

(二)就业协议与劳动合同的关系

就业协议与劳动合同是用人单位录用大学毕业生时所订立的书面协议,但两者分处两个相互联系的不同阶段,表现在:

(1)毕业生就业协议是大学毕业生在校时,由学校参与见证的、与用人单位协商签订的,是编制大学毕业生就业计划方案和大学毕业生派遣的依据;劳动合同是大学毕业生与用人单位明确劳动关系中权利义务关系的协议,学校不是劳动合同的主体,也不是劳动合同的见证方,劳动合同是上岗大学毕业生从事何种岗位、享受何种待遇等权利和义务的依据。

（2）大学毕业生就业协议的内容主要是大学毕业生如实介绍自身情况，并表示愿意到用人单位就业、用人单位表示愿意接收大学毕业生，学校同意推荐大学毕业生并列入就业计划进行派遣。劳动合同的内容涉及劳动报酬、劳动保护、工作内容、劳动纪律方方面面，更为具体，劳动权利义务更为明确。

（3）一般来说就业协议签订在前，劳动合同订立在后，如果大学毕业生与用人单位就工资待遇、住房等有事先约定，亦可在就业协议备注条款中予以注明，日后订立劳动合同对此内容应予认可。

（4）就业协议是大学毕业生和用人单位关于将来就业意向的初步约定，对于双方的基本条件以及即将签订劳动合同的部分基本内容大体认可，并经用人单位的上级主管部门和高校就业部门同意和见证，一经大学毕业生、用人单位、高校、用人单位主管部门签字盖章，即具有一定的法律效力，是编制大学毕业生就业计划和将来可能发生违约情况时的判断依据。

案例

就业协议书和劳动合同，哪个管用

北京某大学毕业生李某，在2006年毕业前与一所高校签订了由教育部统一印制的就业协议书，高校人事处在协议书上签署了意见并加盖了人事处印章。但李某毕业后到该高校报到时，却被告知要与自负盈亏的后勤集团签订劳动合同。后勤集团的劳动合同规定，李某的服务期限为3年，如果未满3年辞职，需支付1万元违约金。此外，劳动合同对工资的规定也比就业协议书上约定的少。那么，就业协议书和劳动合同，哪个管用？

专家分析

应届大学毕业生与用人单位签订的就业协议是学校、用人单位、毕业生三方签订的协议。在大学毕业生到用人单位报到之前，就业协议书是一份约束用人单位和大学毕业生的民事合同，受《合同法》调整，双方都应该遵守协议书规定的权利、义务以及责任。如果大学毕业生与用人单位签订了劳动合同，双方就受劳动合同的约束，就业协议书自动失效。如果双方没有签订劳动合同，那么自大学毕业生到用人单位工作之日起，协议书就被视为一份简单的劳动合同，受《劳动法》调整并继续有效。

当就业协议书与劳动合同约定的内容发生冲突时，用人单位应与大学毕业生在协商的基础上调解冲突。如果协商不成，导致双方不能签订劳动合同，大学毕业生不能按时、正常到用人单位工作，可以依据就业协议书的约定向用人单位主张违约责任。

该案例中，学校在与李某签订了就业协议书后，又要李某与后勤集团签订劳动合同，这就违反了就业协议书，因为学校不能单方面改变用人单位。小李最后与后勤集团签订了劳动合同，就视为双方协商变更了用人单位，所签订的劳动合同生效，就业协议书失去法律效力。

(三)就业协议订立的原则

就业协议订立的原则是指三方在订立就业协议时必须遵循的基本准则。

1.主体合法原则

签订就业协议的当事人必须具备合法的主体资格。

(1)对大学毕业生而言，就是必须要取得毕业资格，如果学生在派遣时未取得毕业资格，用人单位可以不予接收而无须承担法律责任。

(2)对用人单位而言，用人单位必须具有从事各项经营或管理活动的能力，单位应有录用大学毕业生的计划和录用自主权，否则大学毕业生可解除协议而无须承担违约责任。

(3)对高校而言，高校根据用人单位的要求如实介绍大学毕业生的在校表现，最好能提供大学生职业信用档案；也应如实将所掌握的用人单位的信息发布给大学毕业生。高校是大学毕业生就业协议的一个重要组成部分。

2.平等协商原则

就业协议的三方在签订就业协议时的法律地位是平等的，一方不得将自己的意志强加给另一方。学校也不得采用行政手段要求大学毕业生到指定单位就业(不包括有特殊情况的大学毕业生)，用人单位亦不应在签订就业协议时，要求大学毕业生承担过高数额的违约金，更不能要求大学毕业生交纳就业保证金。三方当事人的权利义务应是一致的。除协议书规定内容外，三方如有其他约定事项可在协议书“备注”内容中加以补充确定。

(四)就业协议订立的步骤

就业协议的订立一般要经过两个步骤，即要约和承诺。

1.要约

大学毕业生持学校统一印制的就业推荐表(或复印件)参加各地供需洽谈会(人才市场)，进行双向选择，或向各用人单位寄发书面材料，应视为要约邀请，用人单位收到大学毕业生材料，对大学毕业生进行考察后，表示同意接收并将回执寄到高校大学毕业生就业工作部门或大学毕业生来人，此为要约。

2. 承诺

大学毕业生收到用人单位回执或通过其他方式得到用人单位答复后，从中做出选择并到学校大学毕业生就业工作部门领取就业协议书，与用人单位签订协议，即为承诺。

由于大学毕业生就业工作比较繁琐、具体，有时很难明确分为要约和承诺两个步骤。比如：有的大学毕业生参加公务员考试，达到面试线后，到用人单位参加面试、体检，用人单位也对大学毕业生进行政审、阅档，表示同意接收，在这种情况下，大学毕业生应与该用人单位签订就业协议，而不应再选择其他单位。

又如，用人单位到学校挑选大学毕业生，大学毕业生自己主动报名，经学校积极推荐，用人单位也表示同意接收，但要回到单位后再正式发函签协议，在这种情况下，大学毕业生也应安心等待与用人单位签约，而不能出尔反尔，以未正式签协议为由，置学校信誉于不顾，在这过程中与其他单位签约，这样也浪费了其他大学毕业生的就业机会。

(五)签订就业协议的程序

(1)大学毕业生和用人单位达成协议并在就业协议书上签名盖章，用人单位应在协议书上注明可以接收大学毕业生档案的名称和地址。

(2)若用人单位有上级主管部门，则要求其上级主管部门批准盖章。在直辖市，由于户口限制，许多企业无用人指标，目前高校已经逐步放弃了上级主管部门盖章的要求。

(3)大学毕业生必须在与用人单位签订协议书后，应在学校规定的时间内，将协议书送学校就业主管部门审核。

(4)学校同意盖章，并及时将协议书反馈用人单位。

(六)签订就业协议的基本要求

(1)大学毕业生应向用人单位如实介绍自己的情况，了解用人单位的使用意图，表明自己的就业意见，在规定的时间内到用人单位报到，若遇到特殊情况不能按时报到，需征得用人单位同意。

(2)用人单位要如实介绍本单位的情况，明确对大学毕业生的要求及使用意图，做好各项接收工作。

(3)学校要如实向用人单位介绍大学毕业生的情况，做好推荐工作，用人单位同意录用后，经学校审核列入建议就业计划，报主管部门批准，学校负责办理派遣手续。

(4)各方应严格履行协议，任何一方若违反协议，应承担违约责任。

(七)无效的就业协议

无效协议是指欠缺就业协议的有效要件，或违反就业协议订立的原则，从而不发生法律效力。无效协议从订立之日起就无效。

(1)就业协议未经学校同意视为无效。如有的协议经学校审查认为对大学毕业生显失公平，或违反公平竞争、公平录用的原则，学校可不予认可。

(2)采取欺骗等违法手段签订的就业协议无效，如用人单位未如实介绍本单位情况，根本无录用计划而与大学毕业生签订就业协议；大学毕业生伪造学历或技术等级证等，无效协议产生的法律责任应由责任方承担。

二、就业协议的解除

单方解除就业协议，是否承担违约责任？

案例

2008年2月4日，福建某大学学生林某看到福建某公司的一则招聘启事后，就寄了一份“个人求职材料”给该公司。2月12日，在未面试的情况下，便接到对方2月6日签发的《接收函》，并于2月15日双方签订了《全国普通高等学校毕业生就业协议书》。3月12日，福建某公司单方提出解除就业协议，为此，双方产生纠纷。问：单方解除就业协议，是否承担违约责任？

专家分析

就业协议是一份约束用人单位和大学毕业生的民事合同，一经签订，就具有法律约束力，双方均应严格履行合同。对此，我国《全国普通高等院校毕业生就业协议书》第六条明确规定：“本协议经各方(毕业生、用人单位、学校)签字、盖章后生效。三方都应严格履行本协议，若有一方提出变更协议，须征得另两方同意违约，由违约方承担违约责任。”本案中，福建某公司单方提出解除就业协议，其行为显属违约行为，应依法承担违约责任。

就业协议的解除分为单方解除和三方解除。

(一)单方解除

包括单方擅自解除和单方依法或依协议解除。单方擅自解除协议属违约行为，解约方应对另两方承担违约责任。单方依法或依协议解除，是指一方解除就业协议有法律上或协议上的依据，如学生未取得毕业资格，用人单位有权单方解除就业协议；大学毕业生录用之后，可解除就业协议，或依协议规定，大学毕业生未通过用人单位所在地组织的公务员考试，用人单位有权解除协议。此类单方解除，解除方无须对另两方承担法律责任。

（二）三方协商解除

三方协商解除是指大学毕业生、用人单位、学校三方经协商一致，消除原订立的协议，使协议不发生法律效力。此类解除因是三方当事人真实意思表示一致的体现，三方均不承担法律责任，三方解除应在就业计划上报主管部门之前进行，如就业派遣计划下达后三方解除，还须经主管部门批准办理调整改派。

三、违约要承担的责任和后果

就业协议书一经大学毕业生、用人单位、学校签署即具有法律效力，任何一方不得擅自解除，否则违约方应向权利受损方支付协议条款所规定的违约金，从实际情况来看，就业违约多为大学毕业生违约。

大学毕业生违约，除本人应承担违约责任、支付违约金外，往往还会造成其他不良的后果，主要表现在：

（1）就用人单位而言，用人单位往往为录用一个大学毕业生做了大量的工作，有的甚至对大学毕业生将要从事的具体工作也有所安排。同时大学毕业生就业工作时间相对比较集中，一旦大学毕业生因某种原因违约，势必使用人单位的录用工作付之东流，用人单位若另外选择其他大学毕业生，在时间上也不允许，从而给用人单位的工作造成被动。

（2）就学校而言，用人单位往往将大学毕业生的违约行为认为是学校的行为，从而影响学校和用人单位的长期合作关系。用人单位由于大学毕业生存在违约现象，而对学校的推荐工作表示怀疑。影响学校就业计划方案的制订和上报，并影响学校的正常派遣工作。

（3）就其他大学毕业生而言，用人单位到校挑选大学毕业生，一旦与某大学毕业生签订就业协议，就不可能再录用其他大学毕业生。若日后该大学毕业生违约，有些当初希望到该用人单位工作的其他大学毕业生由于录用时间等原因，也无法补缺，造成就业信息的浪费，影响其他大学毕业生就业。

因此，大学毕业生在就业过程应慎重选择，认真履约。

四、签订就业协议的注意事项

大学毕业生在与用人单位签订一份就业协议时，应该注意的是，协议虽然不是劳动合同，但也是一个法律行为，因此，在签订协议之前也要三思而后行。

(1)协议签署前，一定要了解用人单位的相关情况；

(2)大学毕业生在签约时要按照正常程序进行；

(3)签署协议书时，一定要认真、真实地填写协议书内容；考研出国要提前申明；

(4)大学毕业生在签约时也要考虑对自身权益的保护；

(5)大学毕业生在签约中，一定要注意条款的合理性；

(6)在毕业后，一定要签署劳动合同。

【拓展练习】

1.就业协议视同劳动合同吗？二者有怎样的关系呢？

2.在办理离校手续时要特别注意哪些事项？

3.在哪些情况下用人单位不得解除劳动合同？

第十二章 职业适应和职业素养，助力职业发展

学习目标

1. 掌握提高职业适应的方法。
2. 学会顺利完成职业角色转变的方式。
3. 掌握提高职业素养的方法。

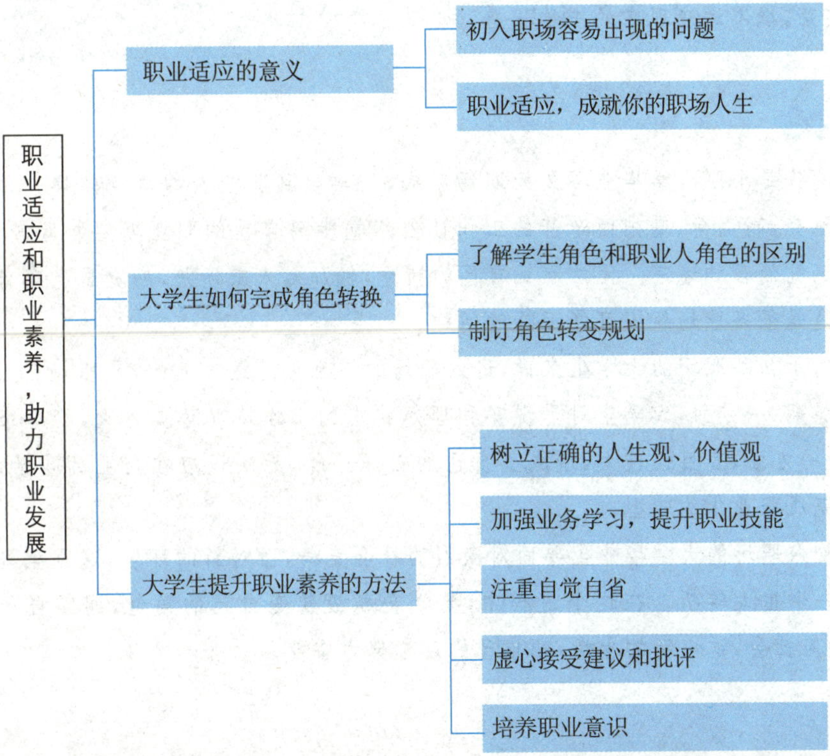

案例

凌锋是某高职院校英语专业的毕业生，他在找工作时，只投了外贸公司，因为他觉得外贸工作有挑战性，有前途。工作找得很顺利，他最后挑了一家国有上市公司签了三方协议。

在公司实习了3个月后，他发现自己越来越不喜欢这份工作了，原因是：首先工作很苦，基本天天加班；其次，他觉得自己没有机会接触客户；最后，用不到英语。他开始变得很痛苦，压力很大。他有时候想回老家去做老师，这样能和父母在一起，那里环境好，家里房子也很大，虽然不是很富裕，但可以开开心心、无忧无虑地生活。现在在一线城市，总觉得没有归属感，高房价，高消费，每天都觉得过得很累。

工作之后，他也发现自己目前掌握的知识实在是太少，虽然英语还不错，但在很多方面，自己能力不足，总觉得自己快被社会淘汰了，所以也有考研的打算。

虽说凌锋幸运地进入了一家不错的公司，但是工作后自己并不开心，很困惑和迷茫，很不适应现在的工作状态。

专家分析

凌锋是个刚大学毕业不久的职场新人，从学生到职业人的角色转换让他感觉很不适应，高负荷、基础而辛苦的工作让他感觉距离自己的职业期望相距较远，这让他感觉痛苦和迷茫。无法看见自己的前途，越加对未来迷茫，感觉自己郁郁不得志。这是很多职场新人可能面临的问题。

对于初入职场的大学生来说，进入职场的前半年是最难熬的，是职场新人的职业浮躁期，一方面，大学生对于现实和理想状态的工作情况落差较大，心理准备不足，另一方面，盲目性较大，造成了自己的心理浮躁，无法适应在企业的生活，无法顺利完成职业化的转型。

初入职场的大学毕业生要面对激烈的社会竞争，面对新的环境，这是生涯发展中的一个重大转折。在这个过程中，要学会积极转变自己的角色，调整自己的心态，适应社会，适应新的生活，朝自己的目标努力奋斗。

第一节 职业适应的意义

所谓的职业适应就是指职场新人入职后了解职场新规、适应职场环境、融入新的团队的一系列心理、思想、行为等方面的改变过程。大学生投身社会、走上工作岗位后，常常会感到自身与社会之间存在着一些不适应，不少学生很难度过这个“蘑菇期”(蘑菇喜欢生长在阴暗潮湿的地方，不为人们所重视)，因此，工作不主动、积极，消极怠工，甚至频频跳槽，影响自身的职业发展。因此，大学生职业适应教育越来越受到各个高校的重视。

一、初入职场容易出现的问题

大学生初入职场，不适应是完全可以理解的。因为，学生的生活本身就简单，不像职场那么复杂。职场上复杂的人际关系、严格的规章制度、独立的工作环境、紧张的工作节奏等，使学生，特别是未经历实习的学生往往感到难以适应，多数人会觉得工作无从下手，所学与所用脱节，有时甚至还会因此遭遇别人的冷眼；前期从事的都是一些低级的工作；有时，自己的许多“合理化”建议得不到领导的重视和认同。这与在校期间的自由、轻松、快乐形成鲜明的对比，也与自己报效单位、出人头地的愿望不相吻合。这些都是职场新人新入职时最常遇见的问题。

归纳起来，大学毕业生初入职场最容易犯的错有如下几种：

(1)心高气傲，不重视基础性工作。

(2)眼高手低，对单位状况横加评判。

(3)缺乏主动，不安排工作就不知干什么。

(4)过于热情，成为大家的服务生。

(5)缺乏纪律，迟到早退成常态。

(6)急于求成，往往欲速而不达。

(7)被人认可的愿望过于强烈。

大学毕业生入职后的适应期一般有 2～3 个月，有的可能半年还未能适应，而有的人则不到 1 个月就离职跳槽。严重影响自己的职业发展。所以，大学毕业生应重视提升自己的职业适应能力。

二、职业适应，成就你的职场人生

小知识贴士

企业经常在新员工入职之后讲的话

各位今天都是新员工，有缘一起坐在这里参加入职培训，但再过一两年或三五年，我们将发现各位之间的状态会有很大不同，有的人可能会因各种原因离开了公司；有的人可能会觉得工作被动；也有的人会觉得同事关系不好处，很难沟通，工作的非常不开心。当然，肯定也会有另外一些人，几年后，他们已经成为公司的管理者，或某一领域里的资深专业人士。他们充满热情地工作着，在迎接一个个挑战的过程中，为公司创造着价值，也体会到巨大的成就感，在他们眼里看到的是无限广阔的发展空间。

大学毕业生成功就业后，首先要面对的问题是如何适应这个陌生的职业环境。有些人可能很快会不适应；有些人刚开始工作时感觉还不错，但经历了几件不顺心的事后，工作状态受挫，陷入失败的阴影中，甚至会怀疑自己来错了地方；也有人很快适应新的环境，如鱼得水，在单位迅速成长。

是什么造成了上述的差距？这里有个人能力问题，但更重要的是个人状态与企业环境的匹配（包括个人能力与企业需求的匹配、个人做事方法与企业制度流程的匹配、个人价值观及行为准则与企业文化的匹配）问题。

每个人都有自己独特的才干，这些才干只有和外部环境匹配起来才能发挥其价值，刚加入一个新环境时，你可能会发现老同事们似乎不太愿意接纳你，你可能会遇见各种阻挠你完成自己的目标的情况。这时你该怎么办？你能不能在特定环境下找出合适的方法应对？当然，更深层次的是你的价值观与企业的价值观是否相符？对企业所讲的道理，你是否能从内心深处认同？

加入一家新企业，一般都要经过了解、理解、调节的过程，即了解企业环境、理解企业文化、调节自己以适应企业发展。其中，调节包括态度的调节和做事方法的调节，这就是我们所说的入职。入职后要做的是：先求了解与接纳，而不是改变；尽早完成从院校人向企业人的转变；永远不要忘记诚信。

案例

一位某高等学府的高材生，毕业后应聘到了一家人人羡慕的跨国公司，在五星级酒店办公，有着优厚的福利和薪酬，更有无限的发展空间。初到岗时，公司对他很满意，认为他正是公司需要的合适人选，并期盼着他的快速成长。

几乎所有的人包括他自己都会猜想他此后的职业生涯应该是顺风顺水，前程似锦。

然而，事情却一步步向着相反的方向发展……

刚开始，他凭自己的聪慧、机灵，博得了同事们的喜欢，但好景不长，他很快发现公司里有许多该改进的地方，于是就直言不讳地提出了自己的想法。刚开始，老板还客气地给予肯定。然而，提得多了，老板也烦了。结果自己所提的意见没有一条得到落实，反而得罪了不少人，包括老板和同事，自己反倒处在孤立的境地。

毕竟他是一个聪明人，很快冷静下来，开始反思：为什么会出现这样的局面？通过分析，他认为这是体制的原因，因而渐渐地对老板、同事也就没有那么多的敌意，心情也就平和了许多，继而同事和老板也渐渐地改变了对他的看法，认为他在进步，于是渐渐地对他委以重任，两三年的时间，他便升任经理。

然而，很快一场风波来临，他当初的思想，终于支配他的言行与“体制”发生了激烈碰撞，结果可想而知，他更加表现出了愤世嫉俗，处处对立，因而也处处给自己招致麻烦，最后，他不得不选择离开……

一个大家公认的才俊之士，加入到一家世界知名企业，最后却不得不黯然离开，为什么？

专家分析

每一个职业人，都会对自己第一天加入公司时的种种情景印象深刻。但新鲜感很快就会过去，接下来的会是什么呢？

养过鱼的人都知道，鱼缸每次换水，对鱼都是一次考验，因为这让鱼儿换到了与以前不同的环境中，温度、水质、氧气含量、微生物含量都有变化。换水之后的鱼需要有个适应过程。

对人来说也是一样，新加入一家企业，从公司的环境布置、制度流程，到人员状态都有了明显的不同。这时，作为新加入者，你应该怎么看？怎么想？

有位新员工曾经有这样的感言：加入公司后，公司为帮助我们尽快熟悉环境，专门组织了各种活动，向我们展示公司的各个方面，让我们全面、具体地了解和感受公司，那感觉就像是在张开双臂拥抱我们。我们能做的就是张开自己的双臂，回报公司。

的确，作为新入职的员工，首要的是要敞开自己，努力来理解和接纳公司。

这里还有一个问题，那就是如何看待公司现存的不足。新加入一个公司，很容易会把看到的一切，同自己心目中理想的好的方面比较，可能很容易会发现公司的不足。该怎样看待这些不足？

首先，应该肯定这些发现是好的，对公司也是有意义的。而对于新员工来说，这也是其独特价值的体现。因为一旦工作时间长了，对一些问题可能会司空见惯、习以为常，已经不那么容易发现问题了。通过适当的方式，向自己的上级反馈自己发现的问题和建议，这些都是积极的表现。这里说的适当方式，显然不能是趾高气扬的指手画脚，也不是目空一切的品头论足。

其次，还要客观看待自己的发现。要注意到你自己心目中的评价标准，未必是正确的。即使是正确的，也未必可以立即实施。所以不要指望一切都会按你说的马上发生变化，甚至你的反馈也可能未被重视和关注。这样的情况下，特别要注意不能因此就心生不满，心态失衡。

事实上，任何一家公司都会有不足，永远不可能有绝对理想的环境，而现实中存在的这些问题，正是我们新员工被聘用加入的原因，也正是我们可以后续发挥作用的方面。

为此，大学生入职后，要做好七件事：

第一，融入团队。

进入一个新的工作环境，就要融入其文化氛围。要先了解与接纳，而不是改变。对公司的制度流程首先要严格执行，其后再谈改进；对于刚从院校毕业的大学生，还要特别注意企业人的不同特点，实现从院校人到企业人的转变。

> 既然山不过来，我们就过去吧！
>
> ——默哈默德

第二，兑现承诺。

要坚决兑现承诺，认真履行职责。不要让客观存在的问题成为完不成任务的借口，而且不论处于什么状况，都一定要千方百计地去达成目标，把兑现承诺看做是职业人的生命。这里要注意的是，不要轻易承诺别人。“轻诺”容易造成自己的失信。

第三，主动思考、主动行动。

主动迈出一步，提供自身增值机会，突破原有思维模式，在工作中学会创新思考，为自己争取一切机会。主动也包括要学会为自己争取，不能指望你的职业生涯完全由别人计划好，最关键的还是你自己。

第四，尊重客户。

把客户的事当成最重要的事，学会探索客户需求，努力为客户创造价值，实现客户与企业的双赢。这样你的价值才会得到极大发挥。

第五，建立人脉。

要关注到企业内部的人脉，有效把握人脉，维护和谐环境。要学会宽容，能够尊重与赞赏别人；开放自己，主动为他人提供帮助；尊重与赞赏别人，处理好与领导、同事的关系，努力创造和谐环境。

第六，注重职业发展。

努力学习业务知识，使自己的职业能力迅速提升，并专注自己的职业发展。其方法是：让兴趣与工作结合起来，踏踏实实做好本职工作，在挑战中成长，在学习中发展。

第七，调整好心态。

保持积极心态，开创自信人生。要树立自信，让自己摆脱负面情绪，展示出美丽的笑容与声音。

第二节 | 大学生如何完成角色转换

人的一生，经历着多次不同社会角色之间的转换。大学毕业走向社会，就是一种典型的社会角色转换，这个转换在其一生中十分重要。大学毕业生如果能够顺利地实现角色转换，则可以帮助和促进大学生尽快地适应新的环境，缩短磨合期。

一、了解学生角色和职业人角色的区别

学生角色与职业人角色的区别主要体现在社会责任、社会规范、社会权力、面对的环境等几个方面。详细内容已在本书第一章做了介绍。

二、制订角色转变规划

大学生从年前 11 月份左右找工作直至第二年 6 月份毕业离校，这一阶段的时间跨度很大。可以说，这一时期是毕业生转换角色的重要阶段，学生与用人单位签约的同时，就预示着迈开由学生角色向职业角色的第一步。许多毕业生把毕业前那段不用上班、不用上课的那段时间当成“最后的疯狂”，完全放松，甚至放纵，根本不考虑角色转变的事情，那是不正确的。其实，毕业生应该从就业协议书签订到毕业离校这段时间，针对性地学习一些工作中所需要的综合知识，培养自己的技能，提前做好职场心理准备和能力准备，以便更好地度过职场磨合期。

角色转变可从以下几方面着手：

（一）从思维模式上完成转变

大学毕业生一定要清醒地认识到进入职场后，自己的社会责任、社会角色、社会义务、社会权力及所处的环境都不同，应该按照新的环境和角色来约束自己，并承担自己该承担的责任。要摆脱学生“以学为主”的思维模式，把它转变成“以用为主”的思维模式。

（二）从心理上完成转变

学生心理是学习的心理，一切都想学，一切都感到新鲜，一切都依赖老师，总觉得别人会原谅你，会帮你；在工作中，遇到工作不会做或者做不好时往往会以自己是新学者为借口，会给自己留后路。而职业人的心理是，为什么做不好？我哪里做错了？应该怎么改正？自己会主动去找出原因和解决的办法。这是新入职的大学生要尽快改变的心理。

（三）在行动上要实现转变

大学生的行动力，或者说执行力相对较弱，这是入职后要重点解决的问题之一。大多数情况下，企业需要的不是思想家，而是实干家。所以，大学生要改变在校时高谈阔论、喜欢争辩的行为模式，把自己培养成一个行动高手。

（四）在能力上要实现转变

大学生入职后，经常会面对自己的工作与大学所学不一致。也就是说入职后，自己往往要业余学习很多的东西。这一点是非常关键的。我们要尽快熟悉业务，熟悉流程，找出工作的关键点，并尽快提升自己的职业能力，成为一个令人佩服的职场高手。

为了做到这一点，建议大家设计一个角色转换表（表 12-1），以帮助自己尽快适应职场，使自己的职业生涯发展得更为顺利。

表 12-1　大学生向职业人角色转换规划表

规划目标	思想上	认识自己的社会责任
		强调"以用为主"的思维模式
		学会专注性思维，短期内在大脑中形成对本职工作的优势兴奋灶
		努力学习解决问题的思维方法
		树立守法意识
		强化忠诚态度
	心理上	完全独立，依赖自己
		空杯心态，虚心向老员工学习，心理上适应"蘑菇期"
		平和面对一切改变，正确认识荣誉和挫折
		感恩企业
	行动上	养成立即行动的习惯
		少说多做，创新思路；知错就改，不做老油条
		多交朋友，包括新同事、新客户，构建自己的人脉圈
		重视岗前培训
		遵守规章制度
	能力上	熟悉业务知识和流程；掌握关键技术
		尽快独立、全面地应对整个业务环节
		善于交流，长于表达，语言幽默、生动
		乐于助人，但不成为"服务生"

【拓展练习】

1. 你认为从大学生转为职业人应该做好哪些思想准备？
2. 在处理职场人际关系时要注意哪些？
3. 初入职场时会遇到哪些困难？
4. 你掌握走向职业成功的方法了吗？

第三节 大学生提升职业素养的方法

很多企业界人士认为，敬业精神及好的态度是人们最应该重视的影响职业发展的因素。敬业精神要求我们不管做什么工作一定要做到最好。敬业不仅仅是吃苦耐劳，更重要的是“用心”去做好单位分配给的每一份工作。态度是职业素养的核心，好的态度如负责的、积极的、自信的、建设性的、欣赏的，乐于助人等态度是决定成败的关键因素。

众多职场人士的成功与失败的经验证明：在职场一个人要成功，最关键的并不在于他的能力与专业知识，而在于他所具有的职业素养。工作中需要知识，但更需要智慧，而最终起到关键作用的就是素养。缺少这些关键的素养，一个人将一生庸庸碌碌，与成功无缘；拥有这些素养，会少走很多弯路，以最快的速度通向成功。

然而，大学生如何提升自己的职业素养呢？

一、树立正确的人生观、价值观

正确的人生观指引人走人生的正道，用自己的劳动去创造人生业绩，成为一个有益于社会、有益于人民的高尚的人。人生的价值体现在两个方面：个人的社会价值和个人的自我价值。

个人的社会价值指的是个人对社会的责任和贡献，个人的自我价值指的是社会对个人的尊重和满足。两者的关系是辩证统一的，个人的社会价值体现在个人对社会和他人的奉献上，只有充分实现个人的社会价值，才能体现出个人的自我价值。

个人的自我价值是通过社会活动将自己的能力充分发挥出来，创造物质财富和精神财富，以此满足社会和他人的需要，进而得到社会和他人的尊重和承认。

案 例

20 世纪 50 年代初，李嘉诚开始了他的创业生涯，开办了长江塑料厂，一开始生意兴旺。由于订单很多，长江塑料厂疏忽了质量问题，顾客十分不满，导致退货风潮日益严重，长江塑料厂面临倒闭威胁。在危急之中，李嘉诚的母亲给他讲了一个故事：

李嘉诚的老家潮州有一个开元寺，老住持年事已高，欲将衣钵传给徒弟。为了考验两个徒弟的人品、能力，老住持给两位弟子两把稻种，让他们分别播种，言明半年后根据他们的收获情况，决定新住持人选。半年后，一位挑着一担稻谷回寺，另外一个空手而归。但老住持却出乎意料地把衣钵传给了空手而归的徒弟。他说，他给两位徒弟的稻种是煮过的，他选择空手而归的徒弟做新住持，原因就是因为他诚实。

李嘉诚从这个故事中悟出了为人、经商诚信为本的思想真谛。于是，第二天他召集员工大会，检讨了前段时间工厂管理上的问题，并表示要以诚信精神挽回工厂的信誉。经过多方沟通和努力，工厂渡过了难关。此后，诚信成为李嘉诚的重要价值观，成为长江实业的企业文化精神的重要组成部分。

二、加强业务学习，提升职业技能

职业技能是职业活动开展的技术保证，学习业务知识的同时也正是一个了解职业行为、职业特征、职业理想的过程。职业道德和职业技能互相支撑，密不可分，职业道德通过职业技能的学习养成，并指导职业活动，反过来，职业技能的学习和实践能不断充实职业道德的内涵。我们不提倡只有职业道德没有职业技能的庸碌老好人，注重职业道德修养和提高职业道德技能并不矛盾。加强专业知识的学习过程就是一个强化职业意识、提升职业道德修养的过程。

对于大学生的职业道德修养的提升，除了需要加强专业知识的学习外，还要注重道德思想的教育，特别是要采取灵活有效的方式。加强职业道德理论学习，接受职业道德基本规范的教育和训练，能帮助学生树立正确的职业理想、培养良好的职业素质。

三、注重自觉自省

自省即自我反省。孔子说："见贤思齐焉，见不贤而内自省也。"（《论语·里仁》）"自省"就是通过自我意识来省察自己言行的过程，行之有效的提升德行修养的方法。经过不断学习和进步，加以自我检查和批评，看看自己的行为和言语是否有什么不合规则，善于认识自己、批评自己，客观地认识自己，经过深思熟虑，认识到自己的行为与规范之间的差距，从而达到对职业道德规范的体悟，由衷地认可和接受，使自我不断完善。

四、虚心接受建议和批评

没有人能永远正确，更何况是我们这样没有工作经验的大学生，犯错是难免的。只要在别人的指点和帮助下，我们能找出错误的根源，别人对我们的错误就会有更客观、更公正的评价。因此虚心接受别人的批评也是提升职业道德修养的一个重要途径。

五、培养职业意识

培养职业意识就是要对自己的未来有规划。因此，大学期间，每个大学生应明确我是一个什么样的人，我将来想做什么，我能做什么，环境能支持我做什么，着重解决一个问题，就是认识自己的个性特征，包括自己的气质、性格和能力，以及自己的个性倾向，包括兴趣、动机、需要、价值观等，据此来确定自己的个性是否与理想的职业相符。对自己的优势和不足有一个比较客观的认识，结合环境如市场需要、社会资源等确定自己的发展方向和行业选择范围，明确职业发展目标。

小知识贴士

优秀员工必备的职业素养

1. 像老板一样专注
2. 学会迅速适应环境
3. 化工作压力为动力
4. 善于表现自己
5. 要低调做人，高调做事
6. 设立工作目标，按计划执行
7. 做一个时间管理高手
8. 自动自发，主动就是提高效率
9. 服从第一
10. 勇于承担责任

【拓展练习】

1. 你认为从大学生转为职业人应该做好哪些思想准备？
2. 在处理职场人际关系时要注意哪些事项？
3. 初处职场时会遇到哪些困难？
4. 大学生该如何提高自己的职业素养？
5. 你掌握走向职业成功的方法了吗？

第三篇

创业指导篇

CHUANG YE ZHI DAO PIAN

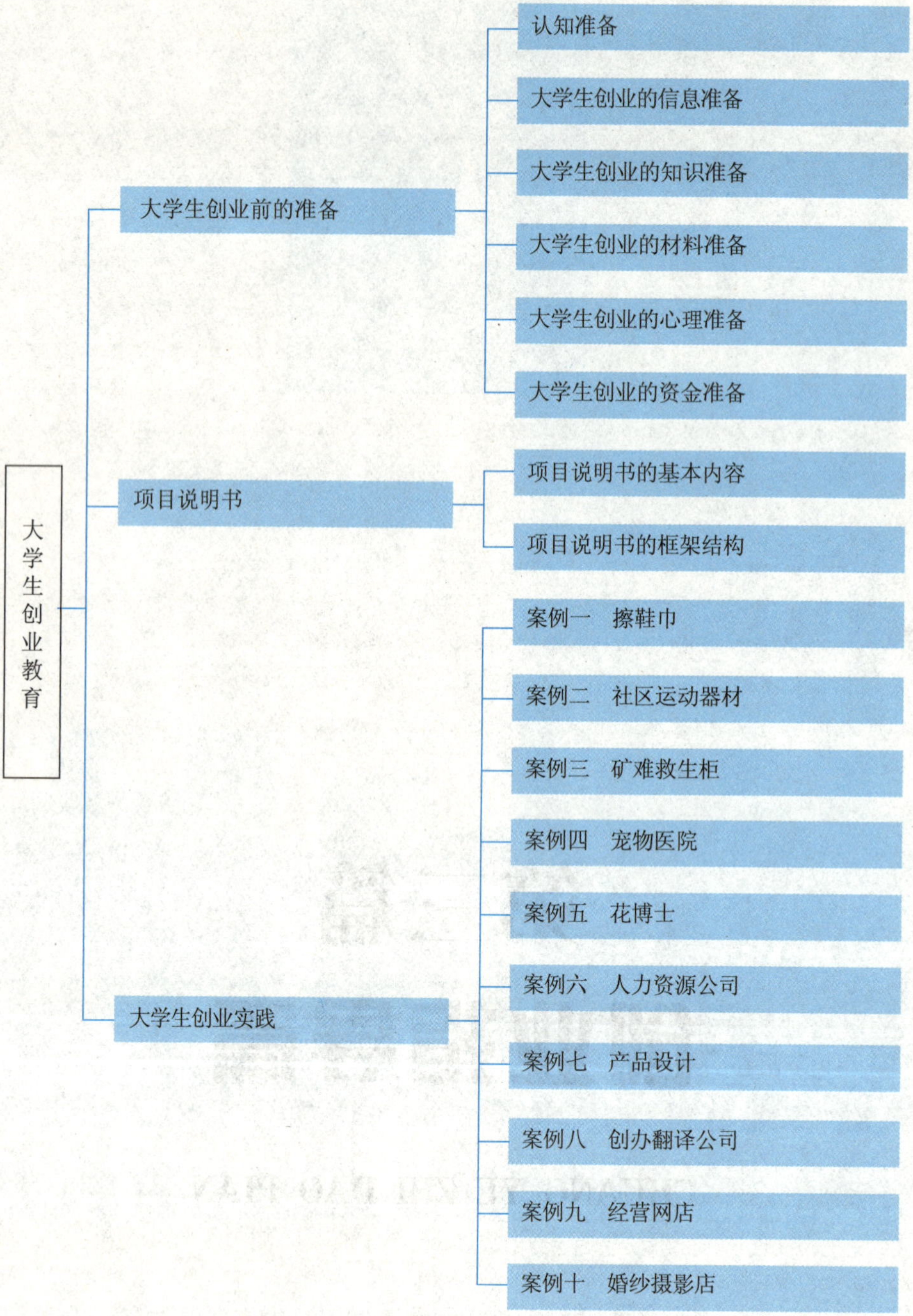
大学生创业教育
大学生创业前的准备
认知准备
大学生创业的信息准备
大学生创业的知识准备
大学生创业的材料准备
大学生创业的心理准备
大学生创业的资金准备
项目说明书
项目说明书的基本内容
项目说明书的框架结构
大学生创业实践
案例一　擦鞋巾
案例二　社区运动器材
案例三　矿难救生柜
案例四　宠物医院
案例五　花博士
案例六　人力资源公司
案例七　产品设计
案例八　创办翻译公司
案例九　经营网店
案例十　婚纱摄影店

第十三章
大学生创业前的准备

学习目标

1. 学会如何做好创业前的自我认知和环境认知。
2. 了解国家行业和产业发展趋势，学会做好创业前的信息准备。
3. 懂得怎样在创业前做好知识准备、材料准备、心理准备和资金准备。

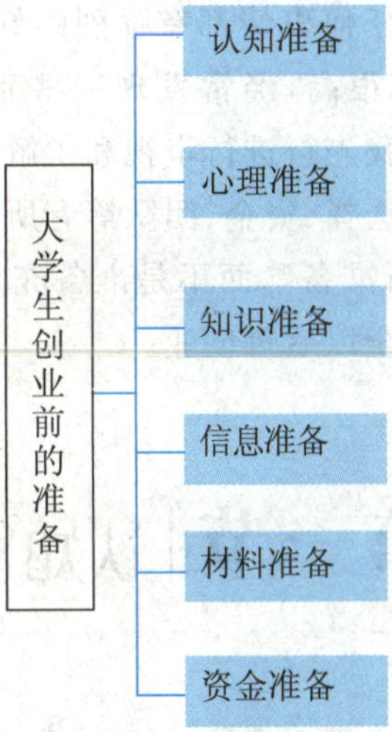

当前，国家十分重视大学生创业教育，李克强总理在关于大学生就业创业的座谈中多次提到创造公正平等的创业环境，教育部也要求高校开设创新创业教育课程并举办了创业大赛。不少高校在形式上轰轰烈烈地开展了创业教育。但是，自主创业不是一蹴而就的，也不是通过简单的教育就可以实现的。不少创业成功人士都强调说，不主张大学生在校期间或者毕业后马上创业，有的老师还曾提出：如何浇灭大学生的创业激情（不少老师因为没有创业的经历，担心同学们创业失败，所以善意地不主张大学生创业）？这说明高校开展创业教育还存在一定的问题，包括认识问题和师资问题。我们的老师能创业吗？教创业课的老师创过业吗？学校准备了什么条件让大学生创业？国家有哪些政策和措施真正鼓励大学生创业？现在的环境适合大学生创业吗？大学创业教育课的目的到底是什么？创业教育和创新教育的关系如何？这一连串的问题值得我们思考！

尽管创业不是所有大学生的选择，尽管现阶段大学生创业率和创业成功率都不高，但还是有不少"不安分的人"愿意创业，愿意去尝试做老板的滋味。对这部分人，我们应该支持、帮助和鼓励，引导他们做好创业前的准备。创业成功者的一条重要经验就是——"机会总是青睐有准备的人"，只要我们做好各种准备，创业其实并不可怕，创业的机遇随时存在、随地都有，就看自己有没有本事去把握！下面就请有勇气创业的同学们，跟随着我们的介绍，做好如下的创业准备！

创业者需要一定的勇气和具备一定特质，这些特质有很多是天生的。创业特质包括：不安分、有领导力、对任何事情都有强烈的好奇心、动手能力强、有发散性思维能力、外向性格或者智商很高，经常发现一些别人没注意的事情、不怕失败……大学生创业之前，要对自我先行进行审视和了解；对创业的形势和政策、环境、条件、信息、知识和技能、项目选择、资金、团队等有所准备，不打无准备之战。但应注意的是，这里提到的是"有所准备"，而不是准备充分，创业者需要的是边干边学的能力，不可能事事都考虑周全以后再创业。

第一节　认知准备

认知准备要求创业者在创业前对自我、对环境要进行科学客观地分析，目的就是通过认知来检验自我的创业意识、创业动机和创业能力是否符合创业的要求；同时，分析我们所处的环境是否有利于我们创业，如果创业，我们应该选择哪个行业来创业、选择什么区域创业、开发什么样的产品、选择什么样的创业模式、有哪些是国家鼓励发展的方向、国家有哪些相关优惠政策等，这都是我们创业前需做的认知内容。

一、了解自我

准备创业的人，首先应该进一步了解自我，根据“职业生涯规划”理论中自我认知的方法，从生理、心理、家庭、社会、道德、优势六个维度来认知自我（表 13-1）。在心理维度认知过程中，可以通过创业测评工具来了解自己是否适合创业。看看自己是否具备创业者所具备的基本素质。

表 13-1　创业者自我认知表

认知项目	认知内容	认知结果	备注
生理我	健康状况—创业对创业者身体素质的要求较高		
心理我	心理素质—创业对创业者心理素质的要求较高		
家庭我	家庭条件—我的创业活动能否满足家庭的需求		
社会我	社会需求—我的创业活动能否满足社会的需求		
道德我	职业道德—创业能否满足我在道德方面的需求		
优势我	我的长处—我有哪些优势利于创业		
结论			

我们认为，创业者的基本素质主要包含以下十点：

(1)有强烈的进取心，想当老板。

(2)敢于承担风险，抗压能力强，不怕失败。

(3)具有灵敏的“嗅觉”和独特的眼光，善于把握大势、捕捉各种机会。

(4)善于发现问题并进而思考解决问题的办法。

(5)有很强的团队协作精神。

(6)具有持之以恒的精神，不达目的誓不罢休。

(7)充满自信，在创业者面前，没有做不到的事。

(8)不迷信权威，不盲目崇拜，创造力强，喜欢创新。

(9)敢想敢干，敢作敢为，务实，执行力强。

(10)精力充沛，情绪稳定。

小知识贴士

创业成功者与失败者的特点

创业有失败也有成功，有人分析了成功和失败的创业者的经验和教训，总结出创业成功和失败人士的几个特点，仅供参考：

1.创业成功者的特点

(1)自主性强，愿意对每件事情都有自主权。

(2)喜欢有事情做，愿意从事具有明确目标的各种活动。

(3)有较强的自我把握力，有很强的成功欲望，能够自我激励。

(4)实行目标管理，能很快把握实现目标所必须解决的具体问题。

(5)善于分析机会。

(6)善于安排个人生活。

(7)具有创造性思维。

(8)善于解决问题。

(9)善于客观地看问题，不怕承认错误。

2.创业失败者的特点

(1)事必躬亲，独断专行。

(2)遇事无断，优柔寡断。

(3)不思进取，知识匮乏。

(4)娇宠无度，坐享其成。

(5)奢靡蛮干，好大喜功。

测试：

你适合做一个创业者吗？

1.追求：	(A) 安稳	(B) 自由
2.哪一种情况更可怕：	(A) 不知道明天什么样	(B) 每天都一样
3.人生更重要的是：	(A) 挫折少	(B) 经历多
4.哪一种情况更有安全感：	(A) 有人可依赖	(B) 独立
5.哪种情况更容易：	(A) 遵守别人的规则	(B) 自己定规则
6.遇到问题时更倾向于说：	(A) 这不是我的责任	(B) 我承担全部责任
7.更愿意思考什么问题：	(A) 有标准答案的	(B) 没有标准答案的
8.哪一种情况更有成就感：	(A) 做得比别人好	(B) 做别人没做过的事
9.更喜欢哪一个头衔：	(A) 大公司高层	(B) 小公司老板

创业者倾向于选(B)类答案

他们认为经历越多人生就越丰富，哪怕为此会忙忙碌碌，会经历更多的挫折，会面对未知和变化。但他们喜欢冒这个险，做自己想做的事，走别人没走过的路，他们很兴奋。他们愿意用激情之火燃烧自己，点燃别人。他们愿意用压力淬炼生命，丰富人生。如果你也因此而兴奋，那么赶快行动吧！

虽然创业很可能跟你想象的不一样，可能会更苦、更难，甚至夜不能寐、茶饭不思、有家难归、身心憔悴，但创业能带给你带来更多想象不到的回报。正像做父母的体会一样，为孩子千辛万苦，但小家伙充满稚气的一句话，就会让你觉得所有的付出都值得。

小知识贴士

各国首富们的共同特征

所有首富的父辈没有一个是首富。

所有首富中，出身最低的是香烟贩子，创业资本最少的是1.5万美元。

欧美首富中，没有一个是以房地产为主业的。

欧美首富中，没有一家是多元化的财团。

全球前二十名顶级富豪中有九名是连锁零售商。

六成以上的首富常年生活在一些不知名的小乡村和小城市里。

八成以上的首富只有一次婚姻。

首富中，没有一位科学家、思想家、作家、艺术家。

创业者在了解自己的先天禀赋是否具备创业基因的同时，还要认清自己为创业所准备的知识结构和相关技能是否充足，自己的身体状况是否适合创业，自己在心理上是否做好了失败的准备，家庭是否支持自己创业，自己创业的优势在哪，创业能满足社会的什么需求等。另外，我们还要认识到自己是否愿意为创业付出代价。

小知识贴士

创业者要付出的代价

1.要长时间的工作:创业者比一般工作族所需投入的时间要多出数倍,大多数创业者每日投入工作的时间高达15小时以上,并且通常是每周7天的工作。这种长时间工作对身、心两方面都会造成一些负面的后果。

2.人际冲突矛盾增加:创业过程中的股权安排、职位配置、借贷筹资、策略联盟等,经常涉及利益冲突,也会使人际关系更为紧张与复杂。

3.创业初期投入产出不成比例:创业初期资源有限,创业者的薪资所得与所投入的工作时数,几乎完全不成比例。

4.经营性事务增加:创业者除了要负责日常的经营活动外,凡有关人才延揽、公共关系、筹资、董事会业务、与政府部门交涉等都必须要一肩挑起,工作复杂度要远高于一般专业经理人。

5.需要承担必须成功的压力:创业者在创业过程中曾向无数参与者做出极多的承诺,因此也承受必须要成功的压力。实际上,创业成功的概率不到十分之一,这种高比例的失败风险将造成创业者极大的心理压力。

6.独立承担风险的压力:创业过程中常会遭遇两难的决策,而创业者必须在短时间内独立做出关键性的决定。

7.淡化的家庭生活品质:创业必然会打断原有的生活方式与工作步调,创业者必须全时间投入创业活动,因此家庭生活品质、亲子关系等,当然也会受到严重的影响。

8.彼得原理的挑战:彼得原理中提到每一个人的发展都有一定限度,当发展达到极限值,他就将成为该组织继续成长的主要瓶颈,而许多创业者也难以避免彼得原理的挑战。

为此,打算创业的大学生可以做出自我评估,如果觉得不合适,就请你暂时不要创业。

创业者自我评估

(1)是否具有一个能够振奋人心的愿景?这个愿景必须是远大且清晰的,除了能使自己兴奋,也能激发他人追随你一起创业的意愿。

(2)是否具有强烈的创业企图心?唯有强烈的企图心才能化为持久的行动与

坚持的毅力，没有强烈企图心的人恐怕是不太适合创业，这点创业者自己必须先要三思。

(3)是否勇于承诺愿意承担风险与愿意吃苦耐劳？能够勇敢的在公开场合向大众做出承诺的创业者，他的决心与行动力就不会令人质疑。

(4)是否看到一个具有潜力的市场机会？必须是一个潜力够大，且在可见的未来能够被实现的市场机会 。

(5)是否提出一个明确可行且能够结合市场机会的创业构想？这个创业构想也必须要具有一定程度的创新以及能带来市场竞争优势。

(6)是否发展出一个能够创造利润的创新经营模式？而且也需要能够描述经营模式中顾客界面、核心策略、资源能力、价值网络各要素的内涵与创造利润的可能方式。

(7)是否拥有足以判断产业相关技术与产品发展的专业能力？

(8)是否拥有足以经营管理一个新生企业发展的经验与能力？

(9)是否拥有足以带领团队前进的领导与沟通能力？

(10)是否拥有能够协助企业取得各项必要资源的网络关系能力。

我们在一所高校访谈时，就业指导中心老师跟我们介绍说，有的大学生，家庭条件太优越，尽管本人愿意吃苦，愿意出来磨炼自己，但家长却以“我们不缺钱，没必要吃苦”等理由阻止大学生创业。这实际上干扰了大学生的职业发展，不利于他们的成才。

二、了解环境

了解环境包括了解国家政策环境和经济环境，产业、行业环境，相关产品信息及市场情况等。其中最重要的是了解国家政策环境和经济环境，比如了解国家“十三五”规划发展纲要、各省“十三五”规划发展纲要对产业、行业发展的描述给大学生提供的创业机会。

市场经济带给人们的最大好处就是为每个渴望成功的人士提供了一个充分展示自我的大舞台。创业已经成为许多追求成功的人梦寐以求的理想。当代大学生作为社会群体中宝贵的人才资源，他们充满了激情，梦想着通过创业来报效国家、服务人民，同时又使自己的人生更加精彩。并且，随着我国大学生就业压力的日渐增加，创业已经成为解决就业的又一重要途径。也就是说，有如下理由要求大学生创业：

小知识贴士

不适合创业的人

1.缺少职业意识的人。职业意识是人们对所从事职业的认同感,它可以最大限度地激发人的活力和创造力,是敬业的前提。而有些人却对所从事的工作缺少职业意识,满足于机械地完成自己分内的工作,缺少进取心、主动性,这与激烈竞争的环境不相宜。

2.优越感过强的人。自恃才高,我行我素,难以与集体融合。

3.唯上是从,只会说“是”的人。这种人缺乏独立性、主动性和创造性。若当了经理,也只能因循守旧,难以开展开拓性的工作,对公司发展不利。

4.偷懒的人。这种人被称作“工资小偷”。他们付出的劳动和工资不相符合,只会发牢骚、闲聊,每天晃来晃去浪费时间,影响他人工作。

5.片面和傲慢的人。有的人只注意别人的缺点,看不到别人的优点;有的人总喜欢贬低别人,抬高自己,总以为自己是最强者,人格方面存在很大的缺陷。

6.僵化死板的人。做事缺少灵活性,对任何事都只凭经验教条来处理,不肯灵活应对,习惯于将惯例当成金科玉律。

7.感情用事的人。处理任何事情都要理智,感情用事者往往以感情代替原则,想如何干就如何干,不能用理智自控。

8.“多嘴多舌”与“固执己见”的人。多嘴多舌的人,不管什么事,他们都要插上几句话;“固执己见”的人,从不倾听别人的意见。

9.胆小怕事、毫无主见、树叶掉下来怕砸破脑袋的人。这种人宁可因循守旧也不敢尝试革新,遇事推诿,不肯负责,狭隘自私、庸碌委琐。

10.患得患失却又容易自满自足的人。稍有收获,欣喜若狂;稍受挫折,一蹶不振,情绪大起大落,极不平衡。

(一)国家的政治和经济环境为大学生创业提供了大量的挑战和机会

1.严峻的就业形势要求大学生创业

每年七百多万大学毕业生、同等数量的中专毕业生,加上农村剩余劳动力的城市转移及自然增长的劳动力大军,每年要就业的人群不下于2000万;而根据我国“十三五”规划的安排,“十三五”期间我国的就业目标是安排就业岗位4500万个,平均每年900万,岗位缺口极大,大学生就业形势十分严峻,且在今后若干年将会持续。大学生掌握了先进的科学技术 并具备较丰富的专业知识和较高的综合素质，实现成功创业的可能性最大。因此，对未来的选择将趋于多元化，自主创业应作为未来的就业途径之一，它将开辟新的就业渠道，在解决自身就业的同时也为社会创造了新的就业机会，有利于缓解国家的就业压力。

一个学生创业可以吸引若干个学生的参与。大学生成功创业能创造更多的就业岗位，大大缓解社会就业的压力；创业可以充分发挥大学生知识、能力优势；大学生自主创业有利于激活人才资源和科技资源，使许多新创意、新科技能够迅速地从大学生的思维和文字转化为现实的产业，将停留在头脑中或纸面上的创意、理念、发明、专利通过奋斗转化为现实的产品、服务及管理，为人类造福，为国家做出最大贡献，成为真正的时代英雄。

2.知识经济时代呼唤大学生创业

大学生与普通人群不同，受过高等教育的熏陶，掌握了一定的先进知识、技术和思维方法。具有高于常人的视野和更大的抱负。在知识经济时代，要求创业人群的创业活动具有创新性、先进性，知识经济时代产生了许多影响人们生活习惯的新技术和新产业，如计算机技术、互联网技术、云计算，以及目前的移动互联网、物联网等，这些先进的技术都需要专业人士的投入，而我们大学生正具备这些基础。新技术、新材料、新能源领域的创业大有作为，掌握好创业的基本技能，熟悉创业的基本流程，了解创业必备的心态，下定决心，做好吃苦、失败的准备，新一代大学生就一定能够创造出一片属于你自己的天空。

3.祖国建设需要大学生创业

“十三五”期间，是我国产业结构大调整、区域经济结构大调整的时期。产业的升级、各类产业的发展都需要更高知识层面的劳动者参与。大学生是高素质的劳动者，具备创业所必需的知识和技能。所以，在现代农业技术、新材料、新能源、新能源汽车、新型制造业、移动互联网、云计算、金融业等现代服务业的发展过程中，都为大学生创业提供了极好的机会。

4.现实生活条件提高要求大学生创业

高房价、更高的生活标准要求大学生创业。在许多城市，房价居高不下；同时，当代大学生的生活期望值高，靠打工的薪酬满足不了这些大学生的需求。所以，必须在年轻时比别人多付出努力去创业，才有可能实现自己的各种梦想。

(二)国家出台众多政策鼓励大学生创业

党的十八大报告提出：“引导劳动者转变就业观念，鼓励多渠道多形式就业，促进创业带动就业。”创业可以增加就业机会，是落实建设新型国家战略的需要。大学生创业既是我们教育体制改革和高新技术产业跨越式发展的动力源，也是繁荣社会主义市场经济，加速我国经济发展的动力源。大学生创业对我国经济的发展起着至关重要的作用，大学生创业不仅可以解决自身的就业问题，而且能提供更多的就业机会。十八届三中全会之后，政府进一步提出关于大学生自主创业的优惠政策，其中包括取消注册地和注册资金的限制。取消注册地，进一步减轻了大学生创业中因租用场地带来的创业压力。按照相关规定可将家庭住所、租借房、临时商业用房等作为注册地点及创业经营场所；取消注册资金，进一步降低了大学生创办公司的门槛。让大学生不用再为注册资金不足而不能创办公司发愁。初创企业时，允许按行业特点放宽资金、人员准入条件，准入资金可分期到位。

1. 毕业年度内在校创业的优惠政策

自 2011 年 1 月 1 日起，毕业年度内的高校毕业生在校期间创业，可向所在高校申领《高校毕业生自主创业证》。高校毕业生自主创业政策的具体内容是，对持《就业失业登记证》(注明“自主创业税收政策”或附着《高校毕业生自主创业证》)毕业生从事个体经营(除建筑业、娱乐业以及销售不动产、转让土地使用权、广告业、房屋中介、桑拿、按摩、网吧、氧吧外)的，在 3 年内按每户每年 8 000 元为限额依次扣减其当年实际应缴纳的营业税、城市维护建设税、教育费附加和个人所得税。进入“高等学生科技创业实习基地”创办企业，可以享受减免 12～24 个月的房租、专业技术服务与咨询、相关的公共设施以及公共信息平台服务等。

2. 大学生自主创业的税收优惠政策

为鼓励高校毕业生自主创业，以创业带动就业，财政部、国家税务总局发出《关于支持和促进就业有关税收政策的通知》，明确毕业生从毕业年度起 3 年内自主创业可享受税收减免的优惠政策。根据最新规定，大学生毕业 2 年以内从事个体经营时，自在工商部门首次注册登记之日起 3 年内，可免交管理类、登记类和证照类等有关行政事业性收费。持《就业失业登记证》(注明“自主创业税收政策”或附着《高校毕业生自主创业证》)的高校毕业生在毕业年度内(指毕业所在自然年，即 1 月 1 日至 12 月 31 日)从事个体经营的，3 年内按每户每年 8000 元为限额享受有关税收优惠；毕业 2 年以内从事个体经营时，自在工商部门首次注册登记之日起 3 年内，可免交有关行政事业性收费。针对高校毕业生创业，政府相关部门全方位执行“免三优两半”规定。

3. 大学生自主创业的贷款政策

国家鼓励支持毕业生自主创业，促进灵活就业。加强创业教育、创业培训和创业服务。符合条件的自主创业毕业生，可在创业地按规定申请小额担保贷款，从事微利项目的，财政贴息贷款额度提高到10万元。对毕业年度参加创业培训的毕业生，按规定给予培训补贴。

三、了解大学生创业的类型及其特点

创业的类型有很多种划分方法，比如按照创业主体的特点可以划分为勤奋型、智慧型、关系型、机会型、冒险型创业，按照创业的内容划分为生产型、管理型、市场型、科技型、金融型、服务型（教育、培训、家政、文化、演艺等）创业。以下我们重点介绍与大学生创业有关的创业类型划分方法。

（一）按照创业的目的划分创业类型

1.生存型创业者

在大学，这种创业者大多为家庭生活条件较差的农村或城市下岗职工生源；也有部分刚刚毕业找不到工作的大学生，他们以生存为创业的主要动力来源，创业的投入较少、收入也不高，创业项目的科技含量低，与农民工创业没有什么区别。清华大学的调查报告说，这一类型的创业者，占中国创业者总数的90%（美国只有10%的创业是生存型的，而机会型创业占90%）。这种类型的创业范围一般局限于商业贸易，少量从事实业的也基本是小打小闹的加工业。

2.主动型创业者

这种类型又可以分为两种人群：一种是盲动型创业者，他们大多极为自信，做事冲动。有人说，这种类型的创业者，大多同时是博彩爱好者，喜欢买彩票、喜欢赌，而不太喜欢检讨成功概率。这样的创业者很容易失败，但一旦成功，往往就是一番大事业。另一种是冷静型创业者，这是创业者中的精英，其特点是谋定而后动，不打无准备之仗，或是掌握资源，或是拥有技术，一旦行动，成功概率通常很高。

3.公益型创业

公益型创业是近几年国内兴起的一种新兴创业模式。与传统创业相比，公益型创业首先是强调创新的理念和方式，其次就是体现公益性。这使得公益型创业更容易获得全社会的支持，并且在一定程度上不直接面向传统市场中的企业竞争。在2011年“两会”上，陈凯委员介绍说：“国外在公益创业方面已有丰富的积累，从统计的数据看来，公益创业成功的比率远高于传统的商业企业的创业。”在大学生群体中大力倡导公益创业的理念，努力形成“公益创业也是创业”的良好氛围，鼓励大学生用创新的理念承担社会责任，在成功创业的过程中兼顾社会效益和自身价值的实现，可以说这是一种“双赢”的新型创业模式，应予以大力提倡。

目前国内有不少学校和组织已经开始了公益型创业的尝试，比如面向残疾人的公益型创业、面向绿色环保的公益型创业、从事低碳排放的公益型创业、面向青少年青春期健康教育的公益型创业、面向大学生开展的生涯教育和就业指导教育等。公益创业充满创意，有益又有趣。大学生应该承担社会责任，整合各方面资源实现多赢。

4. 社会型创业

社会型创业是近年来新提出的一种创业模式，适合有一定社会责任感、使命感的人选择。

网上的调查给我们有趣的启示：有超过 1/3 的人为了“责任”开始 NGO 创业，71%的人希望通过企业自转生血来维持 NGO 组织的运营和发展，NGO 道路上要克服的最大障碍是如何获得第三方的信任与资助(39%)。

> 请问你是否每年必须有至少 3 周的带薪假期？
>
> 你是否渴望摆脱天天加班加点的工作压力？
>
> 你是否会因为每个月没有固定工资而心里感到焦虑？
>
> 你是否凡事都需要得到朋友、伙伴、家人、上级领导的赞同？
>
> 你是否容忍社会上的种种不合理现象，因为总有一天会有人去改变的？

如果你有两个或两个以上的答案为“是”，那你基本不具备社会创业者的素质。如果你的大部分回答为“不”，那么恭喜你，你具备非常人才具有的社会创业者的潜质。

创业中的 NGO(非政府组织)，即社会创业者是那些具有使命感的创业者。他们对目标群体负有高度的责任，旨在创造社会价值而非个人的经济财富；对于他们来说，财务收入是达到目标的手段，而非目标本身。他们在颠覆和拓展我们的价值体系。

因此，社会创业者们拥有以下特点：更高的精神境界和道德力量；更大的勇气、更高的智慧、创意、商业技巧；更乐于分享，他们与人分享的越多，就有越多的人支持他们；更勇于超越边界，勇于创新、打破常规，建立非主流族群和团体；更甘于寂寞、埋头苦干，他们得到承认时，往往是在默默工作了多年之后。

小链接

中国十大公益性创业组织一览

创业不仅仅只是经济行为，也是社会行为。正如马云所说，我们的企业梦想是要构建新的商业文明模式，也是新的社会文明。诚信、开放、分享。将创业作为公益性活动的 NGO 组织和他们的系列推动项目，或许影响范围还很有限，或许作为创业者要得到他们的关注和支持也并不容易，只是需要肯定的是：这些公益性创业组织和项目，在创业兴邦的路途中也有着自己的足迹……

1. YBC：中国青年创业国际计划(Youth Business China)

主办单位：共青团中央、全国青年、原劳动社会保障部、中华全国工商业联合会等 7 家机构

成立时间：2003 年 11 月。

目标宗旨：帮助青年创业的教育性公益项目。

官方网址：http://www.ybc.org.cn/。

项目介绍：通过动员社会各界特别是工商界的资源，为创业青年提供导师辅导以及资金、技术、网络支持，帮助青年成功创业。

具体措施：资金资助、创业导师、网上展会、公共论坛等。

目标人群：中国有创业愿望的青年。

2. KAB：创业教育(Know About Business)

主办单位：共青团中央、全国青联、国际劳工组织等机构。

成立时间：2005 年 8 月。

目标宗旨：推进中国创业教育发展。

网址：http://www.kab.org.cn/node/kab.htm。

项目介绍：国际劳工组织为培养大中学生的创业意识和创业能力而专门开发的课程体系，与 SIYB 项目共同构成完整的创业培训体系。

具体措施：大学生 KAB 创业课程、大学生 KAB 创业俱乐部等。

目标人群：中国大中院。

3. 未来科技领袖摇篮计划

主办单位：AAMA(亚杰商会)中国分会。

成立时间：1979 年。

目标宗旨：成就未来科技商业界领袖阶层。

官方网址：http://www.aamachina.com.cn。

小链接

项目介绍：摇篮计划充分整合科技商业界资深人士的经验和资源，由他们担任导师，以一对一辅导的方式，帮助创业家，增大未来成功的可能性。

具体措施：摇篮计划、创业导师、创业论坛等。

目标人群：创业家，25到40岁；高科技公司CEO；在北京办公。

4. BCF 北京光华慈善基金会：创业教育

主办单位：北京光华慈善基金会、美国国家创业指导基金会。

成立时间：2005年4月。

目标宗旨：授人以渔，普及创业教育，创造积极人生。

官方网址：http://www.bcf.org.cn/index.asp。

项目介绍：BCF与政府机构和非营利组织积极合作，共同培养创业教育师资，从而为职校学生、贫困地区的大中学生和成年人开展创业教育。

具体措施：青少年创业教育、大学生创业传递、成年人创业培训、创业教师培养等

目标人群：大学生和青少年；服务的成年人主要包括劳改劳教人员、复员军人、下岗失业人员、进城务工人员、贫困妇女等群体。

5. SOE：中国青年创业探索(Spirit Of Enterprise)

主办单位：SOE、上海映绿公益事业发展中心。

成立时间：2008年。

目标宗旨：关注企业精神、鼓励创业。

官方网址：http://www.soe.org.cn/index.php。

项目介绍：通过对创业事迹和企业家精神的寻访，以及对于相关信息的公开传播，让社会了解创业和尊重创业者。

具体措施：采访创业者并编辑成书、传播企业家精神等。

目标人群：自主创业的中小企业主，特别是青年人。

6. 中国光华科技基金会 光华创新工程

主办单位：中国光华科技基金会。

成立时间：1993年。

目标宗旨：推动科技创新、支持科技创业。

官方网址：http://www.ghstf.org/。

小链接

项目介绍：通过“光华创新工程”，促进中国青少年的科技创业活动，同时关注设计、创意行业的创新、创业。

具体措施：YESplan 中国青年创业支持计划、创业基金、创业导师、创业大讲堂等 目标人群：中国青少年。

7. SYB(Start Your Business，又名 SIYB)：创业培训

主办单位：人力资源和社会保障部、国际劳工组织。

成立时间：2001 年。

目标宗旨：教你创业，助你兴业，帮你就业。

官方网址：http://www.siyb.com.cn/index.html。

项目介绍：SIYB 创业培训致力于推动微小企业发展、创造就业岗位、减少贫困，帮助，探索了将创业培训与小额担保贷款相结合促进创业的有效途径。

具体措施：SYB 创业培训课程、公众讲座等。

目标人群：有创业意愿并具备一定创业条件的人员，特别是下岗失业人员和社会弱势群体

8. JA(Junior Achievement) China 国际青年成就计划

主办单位：国际青年成就中国部。

成立时间：1993 年。

目标宗旨：培养中国青少年创造力和领导力。

官方网址：http://www.jachina.org/cn/index.html。

项目介绍：JA 与工商界和教育界合作，在中国的大、中、小学开展经济和商业课程，培养具有品格、创造力和领导力的国际型人才。

具体措施：针对不同学生群体的商业、创业、理财教育课程等。

目标人群：中国的大学生、中学生、小学生。

9. NPI(Non－Profit Incubator)：公益组织孵化器 OR 公益创投

主办单位：NPI 组织、南都基金会、上海浦东非营利组织发展中心。

成立时间：2006 年 1 月。

目标宗旨：助力社会创新，培育公益创业人才。

官方网址：http://www.npi.org.cn/index.php。

项目介绍：NPI 探索中国特色的公益创投模式，对被孵化机构提供包括场地设备、能力建设、注册协助、小额补贴等公益组织创业期最亟须的帮助。

小链接

具体措施：公益组织孵化器、公益性项目的创业导师等。

目标人群：有志于在公益领域进行创业的人群。

10. NPP 公益创投（Non－Profit Partners Venture Philanthropy）

主办单位：NPP、中国红十字基金会。

成立时间：2007 年 12 月。

目标宗旨：促进公益性创业项目发展。

官方网址：http://www.nppcn.com/。

项目介绍：NPP 公益创投基金所筹集的资金，致力于扶植公益事业发展，包括建设公益产业信息平台、制订行业公信力标准、资助模范公益组织。

具体措施：资金资助、产业信息平台等。

目标人群：有志于在公益领域进行创业的人群。

（二）按照创业的创新性划分创业类型

1. 复制型创业

复制原有公司的经营模式，创新的成分很低。例如某人原本在餐厅里担任厨师，后来离职自行创立一家与原服务餐厅类似的新餐厅。新创公司中属于复制型创业的比率虽然很高，但由于这类型创业的创新贡献太低，缺乏创业精神的内涵，不是创业管理主要研究的对象。这种类型的创业基本上只能称为“如何开办新公司”，因此很少会被列入创业管理课程中学习的对象。

2. 模仿型创业

这种形式的创业，对于市场虽然也无法带来新价值的创造，创新的成分也很低，但与复制型创业的不同之处在于，创业过程对于创业者而言还是具有很大的冒险成分。例如某一纺织公司的经理辞掉工作，开设一家当下流行的网络咖啡店。这种形式的创业具有较高的不确定性，学习过程长，犯错机会多，代价也较高昂。这种创业者如果具有适合的创业人格特性，经过系统的创业管理培训，掌握正确的市场进入时机，还是有很大机会可以获得成功。

3. 安定型创业

这种形式的创业，虽然为市场创造了新的价值，但对创业者而言，本身并没有面临太大的改变，做的也是比较熟悉的工作。这种创业类型强调的是创业精神的实现，也就是创新的活动，而不是新组织的创造，企业内部创业即属于这一类型。例如研发单位的某小组在开发完成一项新产品后，继续在该企业部门开发另一项新品。

4.冒险型创业

这种类型的创业，除了对创业者本身带来极大改变，个人前途的不确定性也很高；对新企业的产品创新活动而言，也将面临很高的失败风险。冒险型创业是一种难度很高的创业类型，有较高的失败率，但成功所得的报酬也很惊人。这种类型的创业如果想要获得成功，必须在创业者能力、创业时机、创业精神发挥、创业策略研究拟定、经营模式设计、创业过程管理等各方面，都有很好的搭配。

第二节 心理准备

从以上创业者的天赋可以看出，创业者与一般求职者的心理素质是有不同的。主要表现在以下几个方面：

一、想当老板的强烈欲望

创业者的付出比打工者多得多，风险也大得多，一般的人是不愿走这条路的，他们情愿羡慕别人，但绝对不会选这条路。但是创业者一般都有强烈的想当老板的欲望，这种欲望促使他敢于冒风险、敢于承担各种责任。

研究发现，成功创业者的创业欲望都是非常强烈的。这种强烈的欲望一方面来自于创业者不安于现状，追求更高理想，实现人生抱负的梦想；另一方面则更来自于现实生活的刺激，是在外力的作用下产生的，而且往往不是正面鼓励型的。刺激的发出者经常让承受者感到屈辱、痛苦。这种刺激经常在被刺激者心中激起一种强烈的愤恨与反抗精神，从而使他们做出"超常规"的行动，焕发起"超常规"的能力，这大概就是孟子说的"知耻而后勇"。一些创业者在创业成功后往往会说："我也没有想到自己竟然还有这两下子。"

因为有欲望，所以不甘心、所以行动、所以创业、所以成功，这是多数创业者走过的共同道路。

杉杉西服的董事长郑永刚也是如此。郑永刚永不满足，在部队里不满足，退伍之后仍不满足。从一个公司到另一个公司，从一个工厂到另一个工厂，他总是觉得自己能做更大的事，应该拥有更大的舞台。他就在这样的不满足中，将自己的事业一步一步地向前推进。终于使"杉杉西服"成为"中国西服第一品牌"，同时也使自己成了一个亿万富翁。

欲望是创业的最大推动力。一个真正的创业者一定是强烈的欲望者。他们想拥有财富，想出人头地，想获得社会地位，想得到别人的尊重。欲望代表未来，没有欲望就没有希望，欲望足以让你释放心灵，放飞自己的理想。你完全可以轰轰烈烈、堂堂正正地去追求自己所愿。

二、不怕失败、敢于冒险的心理

创业不管何时都是存在风险的。只要你选择了创业，就一定要准备迎接失败。只要你自认为看准了，就一定坚持走下去！

创业需要胆量，需要冒险。这里所说的冒险，不是去“闯红灯”、“闯禁区”，更不是去违反国家法律法规政策，而是指在不违背法律政策的前提下，勇于突破常规，敢于创业。

创业是一种精神，是一种永不服输的精神。创业的道路上充满了艰难险阻，克服一切不易克服的困难，不达目的誓不罢休，是创业成功的保证。从无到有、从小到大、从弱到强，创业总是艰难而充满风险的，但是有雄心、有抱负的创业者从来不会被失败所吓倒，更不会放弃开创自己追求的事业。

冒险精神是创业者精神的一个重要组成部分。创业与冒险在某种意义上是同义语。创业者们大多不是“三思而后行”，而是奉行“先行而后思”，因为他们认为风险背后是千载难逢的机会。创业者和创新者都善于捕捉普通人称之为“铤而走险”的机会，而正是他们“铤而走险”，才赢得了“在刀尖上生活”的名声，才创造了成功的事业。

大凡成功的创业人士都具有天生的冒险精神。一个人敢于冒风险，源于他丰富的知识、超常的想象力和创造性思维的厚积薄发。创业过程中的很多决策具有难度大、风险高的特点。所以，创业者必须培养预言家的想象力和乐观、自信的心态，在对立思想的交锋和不同观点的碰撞中培养及时、果断、慎重的决策能力和风险意识。

三、自信、积极、乐观的心理素质

自信是一种强烈的情感，是对自己的充分信任和肯定。美国《华尔街杂志》在一篇有关企业家的文章中说：“成功的企业家都具有能感染他人的强烈自信。”有了这种强烈的情感，就能够克服重重困难，朝着自己所选的目标坚定地走下去，也才能够深深感染其他人，给周围的人以勇气和决心，从而创造团结和谐、朝气蓬勃的企业氛围。只有相信自己，大学生才能跃出竞争的海平面，找到属于自己的一片天地，为事业的成功打下基础。

创业的过程是艰辛的，挫折和失败在所难免。有许多人经不起困难的折磨、失败的打击，常常心灰意冷，毫无斗志，在悲观中无法自拔，并且会因恐惧、怀疑、失望而丧失自己的意志，致使自己多年来的计划毁于一旦。所以，只有身处逆境而乐观的人，才最具有获得成功的潜质。其实，只要我们对自己的工作有一个乐观的态度，任何困难和挫折都是可以克服的。

四、挑战自我、奉献社会的心理

创业者享受的不是金钱和舒适，而是他的社会价值，是对自己能力的肯定。创业者通过一个个的创业活动，来挑战自己的能力极限，并从中享受乐趣。特别是对一个成功的创业者来说，对社会的贡献越大，自己的成就感就越强，这是创业者的高尚品格之一。

五、创新心理

创业者具有求异性思维的特点，从来不满足于现状，不迷信权威。因此，创业者普遍具有创新心理。这种心理状态帮助创业者善于从寻常人不容易观察到的地方发现机会，或者在别人被动等待时，他能够主动去思考解决问题的办法。

第三节 信息准备

大学生创业的信息包括行业发展信息、国家相关政策信息、产品的市场需求信息等。

一、行业发展信息准备

商场如战场，做到知己知彼，方能战无不胜。大学生在准备创业时一定要对准备进入的行业，进行行业信息的收集和分析。行业分析的内容包括行业的生命周期阶段、行业的进入与退出障碍、行业的需求及竞争状况、竞争对手政策与价格、行业主导技术的发展趋势及行业的发展前景。在创业前，对整个行业以及发展趋势了解得越多，就会对创业者权衡自己是否选择进入这一行业有帮助。如有的行业现在看并不壮大，如数字出版，却有良好的发展前景；相反，有的行业现在虽如日中天，却正在逐步萎缩，如传统的出版业。大学生在创业前期，在对自身有着充分认识的前提下，确定好自己的创业方向后，必须对自己所要准备进入的行业有一定的了解和分析，才能为将来的成功打下良好的基础。

二、国家产业及区域经济发展战略信息准备

我国“十二五”规划对产业发展、区域经济发展做出了明确规定，这对我们分布在全国各地的高校毕业生来说，是一个非常好的机会。各个专业毕业生在“十二五”期间都可以找到自己创业的空间。所以，迎合国家发展的大势去选择创业方向，是我们大学生们充分体现社会价值的主要行动之一。

三、产品市场需求信息准备

打算创业时，必须选择好适合自己的市场，了解同类市场的产品信息，从激烈的竞争中，捕捉到产品开发的创新点。这是任何人进入市场之前都必须做的一项准备工作。

第四节　知识准备

创业是一个系统工程，它要求创业者在企业定位、战略策划、产权关系、市场营销、生产组织、团队组建、财务体系等一系列领域有一定的知识积累。大学毕业生要进行自主创业，只学专业知识是不够的，必须做好创业的相关知识准备。当然，大学生不可能在校期间就全面了解或者准备好创业所需的各种知识，我们强调的是：要了解相关知识，并且在今后创业的过程中，逐步学习相关知识。同时，在组建创业团队时，要注意各方面人才的合理搭配。对大学生创业者来说，要求他是一个全面的企业管理人才是不切实际的。

一、管理知识

所谓管理，就是一个组织在其各种活动中，根据组织内部的活动规律，通过对组织活动进行有效的决策、计划、组织、指挥和协调，使组织内的人力、物力、财力等各种资源得以优化组合，充分发挥组织内资源的最大效用，从而有效实现目标的管理。

通过学习以下相关管理知识，改进管理方法，丰富管理经验，不断发掘新的管理资源，努力提高管理水平。管理知识涉及：人事管理、资金财务管理、物资管理、

生产运营管理、市场营销管理等。

二、财务知识

财务知识可以帮助创业者很好地量入为出，降低成本，是一个创业者必须掌握的知识。它主要包括：资金筹措知识、核算及记账知识、财务会计基本知识等，最低要求是能够读懂每个月的会计报表、资产负债表、现金流量表等。

三、营销知识

营销创造、传播、传递客户价值，管理客户关系的一系列过程。简单地说，就是要把企业和产品推销给消费者。营销要涉及的知识，包括市场环境分析、目标市场选择，产品的确定和开发、定价、销售模式、促销手段、可提供的服务以及它们之间的协调配合等，只有进行最佳组合，才可以更好地满足消费者的需求，实现企业经营目标。

四、相关专业知识准备

我们可能都有这种经历，每每一进商场，就有众多的产品导购员积极地向你推广产品，这些人对产品的相关知识一般都非常熟悉。只有熟悉产品，才具备销售产品的基本条件。

一个优秀的创业者，要比自己的员工更熟悉、更热爱自己的产品，只有这样，才能把你对产品的感情传递给员工和消费者，才能确保企业的正常运营和获得利益。不光是自己熟悉产品，还要帮助员工熟悉产品，因此，创业者还要准备产品的宣传材料、培训材料、招商材料等。

五、相关法律知识准备

开办企业涉及的法律较多，包括《公司法》、《商标法》、《知识产权法》、《劳动法》、《劳动合同法》、《就业促进法》、《合同法》、《会计法》、《税法》等，数不胜数，创业者在创业活动中要注意学习。

创业初期要准备的法律知识是：《公司法》、《商标法》和《劳动合同法》。这主要涉及注册公司要注意的法律问题和招聘员工要注意的法律问题。创业者要有高瞻远瞩的视野，一切从长计议，一切从正规开始。

六、合法开业知识准备

实际上，公司的申办各地具有固定流程，不需要花费太多的时间准备。省心的方法是：花几百元找中介机构代理。不愿找中介机构的，自己可以去工商局咨询，目前各地都有办事大厅，实行一站式服务，开业手续办理比较简便。但是有几个地方是必须自己完成的。

(一)取名

任何公司都要有一个名字，这个名字怎么取是要我们自己来定的。根据《企业名称登记管理规定》，公司名称由四部分构成：(企业所在地)行政区划＋字号＋行业类型或经营特点＋公司性质。

取名完成后，首先要到工商局(可以网上办公)进行名称核准。有时名称核准不能通过，所以一般要准备 3～5 个名称备选，以免浪费时间。名称核准后的有效期为 3 个月。在此期间内可以办理其他手续。

(二)选址

实际上选址是创业者创业初期要做的主要工作之一。在北京、上海，居民楼不能注册，所以你选在居民楼办公在法律上就通不过，无法注册。而且，不同的地段，不同的地址，租金相差很多，经营成本不一样，所以只有自己亲力亲为，才能完成这项工作。因此在选择时，要问清是否可以注册。

(三)公司章程

不管是自己办开办手续，还是委托中介办，公司章程也是需要自己制订的。当然，工商局有固定格式，开办者只要按照固定格式，与股东一起完成股份分配、填写完公司章程即可。

拿到名称核准通知、公司章程之后，就可以到工商局办理登记手续，工商局会指定一个开户银行，要求你按公司章程规定存入相关注册资金，凭银行资金缴纳证明，请相关会计师事务所出具验资报告。将验资报告交给工商局等登记机关批准就行了。

当然，我国许多行业有准入门槛，达不到门槛的行业还不准登记注册，因此，在大学生创业之初，要先行了解哪些行业属于“前置审批”行业(各地工商局有相关资料，不需特别准备)，比如印刷业的审批，先要通过公安部门备案，拿到印刷许可才可以申办印刷企业，图书发行企业也需要先到文化部门取得出版物经营许可证才可以申办营业执照，出版许可在我们国家根本就没有放开过，因此，你要办出版社在我们国家是不可能的……

第五节 材料准备

求职者要准备简历和求职信等求职材料，而创业者需要准备的是众多的创业材料。比如，市场调研报告、产品研发策略、产品市场定位、产品定价分析、盈利模式、团队构建策略、员工招聘计划、员工工作流程、项目说明书（招商说明书、商业计划书、创业计划书或融资说明书）等。

一、市场调研报告

这是创业最需要做的事情。创业创什么？首先就要根据收集的信息和自己的认知进行市场定位。而定位的前提就是做市场调研。比如，有一位学习工业设计的同学想创业，他调研了手机市场，发现手机种类繁多，特别是各种智能手机的界面有很大的差别，他还发现了苹果手机受欢迎的原因及其存在的缺陷。根据这次市场调查，他基本确定了自己的创业方向——为国内手机生产厂商设计手机界面，并一举获得成功。表 13-2 为市场调研报告表，供同学们参考。

表 13-2　市场调研报告表

项目名称	
项目概述	
调研时间	
调研范围	
调研目的	
调研人群	
调研信息汇总	
调研分析	
结论	

二、产品研发策略

根据市场调研报告确定出创业方向后，就要确定产品的研发策略。还以上述案例为例进行说明。该同学确定为国内手机生产厂商设计手机界面的创业方向后，对市场调研的材料进行了认真分析，进一步确定了吸收苹果手机界面的长处、弥补其不足的产品研发策略，进行产品研发。

三、产品市场定位

我们生产的产品不是放在仓库中睡觉的，而是要卖给消费者的，因此就要有明确的产品市场定位。比如我们设计老年人用的手机界面，就要考虑老年人多有老花眼的特殊情况；考虑到老年人对手机功能的要求不高的特点，因此手机界面就要具有字大简洁、操作简便等特点。

四、产品定价策略

任何一种产品，都有不同档次的需求。所以生产者需要根据不同的销售对象确定不同的产品定价。手机有像苹果之类的高档手机，也有几百元的普通手机，他们的定位不一样，所以定价策略也不一样。

五、盈利模式

每个企业都有每个企业的产品特点，其盈利模式也不尽相同。有人说：现代企业的盈利主要在于商业模式的盈利。所以，盈利模式日益受到人们的关注。比如，日用品的盈利模式就是靠的量大，要求薄利多销。比如大米是中国人的主要粮食，13 亿人，每人每天吃一斤米，一天就要 13 亿斤，每斤盈利 1 分钱，每天的利润就是 1300 万，一年就是 47 亿利润。而销售量小的产品就靠单位产品的高额利润来盈利。这是由产品不同定位来决定的。大学生创业者要根据自己的产品来确定自己的盈利模式。

六、团队构建策略

新东方总裁俞敏洪说得好：一个人可以走得很快，但一群人才能走得更远！创业一定靠的是一个团队。团队的组建策略也很有讲究，强调互补。可以通过中国职业定位系统做参考来进行团队建设。作者曾经遇见过这样一群年轻人，都是学计算机类专业的，他们共同策划了一个网站。页面设计很时尚、很先进，但是每个人都是搞技术的，没有人懂营销、懂管理。因此，网站设计好了，无法吸引别人的眼球，公司开张没几个月，只好关门。这就是团队的组建出现了问题。一个团队，应该有产品研发专家、有财务专家、有市场营销专家、有管理专家、策划专家等。所以我们在创业之初要确定团队人选。

七、确定工作流程

工作流程是我们做工作的一般工序，每个企业的工作流程不一样，都有各自的特点。所以也是我们需要前期准备的。

八、员工招聘计划

创业者还要考虑招聘员工，因此要制订招聘计划。所谓的招聘计划，就是根据工作流程确定各个岗位的人数及岗位工作要求。

九、项目说明书

项目说明书是推销自己的思路、理念、企业或产品的重要文件，是创业者必须亲自编写的重要材料(表 13-3)。

表 13-3 创业材料准备一览表

需准备的创业材料	详细说明
市场调研报告	这是创业最需要做的事情。创业创什么？首先就要根据收集的信息和自己的认知进行市场定位。而定位的前提就是做市场调研
产品研发策略	根据市场调研报告确定出创业方向后，就要确定产品的研发策略
产品市场定位	我们生产的产品不是放在仓库中睡觉的，而是要卖给消费者的，因此就要有明确的产品市场定位
产品定价策略	任何一种产品，都有不同档次的需求。所以生产者需要根据不同的销售对象确定不同的产品定价
盈利模式	每个企业都有每个企业的产品特点，其盈利模式也不尽相同。有人说：现代企业的盈利主要在商业模式的盈利。所以，盈利模式日益受到人们的关注
团队构建策略	创业一定靠的是一个团队。团队的组建策略也很有讲究，强调互补
确定工作流程	工作流程是我们做工作的一般工序，每个企业的工作流程不一样，都有各自的特点，所以也是我们需要前期准备的
员工招聘计划及培训计划	创业者还要考虑招聘员工，因此要制订招聘计划。所谓的招聘计划，就是根据工作流程确定各个岗位人数及岗位工作要求
项目说明书(招商说明书、商业计划书、创业计划书或融资说明书)	项目说明书是推销自己的思路、理念、企业或产品的重要文件，是创业者必须亲自编写的重要材料

第六节 资金准备

一项调查显示，有40%的大学生认为“资金是创业的最大困难”。因此，大学生在自主创业之前一定要做好资金准备，尤其是那些资金需求较大的创业项目，更要考虑好资金的来源。一般来说，资金的来源于家庭资助；另外，近年来国家鼓励大学生创业，有一定的政策支持；其他形式还有融资，包括向投资人、投资企业和风险投资公司融资等。

一、创业资金筹措原则

资本是企业的血脉，是企业经济活动的第一推动力和持续推动力。任何企业都是需要成本的，拥有再多的创业激情，没有资金的推动也是没用的。对初创业者来说，快速稳妥地筹集资金，是创业成功的至关重要的因素。但创业资金的筹措有几项原则需要遵守。

1. 资金筹措要适度

资金要与创业项目相适应，并不是说资金越多越好。任何资金都是有成本的，都是要向你索取回报的，因此，资金要适度而不要一味追求资金多。

案 例

马云说：“阿里巴巴能够走到今天，有一个重要的原因就是我们没有钱，很多人失败就是因为太有钱了。以前我们没钱时，每花一分钱都认真考虑，现在我们有钱了还是像没钱时一样花，因为我今天花的钱是风险资本的钱，我们必须对他们负责，我知道花别人的钱比花自己的钱更加痛苦，所以我们要一点一滴地把事情做好，这是最重要的。”

诚如马云的经历，创业不是追逐金钱的游戏，创业的本质是无中生有，以有限资源做出最大效果，运用创新与创意来创造企业的价值。创业者对金钱的态度，往往会决定企业的开始格局与成长潜力。创业阶段的艰苦奋斗精神，正是今天许多知名企业家能够白手起家，成就大型企业的原因。

那么，怎样的规模才算适度呢？创业资金需求主要取决于哪些因素呢？笔者例举了创业资金需求的“四大决定因素”，希望能对创业的大学生有一定的指导意义。

(1)最低的有效规模,这是指创业企业实现最低单位生产成本的产量水平。创业者通常需要准备好可以实现最低有效规模的资金,否则将处于竞争劣势。

(2)赢利能力。其他条件相同时,盈利能力越强,创业企业越有能力从内部满足资金需求,同时对外部融资需求也就越低。

(3)现金流。现金流水平低的创业企业需要更多的资金;反之,现金流水平高的企业只需要少量资金。创业者在筹措创业资金时,必须是以能支付公司创业第一年内所有营运开销为目标。

(4)销售增长率。销售增长率越高,要求创业企业增加的投资越多,需要的资金也就越多。

此外还有一些其他因素也会影响创业资金需求。比如,创业者对于营运资本和现金流的管理能力,良好地管理营运资本和现金流可以显著地增强创业企业的盈利能力,从而减少对资金的需求。

2.保持控股

不少创业者在苦于没有资金的时候,往往以投资者为救命的稻草,出让自己的公司股份,甚至出让控股权。百度 CEO 李彦宏曾说:“不要轻易将主动权交给投资人,在创业过程中没有人会乐善好施,一定在尚不缺钱的时候借到下一步的钱。”多数创业者都是在企业面临资金困难时才想到融资,他们并不了解资本的本性。资本的本性是逐利,而不是救急,更不是慈善。不论创业者的志气有多高,魄力有多大,都应该在不缺钱的时候就考虑融资策略,与资金方建立广泛联系。作为创业的创始人,你不知道什么时候就会需要他们的支持。

案 例

前段时间笔者接到一封大学生朋友的来信,信上说“……自己想创业,想法确实挺多,有的想法也得到了不少朋友的肯定,但是为钱的事弄得头都大了。虽然说国家有政策可以贷款,但是也不是容易的事,还没有担保……加上家里人反对,所以很久都没给家里人电话,连手机换号都没给家里人说。想自己安定下来了再给家里人说……想询问一下,如何解决创业启动资金的方法,希望您能提供一些针对大学生群体,现实可操行强的办法。”

对有上述想法的想创业的大学生而言,最简单的一个方式就是学会“借力”。大学生可以借助以下四点原则和方式:

(1)创业没有本钱，怎么借钱？一谈到借钱，有的人就害怕。怕什么？怕付利息，怕亏不起，怕还不起。有的人说："我这个人借了别人的钱，就吃不香、睡不着，整天压在心里很难过。"一个人要创业、发展，就要敢借钱。商场上有句话：会花钱的，花别人的钱；不会花钱的，花自己的钱。最简单的方式就是和父母或者亲朋好友借少量的本钱作为创业启动资金，当然前提是做好详细的创业计划，切不可盲目行事。

(2)要有信誉。俗话说：有借有还，再借不难。如果你是个借了不还，借了就赖，借了就亏，"肉包子打狗有去无回"的人，以后如何在商场上打拼，谁还敢为你筹资，谁还敢和你做生意？

作为大学生来讲，信誉度是无价的资本。无论进军何种行业，都一定要在自己的"信誉银行"里多"存"一些，切不可让"信誉银行"变成负值。良好的信誉度，不仅可以为创业者在用户面前赢得美誉和口碑，也会降低商业运行资本，在和经销商、供应商等商业链条的关系处理中发挥巨大的效益作用。

(3)双方有利。亲朋好友可能不一定要你的"利"，但作为创业者，要有一种感恩的心，要懂得知恩图报，不能过河拆桥。你在困难的时候，别人帮了你，你一定要感谢别人，要给别人一定的回报。成功的人一般都是懂得感恩的人。

(4)要循序渐进。资金的需求随着企业的规模会逐渐增加，新办企业的利润一般均赶不上企业的资金需求。但任何资金都有成本，对新创业的大学生来说，不仅要筹集新办企业时需要的资金，还要对企业的发展做出预期判断，对发展所需要的资金要提前进行准备。资金的准备要根据企业的发展循序渐进，合理规划，保证资金的最大利用度和最大的回报率。

二、资金筹措途径

每个创业者在实施创业时，常常会面临到哪里去筹集创业资金的问题，而且也不太清楚适合于自己的资金来源和融资方式组合。因此，熟悉各种资金来源和理解不同资金的要求和期望，显得异常重要。倘若不了解这些，创业者在寻找启动资金时就会很茫然。

值得注意的是，大学生创业者要根据风险水平和企业产品生命周期的不同阶段(即婴儿期、创业期、成长期、成熟期)来选择合适的融资渠道。

1. 家庭资助

绝大部分打算创业的大学生，创业初期所需资金主要靠家庭资助。因此，也可以说，家庭是大学生创业者的第一个天使投资人。

2.巧用国家政策

国家出台了一系列政策，鼓励大学生创业，其中也包括小额贷款政策。但要注意的是，小额贷款的获得有一些先决条件，必要时需在学院就业指导老师及当地人力资源部门的指导下争取。

3.融资

融资的途径主要有：债务融资和股权融资。在获取资金前，首先要明白自己需要多少资金，如何获得资金，资金的来源和渠道如何，是选择债权作为资金来源，还是选择股权作为资金来源？拿什么给你的投资人作保障？这些基本问题将决定创业是否成功。

(1)债权融资。以债权的方式向别人借债，商定借款利息和借款时间。这一方式需要签订借款合同，要规定借款的时间、利息，归还的方式和借款时限等。

案　例

甲乙两个人合作成立了一家公司，因公司流动资金不足，向甲的妻子借款100万用于公司周转，商定利息由公司承担。但在借款2个月时，甲的妻子擅自从公司账户划走37万，导致公司预期安排的资金用途无法实现，这种情况直接导致公司客户的毁约，给公司业务造成严重损失。而当乙方想向甲的妻子追究法律责任时，才发现没写明还款时间，所以也无从追究。

(2)股权融资。股权出让，就是把自己的股权折合成多少钱转让给别人，实际上也就是让别人以资金入股，这是大学生创业采用较多的一种方式。一般情况下，创业者是不太愿意出让股权的，创业最大的目的就是把企业做大，而股权的转让实际上是自己控股能力的缩小，这是自己要慎重考虑的事。当然，我们也要看股权转让是否有利于企业的发展，有时自己虽然完全控股，但是规模很小；而出让股权后，企业的发展更有活力，规模增大，这样虽然股份少了，但是总的收益还是增加，对创业者而言还是利大于弊。

2015年6月，国务院常务会议创新性地提出了扶持创新创业的新举措，其中就包括“投贷联动，股权众筹”的模式，这给大学生创业者解决资金困难打开了方便之门。

案　例

某位同学创办了一家公司，由于资金不足，影响企业的发展。思前想后，该同学出让40％的股份，换得200万元投资，摆脱了资金缺乏的困境，顺利地度过了生存关，赢得了更大的发展空间。

三、技术投资

目前，各地政府举办各种创业大赛，吸引大学生带好的项目参加。如果比赛获奖或者被企业看中，政府会有孵化资金予以支助，比如，2010年“昆山杯”创业大赛的一等奖选手就获得昆山市政府赞助的100万孵化资金，该项目已经进入实施阶段。用智力换资本，这是大学生创业的特色之路。一些风险投资家往往就因为看中大学生掌握的先进技术，愿意对其创业计划进行资助。因此，打算在高科技领域创业的大学生，一定要注意技术创新，开发具有自己独立知识产权的产品，吸引投资商。

四、向上下游客户融资

1.向上游原材料供应商融资

这主要是通过延期支付原材料购货款来融资。但必须注意的是，这种融资方法可能会导致企业原材料采购成本上升，如果不能及时支付货款，还会影响企业信用度，所以一旦采用这种方法，就必须按合约及时支付欠付对方的货款。

2.向下游用户单位或者经销商融资

这主要是通过收取用户单位的预付款或经销单位的押金来融资。

如表13-4所示。

表13-4　融资渠道一览表

债务融资的渠道	股权融资的渠道
(1)银行借款(抵押借款、担保贷款、托管担保贷款、买房贷款、项目开发贷款、出口创汇贷款、票据贴现贷款等) (2)非银行金融机构借款 (3)其他企业借款 (4)政府资金 (5)商业信用融资 (6)租赁融资	(1)投资者个人的储备资金 (2)合伙人的投资 (3)成立公司 (4)风险资本 (5)其他企业投资

许多人在创业初期往往求“资”若渴，为了筹集创业启动资金，根本不考虑筹资成本和自己实际的资金需求情况。但是，如今市场竞争使经营利润率越来越低，除了非法经营以外很难取得超常暴利。因此，广大创业者在融资时一定要考虑成本，掌握创业融资省钱的窍门。

五、适当贷款

1. 合理挪用住房贷款也能创业

如果你家有购房意向并且手中有一笔足够的购房款，这时你可以将这笔购房款“挪用”于创业，然后向银行申请办理住房按揭贷款。住房贷款是商业贷款中利率最低的品种，办理住房贷款，手中的余钱用于创业成本更低。如果创业者已经购买有住房，也可以用现房做抵押办理普通商业贷款，这种贷款不限用途，可以当作创业启动资金。

2. 精打细算，合理选择贷款期限

银行贷款一般分为短期贷款和中长期贷款，贷款期限越长利率越高，如果创业者资金使用需求的时间不太长，应尽量选择短期贷款，比如，若打算办理两年期贷款，可以一年一贷，这样可以节省利息支出。另外，创业融资也要关注利率的走势情况，如果利率趋势走高，应抢在加息之前办理贷款；如果利率走势趋降，在资金需求不急的情况下则应暂缓办理贷款，等降息后再适时办理。

3. 亲情借款，成本最低的创业“贷款”

创业初期最需要的是低成本的资金支持。如果比较亲近的亲朋好友在银行存有定期存款或国债，这时你可以和他们协商借款，按照存款利率支付利息，并可以适当上浮，让你方便快捷地筹集到创业资金，亲朋好友也可以得到比银行略高的利息，可以说两全其美。

4. 提前还贷，提高资金使用效率

创业过程中，如果因效益提高、货款回笼、淡季经营及压缩投入等原因致使经营资金出现闲置，这时可以向贷款银行提出变更贷款方式和年限的申请，直至部分或全部提前偿还贷款。贷款变更或偿还后，银行会根据贷款时间和贷款金额据实收取利息，从而降低贷款人的利息负担，提高资金使用效率。

六、中小企业互助基金

我国中小企业发展较好的地区和城市（如江苏、浙江、安徽等地）近年来积极建立中小企业互助基金，以解决其抱团资助和危机互助的问题。这类互助基金多采取“政府支持、企业互助、金融合作”的模式，遵从“共同受益、共担风险、相互制约”的原则，实行会员制管理。政府投入较少部分作为启动资金，组建基金，设立章程。中小企业章程，具备章程规定的入会条件，就可自愿入会，缴纳一定的贷款保证金后，成为会员单位，享有相应额度的担保或贷款便利。发生坏账时，基金会先用当时会员保证金抵扣，再有不足，则按比例抵扣其他会员的保证金。通过建立雇主基金，中小企业在承担一定保证金的情况下，即可在需要融资时，随时得到放大数倍的积极担保或直接贷款，从而较好地解决融资问题。

七、风险投资

1.概念

风险投资是指具备资金实力的投资家对具有专门技术并具备良好市场发展前景，但缺乏启动资金的创业家进行资助，帮助其实现创业梦，并承担创业阶段投资失败的风险投资。投资家投入的资金换得企业的部分股份，并以日后获得红利或出售该股权获取投资回报为目的。风险投资的特色在于敢冒高风险以追求最大的投资报酬，并将退出风险企业所回收的资金继续投入“高风险、高科技、高成长潜力”的类似高风险企业，实现资金的循环增值。投资家以筹组风险投资公司、招募专业经理人，从事投资机会评估并协助被投资事业的经营与管理等方法，早日实现投资收益，降低整体投资风险。

风险投资在我国是一个约定俗成的具有特定内涵的概念，把它翻译成创业投资更为妥当。广义的风险投资泛指一切具有高风险、高潜在收益的投资；狭义的风险投资是指以高新技术为基础，生产与经营技术密集型产品的投资。根据美国全美风险投资协会的定义，风险投资是由职业金融家投入到新兴的、迅速发展的、具有巨大竞争潜力的企业中的一种权益资本。从投资行为的角度来讲，风险投资是把资本投向蕴藏失败风险的高新技术及其产品的研究开发领域，旨在促使高新技术成果尽快商品化、产业化，以取得高资本收益的一种投资过程。从运作方式来看，是指由专业化人才管理下的投资中介向特别具有潜能的高新技术企业投入风险资本的过程，也是协调风险投资家、技术专家、投资者的关系，利益共享，风险共担的一种投资方式。

2.优势

（1）风险投资的支持为新创企业带来了良好的声誉，使新创企业的价值更容易被利益相关者(员工、顾客、供应商、政府、金融机构、媒体等)认可。

(2)风险投资为新创企业提供启动和扩展资金。

(3)风险投资者能够帮助创业者吸引一流人才,加入创业者团队。

(4)风险投资者能够在员工招聘协议、劳动合同、技术合同、财务管理、风险管理方面提供建设性的指导意见,发挥管理顾问、监督和评价的作用。

(5)风险投资者能够为那些没有市场部的新创企业提供市场发展的战略。

(6)风险投资者能够提供与政府监督管理相关的咨询和指导。

由此可见,对于创业者来说,获取风险投资的支持,不仅可以为新创企业赢得良好的声誉,打开通向其他融资渠道的方便之门,还可以给创业者带来额外的管理资源,帮助经营新创企业。

【拓展练习】

1. 大学生创业需要做好哪些准备?

2. 你知道如何选择创业项目吗?

第十四章 项目说明书

学习目标

1. 了解项目说明书的组成内容。
2. 了解项目说明书的具体框架结构。
3. 学会编写创业计划书。

- 项目说明书
  - 项目说明书的基本内容
    - 项目概况
    - 市场调查
    - 决策
    - 运行方案
    - 存在的问题以及解决的办法
    - 资金规划及资金来源
    - 阶段性目标
    - 财务预算和风险管理
    - 加盟及退出的前提和条件
    - 团队组建
    - 其他
  - 项目说明书的框架结构
  - 项目说明书案例

项目说明书(在创业阶段可以称为招商说明书、创业计划书、商业计划书、融资说明书等)是对整个项目产生的过程、决策依据、实现路径、存在的问题以及问题解决的办法、财务分析及可能存在的风险、加盟及退出的前提和条件等进行说明的一份重要文件。项目说明书主要用于立项(包括进创业园)和融资,因此是创业必需的重要文件。本书在前面介绍创业材料的准备时对项目说明书已经做了简单介绍,这里再用一章的篇幅进行专门的阐述,以让同学们学会编制项目说明书。

第一节 | 项目说明书的基本内容

一份好的项目说明书应该至少包括项目概况、市场调研、运行方案(项目实现路径)、存在的问题以及解决的办法、资金规划及基金来源、阶段性目标、财务预测(包括利润及可能存在的风险)、加盟及退出的前提和条件、团队组建等九个方面的内容。

一、项目概况

上一章我们已经提到,对创业者而言,选择项目是创业最关键的一步,也是最早的一步。项目概况主要介绍项目的来源、项目的简要内容、项目的意义和价值、项目的预期收益等。

二、市场调查结果

若想实现自己的冲动或灵感,就必须进行市场调研。市场调研的内容主要应该围绕自己提出的创业项目来进行,即对项目的市场现状、同类产品销售情况、项目的发展预期等展开调查。

(一)行业调查

在行业分析中,应该正确评价所选行业的基本特点、竞争状况以及未来的发展趋势等内容。具体包括以下问题:

(1)该行业发展程度如何?现在的发展动态如何?

(2)创新和技术进步在该行业扮演着一个怎样的角色?

(3)该行业的总销售额有多少?总收入为多少?发展趋势怎样?

(4)价格趋向如何?

(5)经济发展对该行业的影响程度如何?政府是如何影响该行业的?

(6)是什么因素决定着它的发展?

(7)竞争的本质是什么？你将采取什么样的战略？

(8)进入该行业的障碍是什么？你将如何克服？该行业中典型企业的回报率有多少？

(二)项目调查

在进行投资项目的评估时，投资人最关心的问题之一就是——风险，也即企业的产品、技术或服务能否以及在多大程度上可以解决现实生活中的问题，或者说，企业的产品(服务)能否帮助顾客节约开支、增加收入。因此，产品介绍是项目说明书中必不可少的一项内容。

产品(服务)介绍部分，应提供所有与企业的产品或服务有关的细节，包括企业所实施的所有调查。这些问题包括：产品正处于什么样的发展阶段？它的独特性怎样？企业分销产品的方法是什么？谁会使用企业的产品？为什么？产品的生产成本是多少？售价是多少？企业发展新的现代化产品的计划是什么？把出资者拉到企业的产品或服务中来，这样出资者就会和创业者一样对产品有兴趣。在产品(服务)介绍部分，企业家要对产品(服务)做出详细的说明，说明要准确，也要通俗易懂，让非专业人员的投资者也能明白。

一般来说，产品介绍必须回答以下问题：

(1)顾客希望企业的产品能解决什么问题？顾客能从企业的产品中获得什么好处？

(2)企业的产品与竞争对手的产品相比有哪些优缺点？顾客为什么会选择本企业的产品？

(3)企业为自己的产品采取了何种保护措施？企业拥有哪些专利、许可证，或与已申请专利的厂家达成了哪些协议？

(4)为什么企业的产品定价可以使企业产生足够的利润？为什么用户会大批量地购买企业的产品？

(5)企业采用何种方式去改进产品的质量、性能，企业对发展新产品有哪些计划？

三、运行方案

项目一经决策，就要进行运行方案的准备。也就是项目实现路径的描述。包括产品研发计划、产品的市场定位、产品的定价原则、产品的宣传及营销策略、产品的盈利模式等。并要对市场进行预测，预测应包括：需求预测、目标顾客和目标市场预测、本企业产品的市场地位等预测。

(一)产品生产方案

项目说明书中的生产方案应包括以下内容：

(1)产品制造和技术设备现状;

(2)新产品投产计划;

(3)技术提升和设备更新的要求;

(4)质量控制和质量改进计划。

(二)产品营销方案

营销是企业运行方案中最富挑战性的环节,影响营销策略的主要因素有消费者的特点、产品的特性、企业自身的状况以及市场环境等方面的因素。最终影响营销策略的则是营销成本和营销效益因素。在项目说明书中,营销策略应包括以下内容:

(1)市场机构和营销渠道的选择;

(2)营销队伍和管理;

(3)促销计划和广告策略;

(4)价格决策。

四、存在的问题以及解决的办法

任何一个创意或者项目,在实施过程中都会遇见各种不同的问题,创业者要对此有充分的思想准备,出现问题时不必担心和着急。在项目运作之前,对可能存在的问题要做预估,并根据这些问题,准备好解决的办法。这样,问题一旦出现,我们就有了可解决问题的预案,不会惊慌失措。

五、资金规划及资金来源

资金运作是大学生创业最薄弱的环节。需掌握以下几个原则:第一,不要贪大,要稳扎稳打;第二,量入为出。第三,开源节流。资金链的断裂是影响企业发展的重要原因,也是导致项目失败的绝对因素。所以,创业之初,从选址、办公家具的选购开始,就要学会精打细算,改变大学期间养成的盲目消费、大手大脚的习惯。

在创业初期,资金的规模要适当控制,资金的来源主要根据自己家庭的实力、合作伙伴的实力以及本书第十章介绍的融资渠道去获取。

马云创业时,曾经有人给他 6000 万美金,他拒绝了,他只要了 3000 万,你奇怪吗?实际上,当你的项目不需要那么多资金时,你接受了就增加了你的财务负担,投资者追求的是投资回报率,当你的投资回报率达不到要求时,投资者的投资热情就会消退,甚至给企业带来灾难。

六、阶段性目标

项目的运作都有阶段性目标。比如淘宝不可能一口气就上市,一口气就成为全球最大的网上商店。所以我们要为企业制订合适的阶段性目标。阶段性目标包括第一阶段创业初期的发展规模；第二阶段产品成熟期的发展速度和规模；第三阶段产品稳定期的发展速度和规模。

七、财务预算和风险管理

(一)财务预算

财务预算主要从产品定价、生产成本、管理费用、销售费用、盈亏平衡点、财务风险、利润分析等方面来分析。

财务预算方案一般要包括项目说明书的条件假设、预计的资产负债表、预计的损益表、现金收支分析、资金的来源和使用等。

可以这样说，一份项目说明书概括地提出了在筹资过程中创业者需做的事情，而财务预算方案则是对项目说明书的支持和说明。因此，一份好的财务预算方案对评估风险企业所需的资金数量，提高风险企业取得资金的可能性是十分关键的。

那么如何制订好财务预算呢？这首先要取决于企业的远景规划——是为一个新市场创造一个新产品，还是进入一个财务信息较多的已有市场。

企业的财务预算应保证和项目说明书的假设相一致。事实上，财务预算和企业的生产计划、人力资源计划、营销计划等都是密不可分的。要完成财务预算必须明确下列问题：

(1)产品在每一个期间的发出量有多大？

(2)什么时候开始产品线扩张？

(3)每件产品的生产费用是多少？

(4)每件产品的定价是多少？

(5)使用什么分销渠道？所预期的成本和利润是多少？

(6)需要雇佣那几种类型的人？

(7)雇佣何时开始？工资预算是多少？

(二)风险管理

风险管理也是一个创业者必须考虑的问题，创业存在风险，创业要面临失败，所以预测创业风险是创业者避免更大打击的重要一步。风险管理主要考虑以下内容：

(1)你的公司在市场、竞争和技术方面都有哪些基本的风险？

(2)你准备怎样应付这些风险？

(3)就你看来，你的公司还有一些什么样的附加机会？

(4)在你的资本基础上如何进行扩展？

(5)在最好和最坏情形下,你的五年计划表现如何?

如果你的估计不那么准确,应该估计出你的误差范围到底有多大。如果可能的话,对你的关键性参数做最好和最坏的设定。

八、加盟及退出的前提和条件

任何一个项目都有必要吸引投资人的加盟。为此,要尊重商业规律,设计好加盟及退出的条件和办法。这样可以避免很多的麻烦。

九、团队组建

任何项目都不可能自己一个人完成,所以一定要注重团队的建设。团队中,应该有各种性格的人才、各种专业的人才。比如,管理人才、财务人才、营销人才、企划人才和运营人才等。明确各自的任务和岗位要求。

十、其他

项目说明书中还应明确管理目标以及组织机构图。此外,在这部分项目说明书中,还应对公司结构做一简要介绍,包括:公司的组织机构图;各部门的功能与责任;各部门的负责人及主要成员;公司的报酬体系;公司的股东名单,包括认股权、比例和特权;公司的董事会成员;各位董事的背景资料。

以上是项目说明书的主要内容。

第二节 项目说明书的框架结构

制订一份完整的项目说明书,一般需经过以下阶段:提出创意—市场调研—决策—制订运作方案—编撰项目说明书。

写好创业方案全文,加上封面,将整个创业要点抽出来写成提要,然后要按下面的顺序将全套创业方案排列起来:①市场机遇与谋略;②经营管理;③经营团队;④财务预算;⑤其他与听众有直接关系的;信息和材料,如企业创始人、潜在投资人,甚至家庭成员和配偶。

准备创业方案是一个展望项目的未来前景、细致探索其中的合理思路、确认实施项目所需的各种必要资源、再寻求所需支持的过程。

封面
摘要
目录
(一)项目概况
(二)市场调查 1.行业调查 (1)该行业发展程度如何?现在的发展动态如何? (2)创新和技术进步在该行业扮演着一个怎样的角色? (3)该行业的总销售额有多少?总收入为多少?发展趋势怎样? (4)价格趋向如何? (5)经济发展对该行业的影响程度如何?政府是如何影响该行业的? (6)是什么因素决定着它的发展? (7)竞争的本质是什么?你将采取什么样的战略? (8)进入该行业的障碍是什么?你将如何克服?该行业中典型企业的回报率有多少? 2.项目调查 (1)顾客希望企业的产品能解决什么问题?顾客能从企业的产品中获得什么好处? (2)企业的产品与竞争对手的产品相比有哪些优缺点?顾客为什么会选择本企业的产品? (3)企业为自己的产品采取了何种保护措施?企业拥有哪些专利、许可证,或与已申请专利的厂家达成了哪些协议? (4)为什么企业的产品定价可以使企业产生足够的利润?为什么用户会大批量地购买企业的产品? (5)企业采用何种方式去改进产品的质量、性能,企业对发展新产品有哪些计划?

(三)运行方案

1. 产品的生产方案

(1)产品制造和技术设备现状;

(2)新产品投产计划;

(3)技术提升和设备更新的要求;

(4)质量控制和质量改进计划。

2. 营销方案

(1)市场机构和营销渠道的选择;

(2)营销队伍和管理;

(3)促销计划和广告策略;

(4)价格决策。

(四)存在的问题以及解决的办法

对可能存在的问题要做预估,并根据这些问题,准备好解决的办法。

(五)资金规划及资金来源

(1)不要贪大,要稳扎稳打 。

(2)量入为出。

(3)开源节流。

(六)阶段性目标

(1)创业初期的发展规模。

(2)产品成熟期的发展速度和规模。

(3)产品稳定期的发展速度和规模

(七) 财务预算和风险管理

1. 财务预算

(1)产品在每一个期间的发出量有多大?

(2)什么时候开始产品线扩张?

(3)每件产品的生产费用是多少?

(4)每件产品的定价是多少?

(5)使用什么分销渠道?所预期的成本和利润是多少?

(6)需要雇佣那几种类型的人?

(7)雇佣何时开始?工资预算是多少?

2. 风险管理

(1)你的公司在市场、竞争和技术方面都有哪些基本的风险?

(2)你准备怎样应付这些风险?

(3)就你看来,你的公司还有一些什么样的附加机会?

(4)在你的资本基础上如何进行扩展?

(5)在最好和最坏情形下,你的五年计划表现如何?

(八)加盟及退出的前提和条件

尊重商业规律,设计好加盟及退出的条件和办法。

(九)团队组建

(1)管理人才:负责人、主要成员、薪酬体系。

(2)财务人才:负责人、主要成员、薪酬体系。

(3)营销人才:负责人、主要成员、薪酬体系。

(4)企划人才:负责人、主要成员、薪酬体系。

(5)运营人才:负责人、主要成员、薪酬体系。

第三节 项目说明书案例

大学生职业定位测评项目说明书

启航创作工作室

公司地址:北京市朝阳区北苑路40号

公司电话:010－88888888

首席策划:胡磊

手 机:136××××××××

电子邮件:1234563@qq.com

2011年8月12日

目　录

一、项目摘要

1. 机会

大学生就业是当前和今后一段很长时间内社会关注的重点、热点问题之一。有市场就会有需求，这是本项目存在的机会。

2. 优势

本项目经过近 3 年的运作已经相当成熟，如果有资金进入，有助于我们迅速在这一领域做大做强。

我们可以通过师资培训、学术交流、高峰论坛以及跟教育部、各省厅和各高校的合作，完善并满足学校和学生的需求。

3. 商业模式

我们将采用电话营销、上门拜访、免费试用、师资培训等多种方式，推广我们的产品。

4. 目标市场

我们的目标市场就是全国大中专学校。目标客户非常明确。项目的产业链较长，从学生入学到毕业找工作，都已纳入我们的视野。

5. 管理团队

启航创作工作室是项目运作的主要力量。团队主要骨干具有较强的项目策划能力、人脉拓展能力、项目管理能力和运营能力。

6. 财务预测摘要

3 年财务预算：

第一年（2011 年 9 月至 2012 年 8 月）投入 200 万元，开发职业定位测评系统，实现测评人次 8 万次，每人次按 50 元计算，可获得营业收入 400 万元，毛利 40 万元；第二年（2012 年 9 月至 2013 年 9 月）计划投入 400 万元，实现测评 13 万人次，营业收入 650 万元，毛利 130 万元；第三年（2013 年 9 月至 2014 年 8 月）计划投入 600 万元，实现测评 20 万人次，计 1000 万元，毛利 200 万元。

7. 企业需求

（1）本项目计划初期融资 200 万元。其中，100 万元用于投资者入股，占公司 20％的股份，享受股东应得的权益。另外 100 万元作为公司借款，按年息 20％给债权人回报。这 100 万借款在借满 1 年后，放款人可以撤回，也可以继续出借。

（2）本项目主要是面向大学生就业服务的项目，以职业定位测评为主要服务内容。同时，关注培训和职业中介两个项目，在时机成熟时，把大学生就业服务产业链上的每一个环节串联起来，捆绑上市，通过上市获取更大回报。

（3）投资者可以选择出让股份、上市回报、分红等多种方式获得回报。

（4）投资者还可以选择公司回购其股份等形式退出公司。

总之，本项目的优势是：

（1）已经经过多年的运作考验，项目成熟、可靠，符合国家当前和今后一段时间内的发展趋势，在本领域，本项目具有领先优势。

（2）项目在国内属于朝阳行业，有较长的发展时段，有利于做大。

（3）资金需求不大，项目风险控制和防范能力强。

（4）产业规模可以做大。

（5）具备多个可能上市的点，这是我们努力的方向。

（6）盈利模式清晰、简单，便于执行和考核。

二、市场调研及项目分析

大学生就业是目前的热门话题之一，也是社会的热点工作之一。大学生就业问题关系到国家的安定、社会的和谐和社会主义建设事业的可持续发展，所以受到国家领导人的高度关注。启航创作工作室主要从事大学生职业定位指导工作。通过近 3 年的探索，本工作室在这一领域积累了丰富的产品研发、市场开拓经验，并且形成了自己的特色和风格，在本领域内有一定的品牌知名度。该项目市场潜力巨大，社会效益也较好，有较好的发展前景。

(一)行业调研

(1)测评行业属于现代服务业的咨询行业。在我国,职业测评尚属于一个新的领域,目前还没有形成十分有影响力的品牌,尤其是在高校学生中比较有影响的更少。现实工作中,外资企业,特别是世界500强企业在招聘、员工提拔等过程中,广泛使用测评工具。部分中资企业也在开展这一项目。测评有助于企业招聘到更优秀的员工,有利于企业在用人时更科学、更规范。正因为此,部分高校也正在生涯教育中使用测评工具以帮助学生进行自我认知。是一个处于成长时期的市场。

(2)在这一市场中,大多数测评产品都是属于舶来品,在中国市场使用有时会"水土不服",所以必须在产品的本土化上有所创新。如果能够研发出基于中国国情的测评系统,将对本行业的发展做出巨大贡献。

(3)中国目前的劳动力总量为9.2亿,如果有10%的人进行测评,那每年的测评总量也达到9200万人,按每人100元计算,为90.2亿产值,市场巨大,并且具备市场发展潜力。

(4)目前市场上测评产品的定价没有统一标准,既有免费的测评工具,也有数十元至数百元的测评产品。我们建议:用于学生的产品定位于30~50元。

(5)随着我国经济的发展,企业用工越来越规范,对测评产品的需求将越来越多,而且政府从提高从业人员的岗位匹配、减少招聘成本和劳务纠纷的角度也会支持这一行业的发展。

(6)该行业的发展主要基于企业有这种需求:首先,企业都希望招聘到合适的人才;其次,企业目前面临的是员工岗位适应性不高而导致员工流失率过高,增加用工成本;最后,企业在选拔人才时没有科学的手段,容易出现偏差。这些情况决定企业需求合适的测评产品。

(7)竞争的本质,一方面是提升产品的本土化率,另一方面是增强对高校市场的开发力度。我们计划发挥优势,依托各省就业指导中心及高校共同推广面向学生的测评产品,帮助学生找到自己最感兴趣和最适应的岗位。

(8)进入该行业的障碍主要是渠道。我们利用现有的渠道可以独辟蹊径,避免恶性竞争。该行业的典型企业的回报率一般在30%左右。

(二)项目调研

(1)从学校用户来说,特别希望我们的产品能帮助解决在生涯规划中,学生的自我认知问题。中国学生具备中国人特有的心理状态,特别是在中国传统文化的熏陶下,在我国特定的政治经济环境下,有许多依赖西方测评工具无法解决的问题,许多西方的职业,在中国不完全一致,而现代社会的发展也不断产生新的职业。所以,我们的产品能够帮助学生更好地认清自己,更好地规划自己,给自己描绘出理想的职业生涯之路。

从企业用户来说,特别希望通过使用我们的产品,能够帮助他们招到岗位适合能力强、发展潜力大的员工,这样可以保证招聘的到岗率和留存率,为企业减少很多用工成本,提高劳动生产率。

(2)我们的校园对手主要是北森,因为他们进校园比较早,有一定的影响,但如前所述,他们的产品存在缺陷,已经遭到用户的摈弃,所以是个机会。还是依靠我们的本土化产品的研制,才能赢得学校的拥护。

(3)我们正在申请相关国家专利,并拥有一部分非专业技术,这是针对我国市场保密性差而采取的一种措施。

(4)我们的产品定价为学生可以接受的范围,主要是依靠薄利多销的原则,没有追求单位产品的利润,只要能做出量,就可以保证利润。学校或企业的拥护也有一个特点,就是集中购买,群体服务,便于销售。我们不面向一个个个体销售。

(5)我们已经完成产品的第二代升级,目前还依托清华大学等专家团队进一步完善与传统文化和中国当代企业需求的结合,以保证产品的实用性。

(6)本工作室主要面向全国大中专院校推广职业定位测评服务。服务于各校就业指导中心及各位学生。我们产品的特点是,测评工具本土化、测评报告清晰化、测评后与岗位的匹配度高,并可以根据岗位和学生需求,进行相关培训,进而推荐就业。可根据学生层次不同、专业不同,进行不同的就业匹配工作,针对性强,适用性好。

(三)发展前景分析

1. 现状分析

大学生就业指导工作在我国属于朝阳事业,刚刚起步。我们在这一起跑线上,属于跑在前列的。我们的产品除了在指导思想上突出了中国元素之外,还贴近了学生和企业的需求。深受学生和企业的喜爱。

2. 可拓展的范围

大学生就业指导是一个比较重要的领域，涉及测评、培训、职业中介多个领域，以上提及的这三个领域，目前都有公司单独获得风险投资的关注，甚至已经成为上市公司。我们不打算成为这一产业链上的某一个闪光的局部，而打算成为把众多闪光点串联起来的金绳索。或者说，我们是把珍珠连起来的金索。

3. 产业预期规模

我国目前有在校大学生2000余万人，中专生也有2000余万人，这么一个庞大的人群，都是我们的服务对象。按2010年高校毕业生630万计，三届大学生有近1900万人；中专生也有相同数量。按每人每年测评一次、每次50元计算，产值可达19亿；这还不算培训、中介等收入。如果我们能占有20%的市场份额，我们的年产值就接近3.8亿。

三、企业运行方案

(一)产品研发方案

本套系统在开发过程中，吸纳了包括清华大学、中国人民大学、中央财经大学、中国农业大学等众多名牌大学在内的全国各省市大中专院校的老师和专家参与，得到了许多省市教育系统就业指导部门的支持。在中国传统哲学思想的指导下，融入中国传统文化元素，结合中国人的心理特点、联系当今的政治经济环境和中国的职业要求，利用计算机、互联网技术，成功开发出中国职业定位测评系统，已经有数十万大学生和数千家企业从中获益。

(二)营销网络建设

1. 学校

是我们测评系统的终端用户，也是我们最为重要的客户。目前已经合作的学校有两百余所。

2. 部分省市教育系统就业指导部门

这是我们较为看重的合作伙伴之一，有助于我们测评系统的推广。

3. 部分企业

部分企业，特别是中小型民营企业成了我们的第一批用户。

(三)营销团队建设

计划招聘销售助理20人，区域经理5～6人，负责产品的销售。

计划招聘市场推广人员3～4人，负责产品的推广、宣传。

(四)产品的经营计划

(1)我们可以继续开发分专业的测评产品，比如在医学、师范、农林、理工等四类专业领域进行产品开发，增加相关专业测评的测评量。

(2)在营销网络的建立方面：重点开发省级就业指导中心以及二三线城市的学校。全国2400余所高校中，抓住高职高专、独立院校、民办院校等就业困难院校(合计1600余所)进行开发，努力提升他们的就业率，满足学校的就业率需求。

(3)通过产品品种的削减，单品种发行数量的增加，可以进一步压缩生产成本，降低发行成本，增加利润率。

(4)在通过提供教师培训、举办研讨会的基础上，增加任课老师对产品的认知度和忠诚度。主要包括产品的生产技术能力以及流程等各方面。

(5)组织大学生生涯规划高峰论坛及相关活动，有助于树立我们的品牌形象。

(五)市场运营方案

市场营销关系到产品的价值是否可以顺利实现，是企业经营中最富挑战性的环节。我们计划采取以下营销手段进行产品销售：

1. 在销售方面

测评工具的销售主要采用以下方式：

(1)电话营销。这是传统的销售方法，成本低廉，容易操作。直接与学校客户联系。继续保留。

(2)会议营销。这是我们力推的方法，希望通过举办相关人员的会议，实现产品营销。

(3)代理商。各地的代理商也是未来我们要开发的合作伙伴。但在我们的产品没有形成绝对品牌、终端客户还不能完全掌控产品选择的前提下，代理商的合作应该慎重。

3. 培训

在培训方面，我们将采取依托省就业指导中心的区域培训和依托各专业协会的行业培训两种模式。

4. 实习就业介绍

按分行业分专业的模式，逐步进行就业实习联盟的构建。目前不作为工作重点，待时机成熟再做考虑。

四、存在的问题和解决的办法

(一)存在的问题

1. 市场混乱

目前,许多机构都推出了测评工具,有的甚至免费使用,对我们在某一区域的销售构成一定障碍。品牌不集中、不突出。

北京某公司主要从事生涯测评工作。目前是国内在大学进行生涯测评最大的公司,相关客户已经达到600余家。但其产品受到不少专家的质疑,主要是因为它的核心是舶来品,没有经过充分的本土化改造。不少学校已经停止了跟他的合作。社会上还有大量面向校园的猎头公司,他们的主要工作是面向一流高校为世界500强企业挖掘优秀人才。与我们的工作方向不冲突。

前程无忧、51job、智联招聘等中介公司:在人才招聘领域具备相当强的实力,目前在这一领域我们不具备跟他们竞争的实力,但这一领域是值得我们关注而且我们有能力大有作为的领域。我们期望通过与企业构建实习就业联盟来寻找突破点。

2. 我们的优势

我们通过几年的运作,已经在行业内树立了一定的品牌形象。我们还计划进行生涯规划与就业指导教师的师资培训工作;并计划组织高峰论坛及分专业的生涯规划大赛。这些项目的开展,可以获得明显的社会效益。

另外,中国的中小企业有数千万家,这也是我们的服务对象。针对的是:中小企业人力资源部门业务流程不规范,给企业带来过高的用工成本。体现在:首先,岗位要求不明确,以致招聘书的要求不清楚,增加了招聘的盲目性;其次,招聘到的员工很长时间不能适应岗位,以致员工和企业相互不适应,人员流失严重;第三,招聘时没有科学的评测方法,随意性强,无法招到优秀或合适的员工。最后,我们打算把世界优秀企业的用人标准、招聘方法和我们的测评技术推荐给相关企业,帮助企业人力资源部门更好地开展人才管理、绩效考核工作,使招聘工作科学化、流程化、规范化。

(二)解决的办法

1. 核心业务方面

利用我们的产品研发和强大的专家团队优势，吸引学校加入我们的研发队伍；加强师资培训，增加老师对我们产品的认可；举办高峰论坛，塑造品牌形象；与省就业指导中心合作，在我们的产品的基础上，打造区域版教材。

2. 在与企业接触方面

我们应积极构建就业实习联盟，力争在3～5年内做到在中介行业里榜上有名。

3. 在培训领域

通过对学生就行职业培训，提升学生就业适应力和能岗匹配度扩大公司在培训领域里的知名度。特别是通过面向全国中小企业人力资源经理的培训，加强与中小企业的联系。在培训领域分享一杯羹。力争在3～5年内，成为培训领域的一颗新星。

五、资金规划及来源

资本来源，主要是出让股份，用公司20%预期股权获取100万资金投资，自筹20万元。其他可以短期贷款。

(1)公司注册资金120万，由雷磊出资100万，胡磊、扎布各出资10万。

(2)公司注资后，可以启动所有工作，并按目标计划进行项目的正常运作。必要时在年息20%范围内借贷100万，用于周转。

(3)下一步计划在运营的同时，向代理商融入部分加盟费弥补资金缺口，约60万元左右。

(4)雷磊投资后可以获得20%的公司股份，享受按股份分红的权利；胡磊通过入资和项目占70%股份，扎布占10%股份。如果公司进一步融资成功或者上市成功，股东仍按以上比率享受应得的权益。

(5)在条件允许时，公司可以计划向包括其他有上市意向的公司融资至少600万元，以满足公司发展所存在的资金需求。

六、阶段性目标及财务预测

三年内公司销售、投资与回报预算表

	2010年9月至2011年8月	2011年9月至2012年8月	2012年9月至2013年8月
年销售(万人次)	8	13	20
销售收入	400	650	1000
年投资(万元)	200	400	600
年利润(万元)	40	130	200

七、风险管理

本项目的风险主要在前期投入。前期的产品研发需要大量资金的投入,预计开发费用、人员工资、服务器租赁等需要投入100万元。营销成本是我们的另一大支出。总结起来,本项目的风险在于以下几点:

(1)如果步伐太快,资金链就容易断裂。所以必须严格控制发展项目,一段时间内必须专注于教材的推广,完成原始积累。

(2)货款回收不及时:必须加强货款回收管理,制订相应的措施,鼓励业务人员收现款。有账期的必须控制账期。宁肯不做业务,也要保证资金安全。

(3)各省厅的强烈抵制。加强与教育部和各省厅的联系,尽量获得省厅的支持。万一不能与省厅合作,我们也要通过加强与学校的联系打破垄断,实现销售。

(4)管理团队的建设是我们目前面临的主要问题之一。资金到位后,应尽快物色优秀人才,组建管理团队。

(5)对核心人员要从生活、待遇等各方面进行关心。同时,在制度上要保证客户资源的公司占有。特别是对大客户的管理,必须建立关键客户档案,由公司分派专门人员(多人)交叉管理。

八、投资者分红、股权转让及退出方式

股东有权享受年度分红。分红比率由董事会在章程中进行规定。建议,每年从利润中拿出50%用于股东分红,其余50%用作公司发展基金。

股东对入股后,不得随意撤资。但可以依据相关法律,根据自己对项目的风险做出判断,可以转让全部和部分股份。这一点股东之间应该在合作章程上作明确规定。

公司将积极寻找上市机会，既可以在条件成熟时独立上市，也可以借助别人的力量联合上市。公司将在项目运营过程中积极与相关公司保持接触，原则是即使并入其他公司，也必须保留公司原有的经营权；同时，并入的公司一旦上市，我公司股东将作为原始股东享受原始股东应得的一切权利。

九、管理团队

公司初期拟采取直线制的组织形式，如图所示：

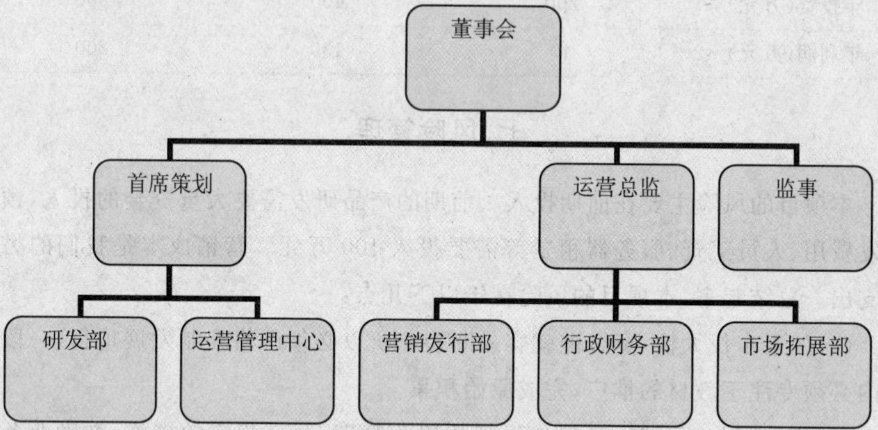

公司目前组织结构图

董事会：决策公司重大事项，包括投资、融资、大宗资金的使用、新的项目的开发与实施、中层以上人员的变动、年度工作计划及工作总结的审核与批准。

董事会成员组成与投资比例一览表：(万元)

职务	姓名	投资额	股权比例	备注
董事长	胡磊	10	70%	
董 事	扎布	10	10%	
监 事	雷磊	100	20%	

董事长：胡磊，兼首席策划，研究生学历，资深出版专家、大学生就业指导专家、启航创作工作室主要创始人。负责公司的总体工作，侧重于对产品的开发与市场的资源整合，公司大政方针的制订与重大决策的执行。

董　事：扎布，兼运营总监，研究生课程班学历，资深教育工作者，国家高级职业指导师。负责公司整体的运营，市场的调研与开发，人员的变动与财务管理，公司子项目的策划与实施。

监　事：雷磊，本科学历学历，企业家。负责对公司行政、工作计划的落实，财务管理等方面的监督，并行使法律赋予公司监事的各项目监督权力。

技术部

岗位设置：1名。

工作职责：对新产品的策划与开发，对现有产品进行修订、编辑与校订，联络与协调各版本产品主兼创人员的工作及编辑队伍的建设。

研发部

岗位设置：1名。

工作职责：负责各类产品的研制。

营销部

岗位设置：5人。其中营销总监1名，区域经理4人。

工作职责：负责全国重点省市的电话营销，客户的联络，产品的发行，后续的服务，建立客户档案，定期做客户回访。

行政财务部

岗位设置：2人（含行政总监）。

工作职责：公司员工的聘任与岗位变动，员工薪酬制度的起草与实施。公司的日常事务处理，各类员工与董事会议的准备与实施，各部门间的工作协调，协助董事会领导做好工作计划与工作总结、各种文案的起草工作。财务人员负责公司财务管理，公司的年度预决算，投交融资的可行性报告的起草与实施，年度报表与员工的考核与薪酬管理。

市场拓展部

岗位设置：2人（含市场总监1人）。

工作职责：负责新产品开发的市场调研，现有产品的市场分析，定期撰写市分析报告，为董事会的决策提供数据依据，创意与策划各种形式的市场拓展活动，并主持付诸实施。选择重点突破区域进行个性化产品和宣传与推广，为营销发行部门提供有理有据的前沿报告。

【拓展练习】

1. 项目说明书都包含哪些内容？

2. 你会编写一份完整的项目说明书了吗？

第十五章 大学生创业实践

学习目标

1. 通过创业案例领悟深刻的道理。
2. 通过创业案例总结选择创业项目的思路和方法。
3. 通过创业案例激发大学生创业的激情和兴趣。

大学生创业实践

- 案例一　擦鞋巾
- 案例二　社区运动器材
- 案例三　矿难救生柜
- 案例四　宠物医院
- 案例五　花博士
- 案例六　人力资源公司
- 案例七　产品设计
- 案例八　创办翻译公司
- 案例九　经营网店
- 案例十　婚纱摄影店

不少高校目前在校园内都设立了创业园，鼓励在校大学生创业。有的学生在大二就开始创业，有不少学生的创业项目充分发挥了自己的专业优势。说明大学生创业是大学生，至少是部分大学生的愿望。

前面我们介绍了大学生创业要做的准备，从自我认知、环境认知、信息准备、材料准备、心理准备、知识准备、资金准备等方面做了系统的介绍。做这些准备的主要目的，还是要落实国务院的号召——自主创业。所以，大学生创业的实践是重点内容。而在创业实践中，最关键的不是企业申办流程，而是创业项目的选择。

创业项目的选择，是大学生自主创业首先需要解决的问题。打算创业的大学生首先要培养的也是项目选择的能力。作者比较鼓励大学生根据自己的专业特长与兴趣爱好来选择创业项目，因为这是大学生区别于其他创业者的主要因素。大学生通过大学几年的学习，在相关专业方面学到了一定的本领，因此，比别人更具备优势。把自己的优势发挥出来，把自己的能量释放出来，就可以很好地创业。但是，我们还需辩证地看待这个问题，我国高校的大学生因为对职业认知不够，高考填报志愿时本身就不了解专业，所以许多人对自己所学的专业并不感兴趣，甚至可以说大学 3 年，自己对专业的学习只能算是混过了关，根本不可能在专业领域内创业，对这种情况，我们鼓励他们勇敢地选择自己感兴趣的项目进行创业。而所谓根据市场热点程度选择创业项目的说法，绝对是短视的选择，只能作为投机性或者生存性创业来考虑。

大学生选择创业方向，一方面要按自己的优势来选择；另一方面，也要把自己放在社会的大背景下来考虑，即顺应国家的发展大势。比如，“十二五”期间，我国国民经济在产业结构方面要进行重大调整，传统的工业产业要升级换代，这给机械类、工程类、电子类专业的大学生创业带来了大量的创业机会。“十二五”期间，现代农业产业、现代物流业等服务业、新能源、新材料、移动互联网、节能产业、低碳产业都为我们创业提供了极大的机会。

请大家牢记：创业机会到处都有，创业商机无处不在，创业方向没有定规，对善于创业者来说，任何产业、行业都有创业商机。需要我们不断培养自己的“嗅觉”，培养自己的创新点，像猎犬一样灵敏，到处寻找创业商机，实现自身的社会价值。

下面以创业案例予以说明：

案例一　擦鞋巾

案　例

化工专业的志刚，暑假期间去看望叔叔。叔叔跟他说了自己的苦恼。叔叔开了一家旅馆，经常有些旅客拿床单擦皮鞋，床单擦脏后就要报废，增加旅馆运营成本，不知如何是好。说者无心，听者有意。小王回去后，脑子里就一直想着如何帮助叔叔解决这个问题。他查阅了许多书籍，准备了几种方案，用自己所学的知识、利用大学实验室的条件，开始了对新产品的研制。在实验中，遇见问题就去图书馆查资料，就去请教老师，在老师的帮助下，他经过近1年、20余次实验，终于研制成功了方便快捷的擦鞋巾。当他带着他的产品出现在他叔叔跟前时，他叔叔高兴极了。叔叔把旅馆盘了出去，与他一起成立了一家新公司，专门负责该产品的销售，他以技术入股，负责产品的研发和生产，他叔叔负责投资和销售。由于产品适销对路，一经推出，立即受到众多酒店的欢迎。他们的企业当年就盈利100万。接下去，他在老师的帮助下，又推出了皮革清新剂、电脑键盘清洗剂、家具清洗剂、皮衣保洁剂等一系列生活用产品，在校期间他利用自己的专业优势实现了创业梦。

专家分析

化工、化学专业与生活、生产的方方面面都有关联。化工、化学专业的学生处处都有创业的机会。我们把自己定位于现代服务业中的生产性服务和生活性服务，不仅能为生产企业提供中间体，还可以为生活性服务提供许多便民的产品。所以，对化工、化学专业的学生来说，处处有商机。你觉得是吗？

案例二 社区运动器材

案 例

欢欢搬家了，新小区建得非常美，环境好，房间大，一家人十分高兴。但是爱好体育的他总觉得缺了点啥。早上起来想去健身，没有运动器材。他跑了附近几个楼盘，都有相同的问题，只有一个高档的楼盘建了会所，而且收费颇高。他开始想，如果在楼盘里建一个小小的健身场所多好呀，肯定会得到大家的支持，会提升小区的品质。于是，他进一步做了市场调研，走访了一些房地产开发商。开学了，他邀请了几个分别在不同院系的同学对这个项目进行了认证，大家对此有很高的热情。于是他们开始思考哪些项目是人们的常见健身项目，需要哪些运动器械，哪些项目适合户外。经过反复论证，终于选择了一组包括踏板走步机、跷跷板、背部按摩器、单杠、双杆、健腰机、在内的运动器械，根据户外运动的特点，他们设计出了图纸，并印制了相关的宣传画。带着这些设计，他们找市建委、找规划局、找建筑设计院、找开发商，在他们的游说下，终于有小区同意试试。他们带着设计图，委托某工厂连日加工生产，1 周后，当他们把这一套崭新锃亮的运动器材安装在小区运动场时，成就感油然而生。看到小区住户兴高采烈地使用后对这些器材评价很高时，他们由衷的高兴。他们成功了！他们从最初的委托加工，到后来吸引投资，自己建厂，现在每年的产值都达到几千万。他们用自己的智慧创造出了财富。

专家分析

欢欢从自己的喜好出发，为满足自己的体育锻炼要求，发明了社区健身器械，取得了创业的成功。这与他所学的专业没有任何关联，却与喜好有关。无意中进入这一领域的他，在户外健身器械的生产中获得巨大成功。同学们，你们难道不能做到这一点吗？

案例三 矿难救生柜

案例

矿难在我们国家经常发生，而且一旦发生，就难免有人员伤亡。2010 年，智利矿难震惊了世界，但是智利的救援却让世人感慨万千。遭遇矿难的矿工在井下待了 100 多天，被救上来后居然个个身体状况良好，这是什么原因呢？某院机械系学生伟鹏带着疑问反复地查看能够搜集到的相关资料，终于发现了一条重要线索——矿难救生柜。原来，在智利有一个规定，矿井挖到一定的深度，就必须备一个矿难救生柜，柜中存有食品、水、电池、电筒、通话设备、急救药品、工具等。一旦发生矿难，工人可以就近到矿难救生柜逃生，等待救援。这是多么好的一个产品呀！他想。我们国家有没有这种产品呢？他马上搜集国内的相关资料，发现这真是一个空白，于是立即着手矿难救生柜的构思。放假了，他特意到山西某煤矿去调研，专门下到矿井查看井下实况。回来后，立即进行产品设计。在老师的帮助下，历经半年多的奋斗，终于研制成功样机，并在国家专利局申请了专利。伟鹏以这个国家专利项目与某矿山设备生产企业签署了知识产权入股协议，成功完成创业。

专家分析

矿难是在所难免的。我国安全监督部门每年大力提倡安全生产，但是各地还是不断地发生各种矿难。当大家沉浸在埋怨、哀思之中时，伟鹏却慧眼发现了商机，开发了矿难救生柜，既满足了矿山救援需求，又创造了丰厚的财富。

案例四 宠物医院

案 例

随着生活水平的提高，城市中养宠物的人多了起来，以至于某些城市还出台了宠物豢养数量指标，限制每个家庭的宠物豢养数。对动物医学专业学生佳佳来说，这是否是一个创业良机呢？她做了一个市场调研，发现城市中养宠物的家庭比率高达7%，而且大多数人对动物保健方面的知识了解得很少。在许多城市特别是大中型城市都开设有宠物医院，这对她来说是个好消息。她先利用假期到北京的一家宠物医院实习，了解宠物医院的工作内容和经营情况。在实习过程中，她了解到医院老板有开设分店的设想。于是，她悄悄地回到家乡所在城市，进行了进一步的调研，经与父母商量，决定开设一家宠物医院。在父母的帮助下，她与实习医院的老板达成协议，双方共同投资在她的家乡开办北京某宠物医院分院，在技术上由北京的宠物医院提供指导，具体由她经营。由于市场定位准，又有北京的名师和招牌，开业后生意非常红火，该学生毕业后即成功创业。

专家分析

创业者就是要在生活中发现消费者的需求。这与国家的责任相吻合。宠物是现代社会出现的新事物，除了宠物医院，不少地方还出现了宠物托养所，出现了专门生产狗粮、猫粮的宠物粮食加工厂。甚至还有宠物美容院等。我们生物专业的学生完全可以在这一领域分一杯羹，任何一个小的创意都可以帮助我们实现创业梦想。

案例五 花博士

案例

花草目前不仅是家庭的常用装饰品，也是许多单位和公共场所的必备摆设。生物专业的蕾蕾从小就爱花草，高考后就填报了生物专业，并顺利被录取。入校后，看到师哥师姐们的分配去向并不像想象中的那么理想，她也开始了对自己今后发展道路的思考。她在社会实践中发现，许多家庭由于养花不专业，而使得所养的花容易死，这给众多家庭带来了烦恼。许多单位，还雇有专门的花匠。她想如果开办一个公司，发展一些会员，收取一定数量的会费，公司由专门人员专职为自己的会员提供服务，确保会员单位一年四季都有鲜花，是不是受欢迎呢？带着这种设想，她拜访了一家大企业的后勤主管。当她刚介绍完构想，那位主管就非常急切地表态说非常支持，他们实际上也确实缺乏这种专门的人才。这次访谈增加了蕾蕾创业的信心。通过几个月的准备，她与几位同学一道，在学校就业办和老师的指导下，在学校创业园顺利地开办了“花博士花卉服务中心”，在后来的几个月里，她们发展团体会员十余家，个人会员上百个，企业走上了正常的发展轨道。

专家分析

时代的发展增加了人们对高品质生活的追求。但同时，专业性的服务也被提到了议事日程。社会的新需求给我们创造出无限的发展空间，所以，蕾蕾的创意很快得到大家的认可一点也不奇怪。同学们要培养出自己的慧眼，它将帮你把创业变成容易的事情，从而给你带来无穷的快乐！

案例六 | 人力资源公司

案例

某校管理学专业学生郑浩，从小就不安分。加上他的家庭经济状况不好，大一上学后，自己就在淘宝网上开店销售手机充值卡。大二时，正巧学校开办创业园，号召大家申报创业项目，他根据自己的实际情况，选择了一个投资少的项目——中介服务，主营业务是家教。开办几天，他就接到400多位同学要求担任家庭教师的申请。于是，一方面，他通过考试和培训，从400多学生中挑选了50位学生作为家庭教师的后备军；另一方面，他积极与社会上的中介机构联系，迅速组织了许多家长资源，实现了家庭学生用户和辅导教师的对接，成功地跨出了创业的第一步。暑期，正值深圳富士康北迁，为了新厂的需要，深圳富士康大量招聘员工进行培训，他在老师的帮助下，组织了500人的培训大军，亲自送往深圳。这一次，他感受到了创业的喜悦。在他的努力下，还是大三的他，在创业的路上已经硕果累累。

专家分析

管理专业的学生似乎并不容易创业，但大二的郑浩却创业成功了。由于他很勤奋，创业不久就获得几笔大单，更增加了他创业的信心。实际上，任何专业的学生都有创业机会，关键还是要有一双慧眼。

案例七 产品设计

案例

产品设计是在现代社会工业转型期非常被重视的内容之一。一个产品不紧要品质好，外观设计和内部设计都要实现美观与实用的完美统一。过去的产品强调牢固、实用，现在则更强调人性化，强调使用过程中的舒适性、方便性和美观性。工业产品设计专业的刘源很好地理解了本专业的特点，着眼于智能手机的外观设计，她针对老年人群体对手机的功能需求主要是接打电话、收发信息等特点，设计出字号大、屏幕大、亮度高的傻瓜型手机，被国内某手机生产厂商看重，以现款10万加10%的项目分配权的条件买断，刘源获得了第一笔创业资本。有了这次成功的尝试和启动资金后，刘源成立了自己的产品设计公司，专注于产品设计，半年多来，设计出林林总总的产品20余件，获得较好的效益。

专家分析

工业设计是一个十分热门的专业，尽管如此，许多学生还是不知如何去创业，习惯于去应聘某个企业的产品设计师。虽然企业产品设计师也是一个不错的岗位，但是就某个企业而言，产品设计需要的人员有限，产品更新的速度也受企业发展的限制，其自身价值较难体现。相对而言，自己创办的设计公司肯定更有成就感。同学们，你说是吗？

案例八 | 创办翻译公司

案例

陈凯丽是某外国语大学英语专业学生。她从大学二年级开始在一家陶瓷公司从事英语翻译工作。她的工作内容就是为产品编写英语说明书。这种兼职工作使她了解到了自己所学的专业对社会的价值,这促使她更加倍努力地学习实用的外语知识。每逢假期,她都在该公司兼职。由于她既勤奋又聪颖,于是她很快就得到了大家的一致认可。公司希望她毕业后到公司就业。但陈凯丽有自己的打算。她了解到当地像这种专门从事外贸产品生产的企业很多,不少企业都需要专业的外语宣传材料和专业的翻译人员。于是,她从大三下学期开始,就创办了一家翻译公司。从第一家兼职单位开始,一步步地发展客户。由于她的态度非常诚恳,业务能力又很强,收费也比较合理,所以她的翻译生意一下子就红火起来。她雇用了一些大学生做兼职来满足业务扩大的需要。短短半年,她的公司里已经有五名专职的外语翻译了,涉及的语种也扩大到法语、西班牙语、日语和俄语,客户增加到 15 家,并且,客户范围也从陶瓷公司发展到玩具、电子产品等公司。

专家分析

外语是大学生最具特色的专业之一。在我国经济迅猛发展,对外交流日益扩大的社会里,外语优势可以帮助同学们就业或者创业。但是,由于各个高校盲目扩大外语学生的招生规模,学生水平良莠不齐,导致近几年外语专业成为不好就业的专业之一。陈凯丽自创新路,开办翻译公司,成功地定位于为当地的企业服务,很好地实现了自己的创业梦想,还为其他学生创造了就业岗位。这给我们做出了一个榜样。

案例九 经营网店

案例

王小琴是电子商务专业的大学生。大二时，她开始了自己的创业生涯——在淘宝网申请了店铺，名为“凯诺”商铺，专门营销女孩装饰品。由于她非常勤奋，经常利用周末去了解市场，且眼光独特，选择的产品非常受市场欢迎。半年时间，她的店铺的信誉度就已达到双钻的级别。刚开始她也出现过短暂失误，购买了一些名牌产品，后来发现她的顾客群多是年轻人，喜欢价廉物美的商品。于是，她就利用暑假去义乌考察，联系了一批供货商。随着供货渠道的扩大，她选择的商品越来越适合客户的需求，业务量和利润也呈现倍增趋势。

2010 年 7 月，作为优秀店主的她受邀到杭州阿里巴巴学院学习。在那里，她接触了来自全国各地的许多优秀大学生，也发现了自己的差距。特别是外语水平的差距，影响到她今后拓展国际业务，而国际业务也是电子商务的重要业务之一。回校后，她一方面维护自己的网点业务，另一方面抓紧了对英语的学习，特别是口语和听力。为自己今后的发展做好铺垫。

专家分析

大学生开网店创业是目前最普遍的一种创业形式。这种形式投资少，风险小，不必守店，时间灵活，所以特别受学生的欢迎。浙江工商职业技术学院在这方面做得非常突出。在国家大力发展现代农业的形势下，利用网络销售农产品也是非常重要的一条途径。所以，大学生们，尤其是电子商务专业的大学生们应该充分发挥自己的优势，在这一领域内创业，实现自己的人生价值。

案例十 婚纱摄影店

案例

凌琳是平面设计专业的学生。从老师那得知，平面设计专业的毕业生很难就业。所以，从大二开始，她就在思考自己的毕业出路。性格开朗的她从小就喜欢画画，喜欢旅游和摄影。暑假期间，她参加了几场亲友的婚礼，觉得非常老调和平淡，缺了点什么。带着这些疑虑，她回到学校后走访了学校所在城市的婚庆公司和婚纱摄影店，在那里找到了感觉。她选择了一家婚纱摄影店做兼职，逐渐掌握了婚纱摄影的技巧和开业知识。寒假回家，她又对县城的婚纱摄影行业进行了调研，加强了自己创业的自信心。经与父母商量，她邀请了几位同学与她，在大三实习期间回家乡创办了一家影楼，她吸收了省城婚纱摄影的创意和做法，很快就在当地打开局面。毕业时，她们的公司已经接满一年的预约订单，实现了开门红。

专家分析

现阶段，我国城乡差别还比较明显。一方面表现在收入差别上；另一方面，表现在文化、消费观等方面。凌琳敏感地发现了这种差别，并根据自己的专业优势和地域优势，把在省城学到的先进的理念和做法引到家乡，一方面避免了毕业后在省城就业创业的压力，另一方面在本地创出了自己的品牌。为我们许多大学毕业生做出了表率。

从以上介绍的大学生创业实践案例中可以悟出以下道理：

(1)任何专业的大学生都可以创业。

(2)有创业头脑的人处处可以创业。

(3)创业未必需要太多资金，大学生创业更要学会用自己的智慧创业。

(4)灾害事故中的机遇捕捉也是我们应该关注的项目。

(5)公益性创业应该纳入我们的视野。

(6)大学生完全可以把学校所在城市发现的一些适合自己家乡的、比较前卫的项目复制回去创业，可以减少很多风险。

(7)创业者要善于发现别人的需求,而且根据别人的需求去找到解决问题的办法。

(8)创业者要有较强的执行力,不怕失败,敢于冒险。如果瞻前顾后,肯定始终迈不出这一步。

(9)创业者要善于在实践中学习。不断提升自己的能力,满足不断变化的市场需求。

【拓展练习】

通过以上案例的学习你有什么感触?有创业项目的灵感吗?有创业的冲动吗?

附录一　新生期大学生生涯规划表

<table>
<tr><td rowspan="5">一般情况</td><td colspan="2">姓名</td><td></td><td>性别</td><td></td><td>年龄</td><td></td><td>身高</td><td></td></tr>
<tr><td colspan="2">就读学校</td><td colspan="3"></td><td colspan="2">院、系</td><td colspan="2"></td></tr>
<tr><td colspan="2">所学专业</td><td colspan="3"></td><td colspan="2">感兴趣的专业</td><td colspan="2"></td></tr>
<tr><td colspan="2">起止时间</td><td colspan="7"></td></tr>
<tr><td colspan="2">年龄跨度</td><td colspan="7"></td></tr>
<tr><td rowspan="5">自我认知</td><td colspan="2">自我认知的项目</td><td colspan="2">大学生应具备的能力</td><td colspan="2">认知结果</td><td colspan="3">差距</td></tr>
<tr><td colspan="2">生活自立能力</td><td colspan="2">自己管理生活</td><td colspan="2"></td><td colspan="3"></td></tr>
<tr><td colspan="2">学习方式</td><td colspan="2">自主学习能力</td><td colspan="2"></td><td colspan="3"></td></tr>
<tr><td colspan="2">自律能力</td><td colspan="2">要求高度自律</td><td colspan="2"></td><td colspan="3"></td></tr>
<tr><td colspan="2">思维模式</td><td colspan="2">成人思维</td><td colspan="2"></td><td colspan="3"></td></tr>
<tr><td rowspan="13">环境认知</td><td colspan="2" rowspan="2">环境认知的内容</td><td colspan="7">记录</td></tr>
<tr><td>位置</td><td>开放时间</td><td colspan="2">使用条件</td><td>联系人</td><td colspan="2">注意事项</td></tr>
<tr><td rowspan="11">校园硬件</td><td>图书馆</td><td></td><td></td><td colspan="2"></td><td></td><td colspan="2"></td></tr>
<tr><td>教室</td><td></td><td></td><td colspan="2"></td><td></td><td colspan="2"></td></tr>
<tr><td>实验室</td><td></td><td></td><td colspan="2"></td><td></td><td colspan="2"></td></tr>
<tr><td>机房</td><td></td><td></td><td colspan="2"></td><td></td><td colspan="2"></td></tr>
<tr><td>运动场</td><td></td><td></td><td colspan="2"></td><td></td><td colspan="2"></td></tr>
<tr><td>超市</td><td></td><td></td><td colspan="2"></td><td></td><td colspan="2"></td></tr>
<tr><td>食堂</td><td></td><td></td><td colspan="2"></td><td></td><td colspan="2"></td></tr>
<tr><td>浴室</td><td></td><td></td><td colspan="2"></td><td></td><td colspan="2"></td></tr>
<tr><td>开水房</td><td></td><td></td><td colspan="2"></td><td></td><td colspan="2"></td></tr>
<tr><td>报告厅</td><td></td><td></td><td colspan="2"></td><td></td><td colspan="2"></td></tr>
<tr><td>就业指导中心</td><td></td><td></td><td colspan="2"></td><td></td><td colspan="2"></td></tr>
</table>

续表

<table>
<tr><td rowspan="18">环境认知</td><td colspan="2" rowspan="2">认知的内容</td><td colspan="6">记录</td></tr>
<tr><td>姓名</td><td>家乡</td><td>兴趣爱好</td><td>联系方式</td><td>职务</td><td>其他</td></tr>
<tr><td rowspan="6">人脉圈</td><td>室友</td><td></td><td></td><td></td><td></td><td></td><td></td></tr>
<tr><td>班友</td><td></td><td></td><td></td><td></td><td></td><td></td></tr>
<tr><td>老乡</td><td></td><td></td><td></td><td></td><td></td><td></td></tr>
<tr><td>校友</td><td></td><td></td><td></td><td></td><td></td><td></td></tr>
<tr><td>老师</td><td></td><td></td><td></td><td></td><td></td><td></td></tr>
<tr><td>领导</td><td></td><td></td><td></td><td></td><td></td><td></td></tr>
<tr><td colspan="2" rowspan="2">认知的内容</td><td colspan="6">记录</td></tr>
<tr><td>组织的主要职责</td><td>负责人</td><td>部门分配</td><td>部门负责人</td><td>部门职责</td><td>加入条件</td></tr>
<tr><td rowspan="6">社团、学生会等组织</td><td>国旗班</td><td></td><td></td><td></td><td></td><td></td><td></td></tr>
<tr><td>社团联合会</td><td></td><td></td><td></td><td></td><td></td><td></td></tr>
<tr><td>社团</td><td></td><td></td><td></td><td></td><td></td><td></td></tr>
<tr><td>学校学生会</td><td></td><td></td><td></td><td></td><td></td><td></td></tr>
<tr><td>院系学生会</td><td></td><td></td><td></td><td></td><td></td><td></td></tr>
<tr><td>各类协会</td><td></td><td></td><td></td><td></td><td></td><td></td></tr>
<tr><td rowspan="7">规划目标　适应大学</td><td>学业规划</td><td>学会自主学习</td><td colspan="6"></td></tr>
<tr><td rowspan="5">成长规划</td><td>学会与人相处</td><td colspan="6"></td></tr>
<tr><td>学会自我管理</td><td colspan="6"></td></tr>
<tr><td>学会成人思维</td><td colspan="6"></td></tr>
<tr><td>学会独立生活</td><td colspan="6"></td></tr>
<tr><td>熟悉校园</td><td colspan="6"></td></tr>
<tr><td colspan="2">学会感恩</td><td colspan="6">给父母写一份感恩信
给中学老师写一封感恩信
计算大学学习成本</td></tr>
</table>

附录二 低年级大学生生涯规划表

<table>
<tr><td rowspan="5">一般情况</td><td colspan="2">姓名</td><td></td><td>性别</td><td></td><td>年龄</td><td></td><td>身高</td><td></td></tr>
<tr><td colspan="2">就读学校</td><td colspan="3"></td><td colspan="2">院、系</td><td colspan="2"></td></tr>
<tr><td colspan="2">所学专业</td><td colspan="3"></td><td colspan="2">感兴趣的专业</td><td colspan="2"></td></tr>
<tr><td colspan="2">起止时间</td><td colspan="7"></td></tr>
<tr><td colspan="2">年龄跨度</td><td colspan="7"></td></tr>
<tr><td rowspan="7">自我认知</td><td colspan="2">生理我小结</td><td colspan="7"></td></tr>
<tr><td colspan="2">心理我小结</td><td colspan="7"></td></tr>
<tr><td colspan="2">社会我小结</td><td colspan="7"></td></tr>
<tr><td colspan="2">道德我小结</td><td colspan="7"></td></tr>
<tr><td colspan="2">家庭我小结</td><td colspan="7"></td></tr>
<tr><td colspan="2">优势我小结</td><td colspan="7"></td></tr>
<tr><td colspan="2">完整我总结</td><td colspan="7"></td></tr>
<tr><td rowspan="12">环境认知</td><td colspan="2">了解的项目</td><td colspan="7">记录</td></tr>
<tr><td rowspan="11">城市环境</td><td>市情概况</td><td colspan="7"></td></tr>
<tr><td>行政区域</td><td colspan="7"></td></tr>
<tr><td>历史沿革</td><td colspan="7"></td></tr>
<tr><td>地理环境</td><td colspan="7"></td></tr>
<tr><td>地方特产</td><td colspan="7"></td></tr>
<tr><td>经济发展</td><td colspan="7"></td></tr>
<tr><td>交通建设</td><td colspan="7"></td></tr>
<tr><td>对外交流</td><td colspan="7"></td></tr>
<tr><td>文化事业</td><td colspan="7"></td></tr>
<tr><td>教育事业</td><td colspan="7"></td></tr>
<tr><td>著名景点</td><td colspan="7"></td></tr>
</table>

续表

环境认知	所学专业	专业老师	
		本专业学术带头人(本校、本市、本领域)	
		本专业主干课程	
		本专业发展现状和就业前景	
		专业培养目标	
		本专业的基本要求	
		与专业有关的学术机构	
		与专业有关的杂志	
		与专业有关的网站	
	相关行业信息	行业的定义与范围	
		行业的意义与前景	
		行业内的标杆企业	
		行业准入资格	
		行业标杆人物	
规划目标	学业规划	通识能力学习规划	
		专业基础学习规划	
		初步了解专业网站、杂志	
	成长规划	养成良好的生活习惯	
		培养健康的兴趣和良好的心态	
		树立正确的恋爱观	
		学会自我管理	
		培养良好的思维方式	
		培养科学的世界观	
		拥有梦想	
		学会明势	
	实践规划	参加几个社团	
		做几次义工	
		参加几次见习	
		参加几次院级活动	
		访谈几个生涯人物	
		参加几次职业体验活动	
		写出几篇实践论文	

附录三 高年级大学生生涯与职业发展规划表

<table>
<tr><td rowspan="5">一般情况</td><td>姓名</td><td></td><td>性别</td><td></td><td>年龄</td><td></td><td>身高</td><td></td></tr>
<tr><td>就读学校</td><td colspan="3"></td><td colspan="2">院、系</td><td colspan="2"></td></tr>
<tr><td>所学专业</td><td colspan="3"></td><td colspan="2">感兴趣的专业</td><td colspan="2"></td></tr>
<tr><td>起止时间</td><td colspan="7">大学三年级</td></tr>
<tr><td>年龄跨度</td><td colspan="7"></td></tr>
<tr><td rowspan="7">自我认知</td><td colspan="3">生理我小结</td><td colspan="5"></td></tr>
<tr><td colspan="3">心理我小结</td><td colspan="5"></td></tr>
<tr><td colspan="3">社会我小结</td><td colspan="5"></td></tr>
<tr><td colspan="3">道德我小结</td><td colspan="5"></td></tr>
<tr><td colspan="3">家庭我小结</td><td colspan="5"></td></tr>
<tr><td colspan="3">优势我小结</td><td colspan="5"></td></tr>
<tr><td colspan="3">完整我总结</td><td colspan="5"></td></tr>
<tr><td rowspan="14">环境认知</td><td colspan="4">环境认知的内容</td><td colspan="4">记录</td></tr>
<tr><td rowspan="6">就业形势</td><td colspan="3">就业</td><td colspan="4"></td></tr>
<tr><td colspan="3">专升本</td><td colspan="4"></td></tr>
<tr><td colspan="3">参军</td><td colspan="4"></td></tr>
<tr><td colspan="3">考公务员</td><td colspan="4"></td></tr>
<tr><td colspan="3">留学</td><td colspan="4"></td></tr>
<tr><td colspan="3">创业</td><td colspan="4"></td></tr>
<tr><td rowspan="7">国家政策</td><td colspan="3">国家层面的就业、创业优惠政策和措施</td><td colspan="4"></td></tr>
<tr><td colspan="3">国家的产业政策</td><td colspan="4"></td></tr>
<tr><td colspan="3">区域性政府的就业、创业优惠政策和措施</td><td colspan="4"></td></tr>
<tr><td colspan="3">相关产业园区及优先发展的产业</td><td colspan="4"></td></tr>
<tr><td colspan="3">与本专业有关的行业发展趋势，著名企业</td><td colspan="4"></td></tr>
<tr><td colspan="3">与本专业就业有关的行业的准入标准、职业技能要求和就业形势</td><td colspan="4"></td></tr>
<tr><td colspan="3">与工作和生活有关的幸福指数</td><td colspan="4"></td></tr>
</table>

续表

环境认知	职业探索的内容	职业描述	
		职业的核心工作内容	
		职业的发展前景及其对社会和生活的影响、作用	
		薪资待遇及潜在收入空间	
		岗位设置及不同行业、企业间的差别	
		入门岗位及其职业发展道路	
		职业标杆人物	
		职业的典型一天	
		职业通用素质要求及入门具体能力	
		工作与思维方式及对个人的内在要求	
	所学专业所对应职业的准入门槛	相关职业资格	
		职业资格证书	
		职业等级证书	
		相关领域的法律常识	
目标决策	毕业目标		
	SWOT 分析	优势	
		劣势	
		差距	
规划目标	学业规划	专业学习规划	
		职业素养提升规划：职业技能提升	
		职业素养提升规划：职业思想、道德、行为提升	
		准备毕业论文	
		准备毕业考试	
	成长规划	辩证看社会	
		学会专注性思维	
		努力向职业人转变	
		努力向社会人转变	
		进一步学会时间管理和财务管理	
		构建职业人脉圈	
		慎选恋爱对象	
	实践规划	参加几次大型专业性全国大会	
		选择几家相关企业实习	
		参加几场招聘会	
		准备几份简历和求职信	

附录四　大学期间生涯规划实施方案

(一)大学三年总实施方案

实施时间		学业方面		生活成长方面		社会实践方面	
		目标	方案	目标	方案	目标	方案
第一学年	上学期						
	下学期						
第二学年	上学期						
	下学期						
第三学年	上学期						
	下学期						

(二)年度(学期)行动计划

实施时间	学业方面		生活成长方面		社会实践方面	
	目标	方案	目标	方案	目标	方案
1 月						
2 月						
3 月						
4 月						
5 月						
6 月						
7 月						
8 月						
9 月						
10 月						
11 月						
12 月						

(三)月行动计划

实施时间	学业方面		生活成长方面		社会实践方面	
	目标	方案	目标	方案	目标	方案
第 1 周						
第 2 周						
第 3 周						
第 4 周						

(四)周行动计划

实施时间	学业方面		生活成长方面		社会实践方面	
	目标	方案	目标	方案	目标	方案
星期一						
星期二						
星期三						
星期四						
星期五						
星期六						
星期日						

(五)日行动计划

实施时间	学业方面		生活成长方面		社会实践方面	
	目标	方案	目标	方案	目标	方案
6：00～7：00						
7：00～8：00						
8：00～12：00						
12：00～14：00						
14：00～17：00						
17：00～18：00						
18：00～19：00						
19：00～21：00						
21：00～22：00						
22：00～6：00						

附录五　大学期间生涯规划评估修正表

周评估修正表

实施时间	阶段目标（预计结果）			实施后的结果	评估差距	分析差产生原因	修正措施
	学业	生活成长	社会实践				
星期一							
星期二							
星期三							
星期四							
星期五							
星期六							
星期日							

注：评估修正表要结合具体的行动计划才能运用，如日计划、周计划、月计划、学期计划、学年计划，评估修正只能从小到大运用，即评估的顺序为日、周、月、学期、学年等，因为只有在具体的行动中或之后，才能对手段和结果有具体的量化和体验。